长三角 G60 科创走廊科创
金融研究报告
(2022)

张云 韩云等 编著

中国财经出版传媒集团
中国财政经济出版社

图书在版编目（CIP）数据

长三角 G60 科创走廊科创金融研究报告 . 2022 ／ 张云等编著 . -- 北京：中国财政经济出版社，2023.8

ISBN 978-7-5223-2487-6

Ⅰ.①长… Ⅱ.①张… Ⅲ.①长江三角洲—高技术企业—企业发展—研究报告—2022 Ⅳ.①F279.244.4

、中国国家版本馆 CIP 数据核字（2023）第 169546 号

责任编辑：苏小珺	责任校对：徐艳丽
封面设计：北京兰卡绘世	责任印制：党　辉

长三角 G60 科创走廊科创金融研究报告（2022）
CHANGSANJIAO G60 KECHUANG ZOULANG KECHUANG JINRONG
YANJIU BAOGAO (2022)

中国财政经济出版社 出版

URL：http：//www.cfeph.cn

E-mail：cfeph@cfeph.cn

（版权所有　翻印必究）

社址：北京市海淀区阜成路甲28号　邮政编码：100142

营销中心电话：010-88191522

天猫网店：中国财政经济出版社旗舰店

网址：https：//zgczjjcbs.tmall.com

北京中兴印刷有限公司印刷　各地新华书店经销

成品尺寸：185mm×260mm　16 开　16.5 印张　220 000 字

2023 年 9 月第 1 版　2023 年 9 月北京第 1 次印刷

定价：78.00 元

ISBN 978-7-5223-2487-6

（图书出现印装问题，本社负责调换，电话：010-88190548）

本社质量投诉电话：010-88190744

打击盗版举报热线：010-88191661　QQ：2242791300

前言
PREFACE

当前，中国经济进入高质量发展阶段，迈上了全面建设社会主义现代化国家的新征程。党的二十大报告提出，必须坚持科技是第一生产力、人才是第一资源、创新是第一动力。金融是国家重要的核心竞争力，是实体经济的血脉，金融制度是经济社会发展中重要的基础性制度。"金融活，经济活；金融稳，经济稳""经济兴，金融兴；经济强，金融强"，经济与金融存在共生共荣的辩证关系，要充分发挥金融的"血脉"作用，为实体经济"造血""输血""活血"。金融支持科技创新和产业发展，是金融服务实体经济和推动经济高质量发展的重要路径。长三角G60科创走廊按照《长江三角洲区域一体化发展规划纲要》和《长三角G60科创走廊建设方案》的定位和要求，瞄准国际先进科创能力和产业体系，坚持科技和制度创新双轮驱动、产业和城市一体化发展，不断推进科创、产业、金融良性循环，科创金融不断出现新突破和新成效。

本报告基于科创金融发展机理，立足于科技创新、产业发展、金融支持三个维度，探讨长三角G60科创走廊"科创＋产业＋金融"良性互动模式的创新实践和卓著成效。报告分为上下两篇，上篇构建长三角G60科创走廊科创金融发展指数，科学测度科技创新、产业发展和金融发展水平，评估长三角G60科创走廊科创金融发展水平和建设成效，厘清科创金融发展未来路径与政策建议；下篇基于长三角G60科创走廊推进"三先走廊"建设，聚焦分析创新策源地的重要制度及金融产品创新的实践案例，剖析科创金融推动"科创＋产业＋金融"良性互动模式成功经验。

研究报告由项目负责人张云教授带领项目组共同完成，项目组主要成员包括韩云副教授、方茜副教授、吴洁副教授、王向进副教授、葛璐兰博士、刘一腾博士、汪鹏博士、刘娜博士和薛莹博士等。同时，研究报告还得到长三角G60科创走廊联席会议办公室副主任、长三角G60创新研究中心主任贾占峰等专家的倾心指导，也凝聚了来自复旦大学、南京大学、同济大学、上海财经大学、河海大学、浙江工商大学等联合研究人员的共同努力。在此，特别感谢在实践案例的调研、撰写中付出努力的专家和同学们！案例一《金融服务与杭州城西科创大走廊融合发展》主要完成人为郭晨；案例二《苏州"YYT"金融平台支持企业创新的案例分析》主要完成人为薛莹；案例三《湖州绿色金融综合服务平台案例分析》主要完成人为李昕晨、马少杰、张云和韩云，案例四《嘉兴LYKJ公司IPO募资成效及风险分析》主要完成人为刘娜和张云；案例五《基于产业生态平台的数字供应链金融服务案例研究——"HSH"供应链金融服务》主要完成人为郑靖雯、詹忆、项光兰和褚燕；案例六《金融创新支持企业科创发展案例研究——合肥"XT科创通"投贷联动产品》主要完成人为王冰洁和汪鹏；案例七《科创板与金融服务科技创新企业的典型案例研究》主要完成人为刘雨明、韩云、张云和孙洁；案例八《长三角G60科创走廊专项案例》主要完成人为韩云、张云和刘一腾。

作者
2023年8月

目录

引言 　　　　　　　　　　　　　　　　　　　　　　　　　　　1

上篇　长三角 G60 科创走廊科创金融发展指数　　　　　　　5

第一章　长三角 G60 科创走廊科技创新指数　// 7
第一节　长三角 G60 科创走廊科技创新相关研究　// 7
第二节　长三角 G60 科创走廊科技创新指数构建与分析　// 16
第三节　长三角 G60 科创走廊科技创新成效评价　// 26

第二章　长三角 G60 科创走廊产业发展指数　// 30
第一节　长三角 G60 科创走廊产业发展相关研究　// 30
第二节　长三角 G60 科创走廊产业发展指数构建与分析　// 37
第三节　长三角 G60 科创走廊产业发展成效评价　// 51

第三章　长三角 G60 科创走廊金融发展指数　// 53
第一节　长三角 G60 科创走廊金融发展相关研究　// 53
第二节　长三角 G60 科创走廊金融发展指数构建与分析　// 58
第三节　长三角 G60 科创走廊金融发展成效评价　// 70

第四章　长三角 G60 科创走廊特色发展评估与建议　// 73
第一节　长三角 G60 科创走廊特色发展评估分析　// 73
第二节　长三角 G60 科创走廊特色发展存在不足分析　// 75
第三节　长三角 G60 科创走廊特色发展政策建议　// 77

下篇　长三角 G60 科创走廊科创金融实践案例　　　　　　　83

案例一：金融服务与杭州城西科创大走廊融合发展　// 85
一、案例背景　// 85

二、金融支持杭州城西科创大走廊发展情况 // 88
三、金融支持杭州城西科创大走廊发展模式分析 // 95
四、金融支持杭州城西科创大走廊建议 // 99

案例二：苏州"YYT"金融平台支持企业创新的案例分析 // 101
一、案例背景 // 101
二、苏州"YYT"金融平台支持企业创新发展概况 // 103
三、苏州"YYT"金融平台支持企业创新发展模式分析 // 108
四、苏州"YYT"金融平台支持企业创新建议 // 111

案例三：湖州绿色金融综合服务平台案例分析 // 113
一、案例背景 // 113
二、湖州绿色金融综合服务平台概述 // 114
三、湖州绿色金融综合服务平台模式分析 // 125
四、湖州绿色金融综合服务平台发展建议 // 129

案例四：嘉兴 LYKJ 公司 IPO 募资成效及风险分析 // 131
一、案例背景 // 131
二、LYKJ 企业简介及募资情况概况 // 133
三、LYKJ 公司 IPO 募资成效及风险分析 // 137
四、科技创新企业 IPO 募资建议 // 143

案例五：基于产业生态平台的数字供应链金融服务案例研究
　　　　——"HSH"供应链金融服务 / 146
一、案例背景 // 146
二、数字供应链金融服务主要模式分析 // 149
三、数字供应链金融服务企业发展的实现途径分析 // 153
四、数字供应链金融服务改进建议 // 157

案例六：金融创新支持企业科创发展案例研究
　　　　——合肥"XT 科创通"投贷联动产品 / 160
一、案例背景 // 160
二、合肥 XT 科创投贷联动产品概述 // 162
三、投贷联动产品模式分析 // 164

四、金融创新支持企业科创发展建议　∥　168

案例七：科创板与金融服务科技创新企业的典型案例研究　∥　172
　　一、政策背景　∥　172
　　二、科创板视角下金融服务科技创新的现状　∥　173
　　三、科创板 IPO 重要案例分析　∥　185
　　四、金融支持企业科创板 IPO 的重要模式研究　∥　192
　　五、科创板支持金融服务科技创新生态体系的建议　∥　200

案例八：长三角 G60 科创走廊专项案例　∥　203
　　一、长三角 G60 综合金融服务平台案例　∥　205
　　二、长三角 G60 科创走廊人工智能产业基金案例　∥　208
　　三、长三角 G60 科创走廊科技成果转化基金案例　∥　211
　　四、长三角 G60 科创走廊"双创债"案例　∥　214
　　五、长三角 G60 科创走廊精准对接科创板和注册制改革案例
　　　　∥　219
　　六、长三角 G60 科创走廊知识产权质押融资案例　∥　222
　　七、上海股权托管交易中心案例　∥　225
　　八、ZS 银行的"人才银行"案例　∥　229
　　九、数字征信试点——数字征信助力金融生态优化案例　∥　233

参考文献　　　　　　　　　　　　　　　　　　　　　　　　**237**

附录：指数编制框架与评估体系　　　　　　　　　　　　　　**252**

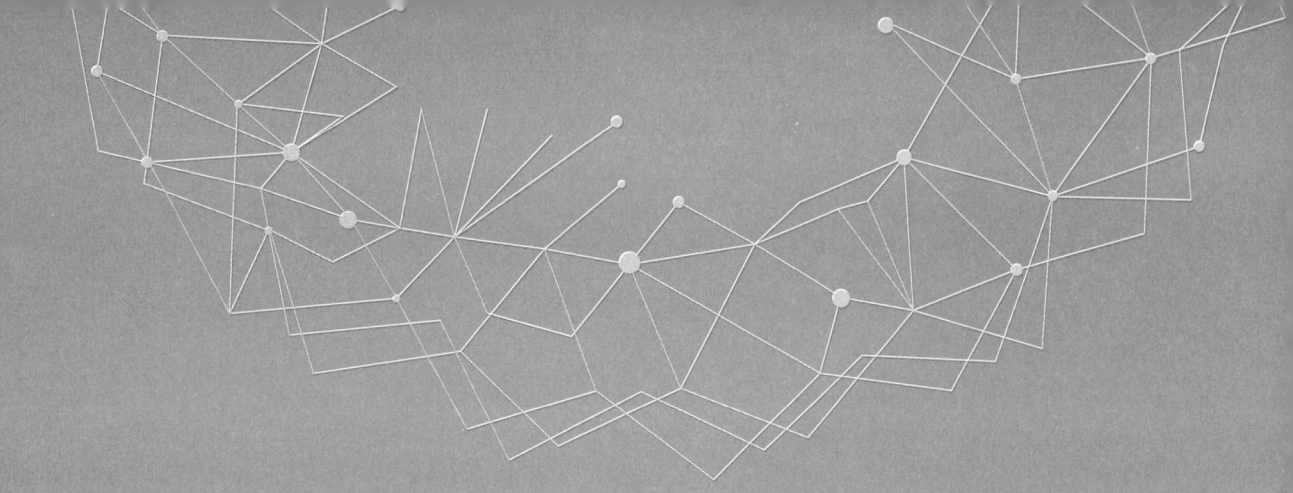

引　言

引 言

  2019年12月，中共中央、国务院印发《长江三角洲区域一体化发展规划纲要》（以下简称《纲要》），明确提出：依托交通大通道，以市场化、法治化方式加强合作，持续有序推进长三角G60科创走廊建设，打造科技和制度创新双轮驱动、产业和城市一体化发展的先行先试走廊。2020年11月，科技部会同国家发展改革委、工业和信息化部、中国人民银行、中国银保监会、中国证监会联合印发《长三角G60科创走廊建设方案》，明确了"三先走廊"的战略定位，提出到2025年基本建成具有国际影响力的科创走廊，成为中国重要创新策源地。2021年3月，《中华人民共和国国民经济和社会发展第十四个五年规划和2035年远景目标纲要》进一步明确提出："瞄准国际先进科创能力和产业体系，加快建设长三角G60科创走廊""提高长三角地区配置全球资源能力和辐射带动全国发展能力"。长三角G60科创走廊上升为国家方案、国家行动，迎来新的重大发展机遇。

  长三角G60科创走廊是践行习近平总书记关于推进长三角一体化和高质量发展重要指示的生动样板。从2016年"G60上海松江科创走廊"到2017年的"沪嘉杭G60科创走廊"和2018年的"长三角G60科创走廊"，再由2019年纳入中共中央、国务院《长江三角洲区域一体化发展规划纲要》到2021年《中华人民共和国国民经济和社会发展第十四个五年规划和2035年远景目标纲要》，将其作为国家重要战略任务进行部署，说明长三角G60科创走廊在习近平新时代中国特色社会主义思想的指导下，结合区位优势、产业发展基础和资源禀赋，持续推进科技和制度创新发展，在辐射范围持续扩大的同时，逐步从基层实践上升到国家战略和国际行动。长三角G60科创走廊要发挥资源富集、创新主体活跃等优势，在构建新发展格局中勇担新的历史使命，共同推动长三角G60科创走廊高质量发展更上一个新台阶，加快推进"三先走廊"建设，奋力当好长三角高质量一体化发展的排头兵。

  创新是引领发展的第一动力，长三角G60科创走廊建设以来，始终抓牢科技创新这个关键变量，按照《长江三角洲区域一体化发展规划纲要》

和《长三角G60科创走廊建设方案》的定位和要求，坚持科技和制度创新双轮驱动、产业和城市一体化发展，不断推进科创、产业、金融良性循环，推动"三先走廊"建设取得新突破、新成效。长三角G60科创走廊坚持联合编制攻关方案，联合设立攻关基金，联合转化科技成果等，在共同创新链上求突破；深化新兴产业引领、头部企业带动、产业联盟协同、数字经济赋能，在深耕实体经济产业链上寻求突破；着眼金融政策支撑、资本市场支撑、服务平台支撑，形成"科创＋产业＋金融"的良性互动模式。这意味着，针对金融服务科技创新链和实体经济产业链的研究具有重要意义。

持续推进长三角G60科创走廊"科创＋产业＋金融"的良性互动，需要一套科学完整的评价指标体系，这是推进"三先走廊"战略和建成我国重要创新策源地的重要制度保障。科学量化复杂、模糊的科技创新、产业发展和金融发展活动，全面评价长三角G60科创走廊金融支持"科创＋产业"的作用和建设成果，最大程度发挥金融服务科技创新和产业发展的溢出效应具有重要的实践意义。长三角G60科创走廊金融支持"科创＋产业"发展的成效指标体系构建将结合经济理论和统计理论，突出"科创＋产业＋金融"主线，形成体系完善、设计合理和操作可行的特色发展指数和相关研究成果。

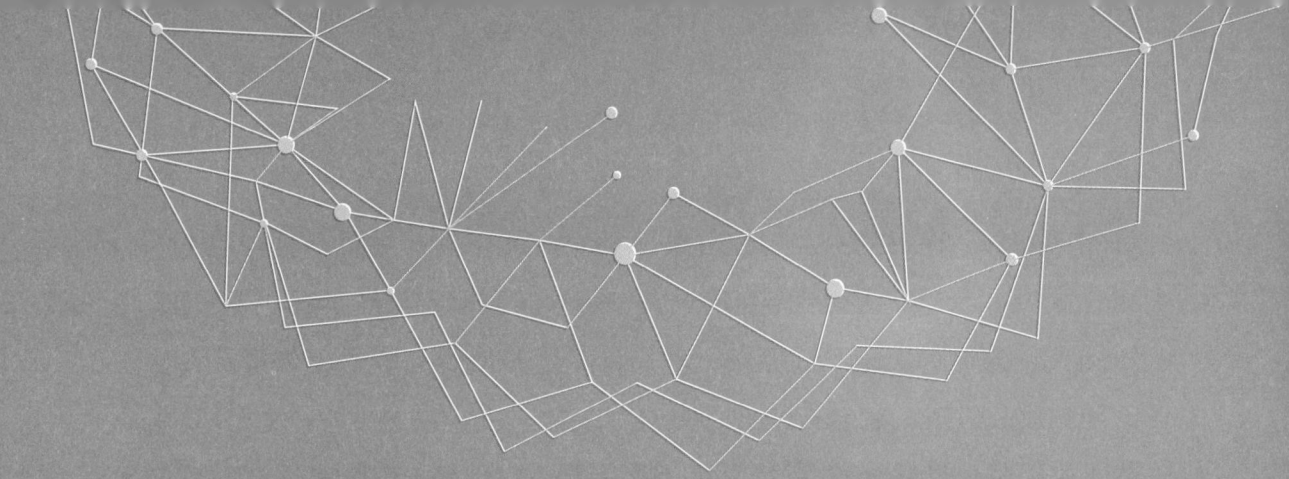

上篇

长三角G60科创走廊科创金融发展指数

第一章 长三角 G60 科创走廊科技创新指数

长三角 G60 科创走廊从秉持新发展理念的生动实践上升为落实国家战略的重要平台，并纳入国家"十四五"规划，成为科创驱动"中国制造"迈向"中国创造"的示范走廊。针对科技创新发展，长三角 G60 科创走廊瞄准国际先进科创能力，积极培育创新主体，聚焦产业链部署创新链，努力构建以高成长性科创企业为代表的创新集群，闯出了一条科创引领转型发展的新路，跃升为有力支撑国家区域重大战略的创新策源地。

第一节 长三角 G60 科创走廊科技创新相关研究

一、科技创新作用机制相关研究

科技创新着眼于国家战略需求，立足于现代化产业体系，是推动经济转型升级、增效提质的第一动力（杨阳等，2018）。创新驱动成为塑造高质量发展动力的战略选择，以下从科技创新推动经济发展、科技创新推动产业升级和科技创新绩效评估三个方面阐述科技创新的相关研究。

（一）科技创新推动经济发展的相关研究

创新驱动动力在推动经济增长过程中发挥着重要作用（Schumpeter, 1934）。根据经济增长理论，聚焦经济高质量发展的研究领域主要包括马克思主义政治经济学的经济发展理论和西方经济学的经济增长理论。马克思主义政治经济学认为，扩大再生产有两种类型，即外延式扩大再生产与内涵式扩大再生产。外延式扩大再生产通过生产要素的增加、生产场所的扩大等方式实现生产规模扩大；内涵式扩大再生产则是通过生产技术的进步与生产要素的利用率的提高、改善生产要素质量和提高劳动生产率等方式实现生产规模扩大。经济高质量发展显然侧重于内涵式扩大再生产，这凸显了科技创新对于经济发展的重要作用。科技创新是推动科技进步的内生动力，是国家实现跨越式追赶和提升国际竞争力的重要途径（张俊芳和雷家骕，2009）。

经济增长的动力在于劳动、资本、土地等生产要素的投入，以及生产效率的提高。但在科技水平一定的条件下，资本的扩张和劳动力的增加皆不可能是一个无限的过程。从长期来看，经济增长需要实现由物质要素投入驱动转向以创新能力驱动，即由物质资本驱动转向人力资本驱动。人力资本的积累，以及由于研发和"干中学"效应等带来的持续技术进步，是推动经济长期增长的动力（Romer，1986）。以科技创新带来生产效率的提升则可以在知识累积基础上不断进行生产创造，为经济增长提供取之不尽、用之不竭的动力。由此可见，创新是经济高质量发展的第一驱动力，是提升生产能力、提高市场效率、增强企业竞争、实现协调发展的第一支撑力（任保平，2018），经济高质量发展要求科技创新在现代化建设全局中占据核心地位。习近平总书记在党的二十大报告中指出，必须坚持科技是第一生产力、人才是第一资源、创新是第一动力。随着新一轮科技革命和产业变革深入发展，在百年未有之大变局中，我国经济的高质量发展需持续加强科技创新部署，实现更高水平的科技自立自强。

技术进步的方向是影响宏观经济增长的重要因素，作为一种特殊的知识生产过程，科技创新是构成高质量经济发展的动力源泉。制造业部门全要素生产率增长的60%以上是由新进入企业贡献（Brandt等，2012），科学发现、技术发明和产业创新是实现高质量发展的关键动因（金碚，2018）。但核心基础技术创新"空心化"、专利轻质重量、创新转化率不高和合作效率低等是制约中国高质量发展的重要因素（余泳泽和胡山，2018）。孙祁祥和周新发（2020）认为科技创新有利于提高全要素生产率，驱动高质量供给，优化经济结构，改善消费结构，促进可持续发展，促进社会公平，从而推动经济高质量发展。刘思明等（2019）运用40个国家8年数据构建了创新驱动力指数，发现科技创新或制度创新均对全要素生产率有正向作用。还有学者基于绿色发展的创新驱动进行研究，构建新经济增长模型分析异质性创新对绿色全要素生产率的影响，运用"一带一路"沿线国家面板数据检验发现，基础创新和应用创新均显著提升了"一带一路"沿线国家的绿色全要素生产率（葛鹏飞等，2018）。

（二）科技创新推动产业升级的相关研究

科技创新也是影响产业结构升级的重要因素，相关研究结论普遍认为科技创新对产业结构有重要影响。Utterback和Abernathy（1975）提出了著名的AU模型，阐述了企业创新活动推动产业格局的形成路径。Lucchesc（2011）通过对德国等6个主要欧洲国家的细分行业数据进行分析，发现技术创新差异对一个国家产业结构变化与发展具有重要推动作用。也有部分学者研究了中国创新驱动产业结构升级的作用，发现技术创新是推动产业结构升级的直接动力，无论是从供给侧还是从需求侧来说，技术创新都能够通过影响各产业的要素投入比和产出比进而影响整个产业结构（张辉明和丁娟，2004；Altenburg等，2008）。另外，产业间的内在联系不仅表现为社会关系，同时表现为技术联系，自主创新还能够通过促进传统产业采用新技术、新工艺、新装备，提高生产技术水平，使得产业结构逐步高级化（王元地等，2007）。高照军和张宏如（2019）以企业成长和创新理论为基础，讨论了企业在不同成长阶段嵌入产业链的程度，指出企业创新是产业链升级的重要推动力量。

同时，技术和产业是推动经济持续发展的两个重要支撑，两者协同发展的模式是孕育新经济模式的重要推力。作为产业转型升级的内在驱动力，科技创新通过改变供需结构，促进产业间的资源流动与关联，改造提升传统产业，推动产业链向纵深领域延伸，最终促进产业转型升级（程强等，2017）。互联网、人工智能、物联网等技术等迭代更新，推动着产业朝着智能化、科技化、数字化的方向发展，推进了产业结构内部调整，促进了产业结构优化升级，带动了经济增长方式的转变（任保平和豆渊博，2021），创新引领的高新技术产业将成为经济发展的重要支撑，决定着中国从经济大国向经济强国发展的未来趋势（郭克莎，2019）。

（三）科技创新绩效的影响因素研究

科技创新效率兼顾科技创新投入和科技创新产出两个方面，已经成为评价科技创新绩效最为常用的指标。罗颖等（2019）运用三阶段DEA方法测算了科技创新效率，研究指出企业研究与试验发展（R&D）经费支出占主营业务收入对创新效率的贡献率最高。韩兆洲和程学伟（2020）基于专利产出的视角，测度我国2007—2016年省域创新效率，指出R&D投入与创新效率之间存在一定程度的正相关关系，但这种正相关关系在R&D投入达到一定数值时，有边际递减的倾向。部分学者研究了科技创新绩效其他的影响因素，例如，王慧艳等（2019）利用网络WSBM，测算了中国东部、中部、西部和东北部的科技创新驱动经济高质量发展的绩效水平，指出R&D经费投入、人均GDP、对外开放度显著影响科技创新效率。杨骞等（2021）指出科技创新效率提升主要依靠技术进步和效率改善联合驱动。还有学者基于超效率SBM模型测算中国省域绿色创新效率，指出京津冀绿色成果转化效率高但创新研发效率处于中等水平，粤港澳大湾区创新研发效率高而绿色成果转化效率不高，说明对外开放程度、产业结构、经济发展水平和城镇化水平是造成我国重大战略区工业绿色创新效率空间不平衡的重要因素（吴雨萌和王婷，2023）。

二、科技创新发展水平测度相关研究

近年来，国内外学者们从宏观和微观的角度探讨创新水平的度量。宏观层面上，采用全要素生产率和专利数据测度技术进步较为普遍，唐未兵等（2014）认为技术进步是技术创新或技术引进的结果，表现为全要素生产率的提升，以及经济增长方式的转变。Wei 等（2017）采用专利数和R&D 投入比重来衡量科技创新发展。李政和杨思莹（2019）将专利价值加总到城市层面构建城市创新指数以衡量城市的创新水平。现有的衡量城市创新水平和能力的指标主要可以分为三类，即全要素生产率、研发投入和专利价值（何凌云和陶东杰，2020）。其中，全要素生产率是将要素积累无法解释的部分归因为技术进步，研发投入是从资金投入的角度来衡量创新水平，而专利价值是从创新活动产出的视角体现创新水平。杨明海等（2017）采用专利数和对城市万人专利申请受理量的数据进行梳理和分析，描述了城市群的创新能力，并通过子群分解的基尼系数方法刻画城市创新能力的区域差距。然而，使用专利数量度量中国科技发展和科技追赶水平存在一个重要的识别问题，即中国专利数量在 2009 年后的"爆炸式"增长中存在非创新性动机和策略性研发问题（Hu 等，2017；Fang 等，2020）。

微观层面上，现有学者从三个维度考察企业创新。一是企业创新能力，例如，Babina 等（2017）采用个人创业意愿来衡量创新水平。基于中国家庭金融调查数据，郭沛瑶和尹志超（2022）采用家庭是否有创新活动与家庭研发投入的金额来衡量企业自主创新能力。二是企业创新产出。专利数据是对于创新产出的直接度量。发明专利的申请难度最大，较能代表企业创新能力提升的标准（Fang 等，2017），Hall 等（2000）和 Matray（2021）采用公司专利授权数量作为企业创新水平的度量。一系列学者运用专利数据研究中国科技创新问题。例如，寇宗来和刘学悦（2020）提出一套基于中国专利数据库和中国工业企业数据库的匹配方法，并以专利申请数来衡量企业的创新水平。孙文浩和张杰（2020）用新产品的价值、制造企业专利申请数量、发明专利申请数量和发明专利授权数量来测度制造业企业的创新水平。赵晶等（2022）采用上市公司与其子公司、联营公司等年度独立获得的专利数量总和来度量企业自主创新水平。三是创新质量。考虑到高涨的专利申请背后可能存在非创新动机，直接使用专利数量可能对科技创新发展水平的度量存在偏颇，部分文献使用专利实际技术水平测量企业创新水平。对于专利实际技术水平的测量方法主要分为两类。第一类是基于专利系统引证网络对专利的引用加权来测量专利质量（Jaffe 和 Rassenfosse，2019），Boeing 和 Mueller（2016）基于全球最大的五个专利授权国的《专利合作条约》（PCT）申请数据和引用记录建立了一套专利质量国际比较指标体系。第二类是测算专利的商业价值，通过上市公司专利授权在股票市场上公开过滤的特质波动率，测算出资本市场对专利价值的估值或者通过知识资本模型对企业的专利回报进行核算（Kogan 等，2017；Kline 等，2019），但这一类专利价值指标仅适用于上市公司。

另外，一系列文献探讨了科技创新建设成果的测量方法。例如，张士运等（2018）归纳了科技创新中心的功能，包括"五个力"，即原创力、集聚力、驱动力、主导力和辐射力，从而构建科技创新中心的综合评价指标体系。邓丹青等（2019）运用熵权 TOPSIS 方法从创新资源、创新环境、创新成果三个方面构建全球科技创新中的综合评价指标体系，其中包括资本资源、人才资源、交通环境、商业环境、生态环境、产出水平、知识产权、人文环境八个二级指标。钱智和史晓琛（2020）总结上海科创中心建设五年来的显著成效，梳理科创中心建设存在的不足，为 2035 年形成科创中心核心功能提出相应的政策建议。贺茂斌和任福君（2021）梳理国际科技创新中心的评价指标体系，包括美国硅谷指数、欧洲创新记分牌、全球创新指数（GII）、全球创业生态系统报告等。黎晓奇和罗晖（2021）总结全球知名科技创新中心发展的规律与基本特征，即高强度的研发投入、高水平的技术供给、雄厚的创投资本、良好的营商环境等，研究科技创新中心发展的影响因素。

三、长三角 G60 科创走廊驱动科技创新发展的内在机制

创新是一国经济持续发展的核心动力，技术吸收带来的效率提升是中

国经济增长和全要素生产率提升的重要源泉。国家创新系统理论宏观学派强调了制度设计在国家创新系统功能中发挥的作用，长三角G60科创走廊战略的提出为进一步提升科技创新水平、促进产业转型升级提供了有力的政策支持。长江三角洲地区是我国经济发展最为活跃、对外开放最为积极、创新活力最为强大、区域联系最为紧密、历史文化最为相通的地区之一。长三角G60科创走廊启动建设以来，改革辟路、创新求实，把握国家战略机遇，为长三角一体化高质量发展注入新动能，通过建设科技创新中心、孵化器、加速器等创新载体，吸引大量创新人才和企业落户，为科技创新提供了良好的生态环境。此外，长三角G60科创走廊的建设强调长三角地区的协同创新机制，加快建设跨行政区域产业协同创新中心，推动创新链、产业链深度合作。总体来说，长三角G60科创走廊通过区域联系、主体协同、环节连接为协同创新注入源源不断的活力。

（一）区域协同创新

区域是创新主体的载体和活动地，以资源禀赋和政策环境来影响不同创新主体的创新活动。区域协同视角下的长三角产业创新一体化，是从空间地理的视角来看各地域之间的创新合作、溢出效应和创新效果。高质量的区域协同创新可发挥更大的经济增长驱动效应，例如，上海、南京、杭州、合肥等城市具有丰富科教资源和科研院所，应当发挥原创能力和基础创新、理论创新的功能，创新主体以大学和科研院所里的研究人员为主；从创新环节来讲，这类区域从事的是知识生产环节，把钱变为知识，为后端创新环节提供基础性、公共性的成果支持；从创新产出来讲，这种区域创新产出以研究论文、基础技术专利为主。再如苏州、无锡、常州等拥有较多实体产业主体的城市，其创新主体是企业家和产业技术人员，创新过程是将前端的技术进行产业化，或者采取先进的工艺实现产品升级，实现前端基础创新成果的市场经济价值，把知识变成盈利，其创新产出就是新产品销售利润。另外，区域协同创新视角的产业创新一体化还表现为区间创新行为的合作与互融，专利合作、技术溢出、产业关联等都属于该范畴。

地缘相近、人文相通、市场相连，相似的基因铸就了区域协同创新的长三角科技和产业创新一体化的最初雏形。推进长三角一体化发展，需要充分发挥各地区比较优势，进一步实现创新要素的自由流动和生产体系的合理分工。同时，应坚定不移地加强地区间联系，充分利用外部技术资源，实现大范围、宽领域、深层次的对内融合和对外开放，扎实推进一体化发展。

（二）主体协同创新

长三角地区是创新资源需求最为强劲、科技创新成果转移转化最为迫切的地区之一。在一体化发展的国家战略引领下，探索创新主体协同新路径，让更多的科技成果转化为实实在在的产业增长点是长三角高质量一体化发展的必然要求。从创新主体来看，涉及区域创新发展的主体主要包括政府、企业和高等院校三类（简称官产学），区域创新一体化发展应当关注官产学之间的协同。三个主体在创新过程中所承担的功能不同，角色也不一样，其本质是社会分工与合作效率。

首先，政府是创新投入主体，这里的投入既包括资源投入（如资金、设备等），也包括环境投入（如政策、文化等），这些投入是创新生态的基础。从经济学角度来看，创新生态系统里需要大量的公共品存在，比如理论创新、基础技术、制度文化等，这些公共品为整个系统输出正外部效应，用以支持创新的整体发展。从发达国家的创新历程和经验来看，政府投入也在创新生态中起到了基础性、决定性作用。

其次，企业承担着创新投入和创新执行双重角色。从创新投入来看，其中包括企业自身R&D经费投入，用于技术研发、工艺改良等，也包括行业层面的关于共性关键技术、研发平台等方面的投入，这些创新投入可以帮助企业提升技术，提高产品竞争力，塑造竞争壁垒。从创新执行来看，企业也可以承接政府的研发资金，作为研发主体进行创新研究。企业研发通常聚焦在应用研究和试验发展阶段，往往同企业发展直接关联。

最后，高等院校作为汇集学者、专家等高端人才的主体，只承担创新执行的角色。大学具有非营利性特征，专家学者的研究取向往往与前沿性、兴趣性相关，而不怎么关注经济利益；大学的创新行为带有理论性、基础性特征，处于创新的最前端、最初始环节；大学的经费来源包括政府和企业，不同的经费来源决定了研究行为的特点和效果。

（三）科技与产业的环节耦合创新

科技与产业的环节耦合创新是基于创新两个环节进行联合创新的重要形式之一。从经济活动视角看，创新行为简单分为两个阶段：一是"知识生产"，即把资金转化为原创知识，主体是大学及科研机构，该过程具有一定的外部性，目标是产出更多更先进的知识；二是"知识应用"，即把知识转化为资产加以应用，主体是企业，以市场行为实现，目标是在市场上实现利润最大化。创新环节耦合程度应注意区分这两个阶段的不同特性，构建相关制度与激励规则，将各主体在不同创新环节的行为统一起来，实现两个环节的深度耦合。

这里涉及的主体更为全面丰富，不仅包括官产学三类，还应包含中介平台和市场。前三类主体前面有所提及，这里不再赘述。中介平台在创新体系中发挥着桥梁作用，其作用是将"知识生产端"和"知识应用端"更紧密地联结，通过产业化研究、技术孵化、专利服务、资金扶持、法律支持等专业化服务，使技术更靠近市场，市场更接近技术，从而实现技术从"实验室"到"市场"的转化。

综合而言，长三角G60科创走廊注重加强区域协同创新，共同打造科技创新策源地，这也是《长三角G60科创走廊建设方案》明确提出的重点任务。随着区域经济的不断发展，长三角G60科创走廊各节点城市作为区域经济增长极，在提升特定地理空间的经济规模和创新要素聚集密度的同时，对周边地区的城市群产生了强大辐射和带动作用，推动实现区域协同发展。为充分反映长三角 G60 科创走廊科技创新的发展情况，本研究分别从科技创新投入、科技创新产出和科技创新效益三个方面构建科技创新指标池，再用熵值法测度科技创新发展指数。在此基础上，比较并分析长三角 G60 科创走廊科技创新发展指数，评估长三角 G60 科创走廊九城市创新发展成效，进而提出促进长三角 G60 科创走廊建设相关政策建议。

第二节　长三角 G60 科创走廊科技创新指数构建与分析

一、科技创新指数的构建

2021 年 3 月，长三角 G60 科创走廊被写入国家"十四五"规划，提出要"瞄准国际先进科创能力和产业体系，加快建设长三角 G60 科创走廊和沿沪宁产业创新带，提高长三角地区配置全球资源能力和辐射带动全国发展能力"，长三角 G60 科创走廊由此迎来新的重大发展机遇。在此背景下，本研究分别从科技创新投入、科技创新产出和科技创新效益三个方面构建科技创新指标池，再用熵值法测度科技创新发展指数，评估并分析长三角 G60 科创走廊九城市科技创新发展现状。

首先，本研究主要从 R&D 经费投入强度和 R&D 人员投入力度两个方面考察科技创新投入。研发投入是企业在开发新产品或服务、流程和技术等方面的资源投资。研发投入是企业进行研发创新活动的重要前提和基础，是影响企业创新绩效的重要因素之一。合理且精准的研发投入能帮助企业提高生产效率，不断更新和创新生产技术，提高产品的技术复杂度，企业的创新伴随着研发投入规模和强度增加而不断优化。随着中国"人口红利"减弱、资本大量累积和技术研发能力增强，中国经济增长动力转变为依靠创新驱动为核心的内生比较优势。

其次，本研究从每万人有效发明专利数和技术合同成交额两个维度考察科技创新产出。企业产品与工艺的每一次进步，都离不开发明专利。发明专利是我们企业转型升级的直接动力。发明专利指标既是知识产权保护运用的基石，也是实施创新驱动发展战略的风向标和晴雨表。在我国实施创新驱动发展战略的大背景下，发明专利的量质齐升对于经济持续稳健增长至关重要。同时，技术市场是促进科技成果转化和产业化的重要渠道，在科技创新资源配置中发挥重要作用。本研究选择技术合同成交额来衡量科技创新成果转化水平。

最后，本研究立足于企业家、资本与技术三大核心要素，从新建企业数量、吸引外来投资、吸引风险投资、专利授权数量和商标注册数量5个维度进行综合分析，客观评估长三角G60科创走廊九城市的科技创新效益。创新是促进经济增长的重要引擎，而企业是创新的主体，是创新生态系统的核心，企业家精神则是企业诞生的源泉，是培育创新增长点的动力源泉。相比于已有的创新创业相关指数，"中国区域创新创业指数"具有很多独特之处，突出体现在以下四个方面：（1）以企业为核心，强调创新创业的市场识别机制。创新指数将创新与创业有机结合，围绕企业这一核心市场主体，综合运用企业大数据库，通过考察企业创建和投资行为，以及创新产出来综合体现区域内企业创新创业活力。（2）采用企业"全量"数据进行测算。创新指数结合大数据思维和技术，利用在中国大陆境内工商企业等级注册的"全量"企业信息，涵盖了全部行业、全部规模的企业，特别是覆盖了全量的创新创业活跃度高的中小微企业和创业期企业。（3）实现跨界和多维度评价。创新指数立足于企业家、资本、技术三大核心要素，将原本这几个领域分散的数据有机联系起来，统一基于"企业"这一视角进行划分，构建了涵盖创业、投资和创新不同侧面的多维度综合评价体系，既有横向的区域比较，也有纵向的趋势分析。（4）使用客观指标，聚焦创新创业产出。创新指数聚焦地区内部企业创新创业的实际产出，而非投入，在分析过程中采用客观指标，而非主观评价，这不仅是对各地区创新创业绩效更加真实的度量，也能够对各地区营商环境形成更为客观的评价。

二、科技创新指数总体分析

科技是第一生产力、人才是第一资源、创新是第一动力。近年来，长三角G60科创走廊瞄准国际先进科创能力和产业体系，"含新量"不断提高。从科技创新总指数来看，长三角G60科创走廊科技创新发展势头强劲。如图1-1所示，科技创新指数由2016年的100（基期值）上升到2017年的109.76、2018年的123.93、2019年的129.33和2020年的141.15，指数逐年递增并在2020年实现大幅度跨越。

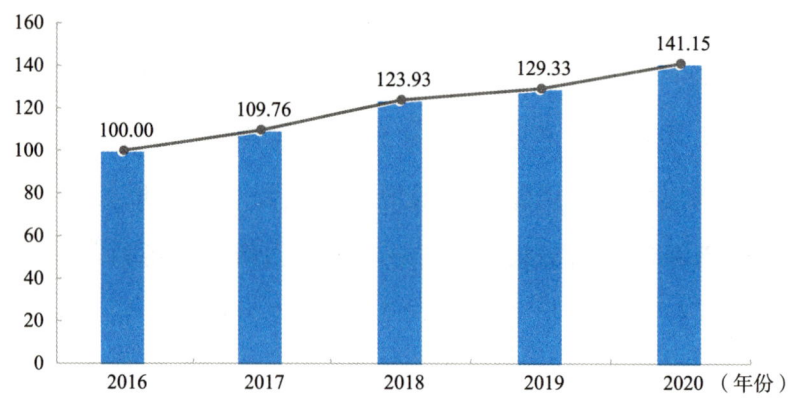

图1-1 2016—2020年长三角G60科创走廊科技创新指数

长三角G60科创走廊从创新平台共建、科研资源共享、关键技术共研、成果转化共投等方面探索构建科技协同创新体系，在建立面向关键核心技术攻关新型举国体制方面做出了示范性探索，共同推进科技自立自强。高协同联动也带来了高质量发展。2018年以来，九城市战略性新兴产业增加值占GDP比重从11.5%上升到15%；高新技术企业数从1.49万家增长到3.65万家，省级以上专精特新"小巨人"企业数增长226.4%；"产学研"合作深度与部分国际科创走廊水平相当。这说明长三角G60科创走廊科技创新驱动效果显著，不断释放出创新驱动发展的原动力，推动长三角更高质量一体化发展。

三、九城市科技创新指数分析

2016—2020 年，分城市来看（见表 1-1），长三角 G60 科创走廊九城市均在科技创新方面进步明显，科技创新得分均呈增长态势（见图 1-2）。可以看出，长三角 G60 科创走廊九城市科技创新水平虽稳步提升，但地区差异十分显著。苏州市科技创新水平较高，而安徽省科技创新较为滞后，安徽宣城、芜湖科技创新指数较为落后。

表 1-1　　　　2016—2020 年长三角 G60 科创走廊科技创新指数

年份 城市	2016	2017	2018	2019	2020
杭州	128.82	141.58	156.89	156.07	164.94
合肥	95.94	106.73	116.88	121.03	123.45
湖州	98.14	107.79	125.24	126.91	140.16
嘉兴	84.27	93.00	107.32	126.78	143.23
金华	75.07	79.98	86.79	93.58	108.54
上海松江	119.70	133.18	156.88	158.24	173.01
苏州	134.78	148.59	168.56	172.09	185.70
芜湖	99.52	110.30	123.26	130.12	140.87
宣城	63.77	66.69	73.57	79.15	90.49

图 1-2　2016—2020 年长三角 G60 科创走廊科技创新指数

在长三角 G60 科创走廊九城市中，苏州市的科技创新表现最为突出，2016—2020 年科技创新指数分别为 134.78、148.59、168.56、172.09 和 185.70，均位列各城第一，年平均增长率为 8.42%。苏州市科教资源丰富，产业基础雄厚，官产学等创新主体研发积极性高，具备完善的创新体系，为科技创新和产业创新奠定了良好基础。近年来，苏州市致力于推动科技创新发展，聚焦人工智能、生物医药、第三代半导体产业发展，形成了以生物医药、新材料、信息技术等为主导的新兴产业体系。苏州市拥有一批高水平的科研机构和高等院校，如苏州大学、苏州科技大学等，这些机构在科技创新方面发挥着重要作用。苏州相继获批国家新一代人工智能创新发展试验区、国家生物药技术创新中心、第三代半导体技术创新中心，成为国内唯一一个拥有两个国家技术创新中心的地级市。同时，苏州市政府也加大了对科技创新的投入力度，出台了一系列支持政策，如《苏州工业园区关于加快建设世界一流高科技园区的若干政策》《苏州市科技创新促进条例》等科技创新政策，为科技创新提供了良好的政策支持环境。同时，苏州政府也加大金融资源向科技领域的倾斜力度，鼓励金融机构推出金融创新产品，拓宽企业融资渠道；设立引导基金、科创基金等政府投资基金，与市场基金共同发力，助力企业科技创新。

同时，上海松江近年来科技创新发展迅速，科技创新成效明显。上海市作为国际大都市，依靠其地理和文化优势，通过对外贸易、金融创新等为产业创新注入了新鲜血液。2016—2020 年，上海松江科技创新指数分别为 119.70、133.18、156.88、158.24 和 173.01，年平均增长率为 9.82%，增长势头强劲。上海松江不断加大科技创新投入，松江全社会 R&D 投入强度由"十二五"末的 3.58% 上升到"十三五"末的 4.59%。2016 年，松江区启动了"双创"计划，加大资金扶持力度，优化创业环境，同时成立"科技创新领军人才计划"，引入和培养了一批高层次的科技创新领军人才。如图 1-3 和图 1-4 所示，2016—2020 年上海松江的 R&D 投入强度和 R&D 人员投入力度均远高于九城市均值，科创驱动发展的效应进一步显现。长三角G60科创走廊策源地松江秉持新发展理念，坚持科创不动摇，从引进模仿的跟跑者转变为自主创新的领跑者。瞄准前沿领域，松江以"卡脖子"工程和颠覆性技术作为重点突破方向，推动硬核科技发展，众多科创成果泉涌不断，成为松江高质量发展的创新动力。

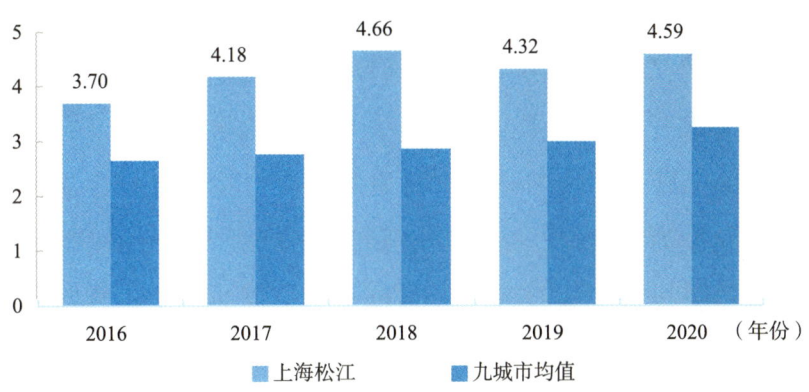

图1-3 2016—2020年上海松江与九城市R&D投入强度均值对比

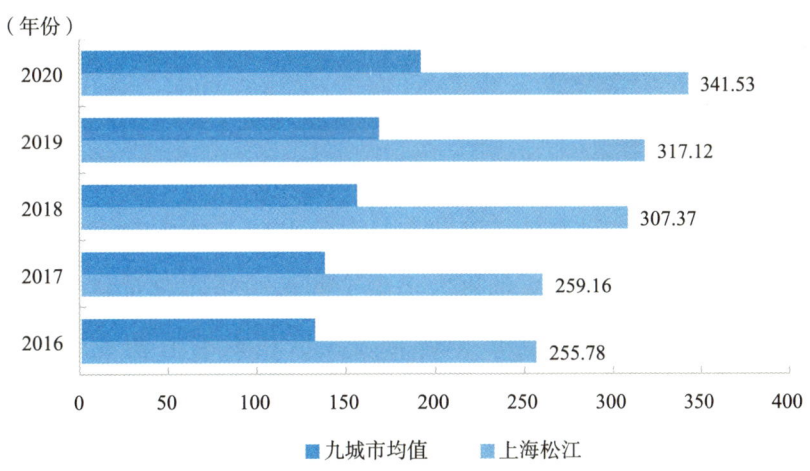

图1-4 2016—2020年上海松江与九城市R&D人员投入力度均值对比

其他城市在科技创新方面的表现也十分亮眼，科技创新发展指数均在2020年呈现出跨越式增长态势。浙江省近年来研发经费投入增长速度显著，通过大力实施人才政策，吸引研发人员集聚，为科技创新提供了有力支撑。浙江省牵头成立了长三角国家科技成果转移转化示范区联盟，杭州、嘉兴、湖州、金华分别牵头成立长三角G60科创走廊生物医药、光伏协同创新、智能装备、新材料产业创新联盟，湖州组建了9家省级产业链上下游企业共同体，不断提升产业链供应链的稳定性和竞争力，嘉湖一体化合作先行区建设提速，招引数字经济、绿色智造亿元以上项目19个，总投资超过114亿元。中国浙江网上技术市场3.0上线运行，服务长三角、辐射全国、链接全球的技术交易平台初步建立。嘉兴是长三角G60科创走廊最早的倡议者和推动者之一，其优越的地理位置和良好的发展基础，为嘉兴融入长三角G60科创走廊建设夯实了基础。近年来，嘉兴市政府高度重视科技创新，大力推进科技创新工作，加强与高校、科研院所等机构的合作交流，将促进科技成果转移转化作为突破口，持续打造嘉兴科技城、秀洲国家高新技术产业开发区、嘉兴高新技术产业园区三大科创平台，同时牵头组建了长三角G60科创走廊科创路演中心联合体，促进科创要素自由流动和高效配置。嘉兴市科技创新指数从2016年的84.27跃升至2020年的143.23，增幅极其显著。

安徽省服务原始创新，建成了以国家级实验室、合肥综合性国家科学中心为引领的国家战略科技力量体系，构建了一批高能级科技创新平台，催生出更多"从0到1"原创性成果，实现了更多领域科技创新并跑领跑。同时，安徽省大力实施人才优先发展战略，加快推进人才发展体制机制改革，积极开展新时代"江淮英才计划"，先后出台了《安徽省扶持高层次科技人才团队在皖创新创业实施细则》《关于加快引进皖籍人才回皖创新创业的若干意见》等人才政策，为扩大科技人才队伍和提升科技队伍整体素质奠定了坚实基础。近年来，安徽省主攻技术创新，构建强链补链延链重大科技攻关体系，引导全社会加大研发投入，打好关键核心技术攻坚战，不断发挥科技支撑民生作用，实现了更多关键核心技术自主可控；强化产业创新，把科技成果转化应用作为科技经济融合的关键环节，搭建科技成果转化平台，强化企业创新主体地位，打造产业发展集群高地，实现了更多产业依靠创新驱动发展；深化制度创新，完成首轮全创改试验，扎实推进国家新一轮全创改，深入推进放权赋能改革，大力推动科技金融融合，实现了创新创业生态持续优化。长三角G60科创走廊提出以来，安徽省科技创新和产业创新能力有了一定程度的提高，但受经济发展基数较低的制约，还需要充分利用长三角地区的协同创新效应不断增强创新动能。

总体而言，长三角G60科创走廊九城市通过加强区域协同创新，加快建设重大创新平台，共同打造科技创新策源地，不断构建原始创新先发优势。

四、科技创新指数构成指标分析

在科技创新指数的指标构成中，科技创新投入、科技创新产出和科技创新效益三个方面的贡献度有所不同。基础研究是科技进步的先导和技术创新的源泉，也是产业创新发展的后盾。本研究主要从R&D经费投入强度和R&D人员投入力度两个方面考察科技创新投入。从图1-5可以看出，科技创新投入方面，2016—2020年九城市R&D经费投入强度均值和R&D人员投入力度均值呈上升趋势，前者从2016年的2.66上升到2020年的3.05，后者从2016年的131.91上升至2020年的191.07，四年的增幅分别达到22.41%和44.85%。2021年，长三角地区研发投入强度高达3.01%，超过全国平均水平近三成，长三角地区财政科技拨款占政府支出的比重为5.02%，高于全国平均水平两成。长三角地区每万人拥有研发人员71.18人/年，是全国平均水平的近2倍。

提升企业研发投入是推动企业不断实现创新的重要路径。长三角G60科创走廊着力构建以政府投入为引导、企业投入为主体、金融机构为支撑、社会资本为补充的多元科技投入机制，提升企业创新投入强度。一是加大对企业创新的财税支持政策。推动研发费用加计扣除、高新技术企业税收优惠、科技创业孵化载体税收优惠、技术交易税收优惠等普惠性政策"应享尽享"；对企业创新进行分环节分阶段补贴，重点加大初创环节补贴力度，培育扶持一批具有创新前景和商业潜力的科技企业。二是畅通创新企业融资渠道。深化与金融机构等合作，发挥创业板、科创板、新三板支持创新的功能作用，形成银行信贷、专题债券、股票市场协同支持企业创新的金融手段，促进各类资金向创新活动配置。三是建立金融支持科技创新体系常态化工作协调机制。鼓励各类天使投资、风险投资基金支持企业创新创业，引导创投企业投早、投小、投硬科技，用好用足科技创新再贷款等政策工具，发挥好各类金融机构的支持作用。

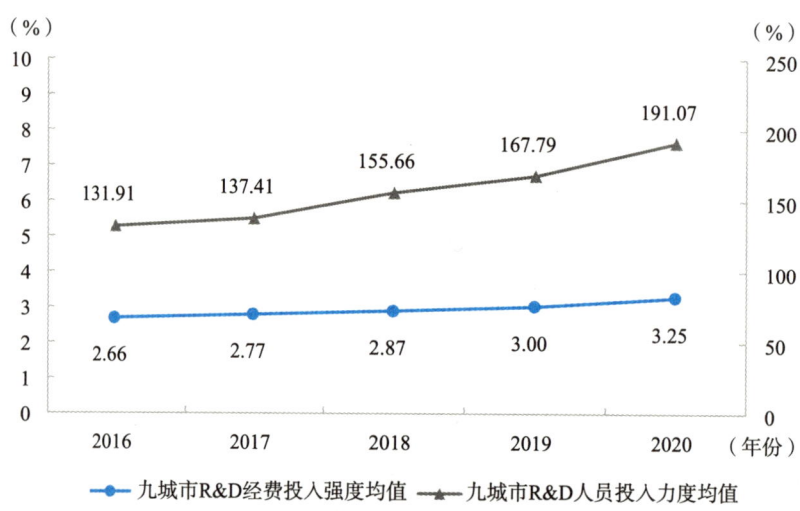

图1-5　2016—2020年长三角G60科创走廊科技创新投入情况

科技创新产出方面，每万人有效发明专利数和技术合同成交额占比是两个重要指标。如图1-6所示，这两个指标的变化趋势基本一致，均表现出持续递增态势。其中，长三角G60科创走廊每万人有效发明专利数均值从2016年的20.80件增长至2017年的25.29件、2018年的30.90件、2019年的36.21件和2020年的42.71件；技术合同成交额占比从2016年的1.39%增长至2017年的1.55%、2018年的2.02%和2019年的3.02%，但是2020年略有下降，可能的原因是受到疫情的影响。另外，专利申请与授权方面，2020年长三角G60科创走廊专利授权数排名前三的地区为苏州、杭州和合肥，国内专利授权数分别为138861件、92399件和41054件，发明专利授权数分别为9909件、17327件和7593件，每万人拥有发明专利数分别为68.85件、70.75件和39.95件。

值得一提的是，上海松江在2020年科技创新进步十分明显，每万人发明专利拥有量为50.2，在九城市中排名第三。近年来，上海松江全面贯彻

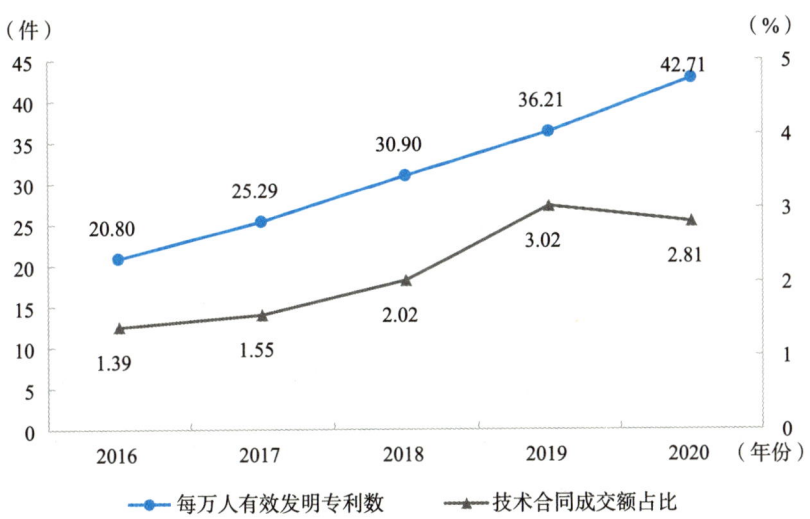

图1-6 2016—2020年长三角G60科创走廊科技创新产出情况

新发展理念，加快实现高水平科技自立自强，着力推动科技创新与产业发展深度融合，已从传统的农业县、近郊区，发展成为有力支撑国家区域重大战略的创新策源地。松江的生动实践，为实施创新驱动发展战略、推动高质量发展提供了鲜活样本。

科技创新效益方面，北京大学企业大数据研究中心编制的中国区域创新创业指数（IRIEC）能够反映各城市的科技创新绩效。该指数结合大数据思维与技术，立足于企业家、资本与技术三大核心要素，运用1990—2020年全国工商企业注册数据库的全量企业信息，从新建企业数量、吸引外来投资、吸引风险投资、专利授权数量和商标注册数量5个维度，构建兼具客观性、实时性与多维性的中国区域创新创业指数，反映了我国各地区的创新创业活力与绩效。

图1-7为2016—2020年长三角G60科创走廊九城市创新创业指数。可以看到，2016—2020年，长三角G60科创走廊九城市IRIEC指数均值从96.94上升到98.22，九城市创新创业指数不断提高，创新创业绩效显著提升。其中，提升幅度最大的是宣城，从2016年的87.64上升到2020年的92.48，增长幅度高达5.52%。

图 1-7　2016—2020 年长三角 G60 科创走廊九城市创新创业指数

第三节　长三角 G60 科创走廊科技创新成效评价

长三角 G60 科创走廊按照《长江三角洲区域一体化发展规划纲要》和《长三角 G60 科创走廊建设方案》定位和要求，始终抓牢科技创新这个关键变量。2016—2020 年，长三角 G60 科创走廊在科技创新方面成效显著，科技创新指数逐年上升，科技创新投入和科技创新产出持续递增，长三角 G60 科创走廊的创新效应和影响力日益突出。

一、区域协同创新，打造科技创新策源地

长三角 G60 科创走廊的建设打破了各个城市各自为政的局面，使得各个城市之间可以更好地合作和协同，共同推动科技创新。以九城市内龙头骨干企业、重点项目为主抓手，推动在产业链各重点环节形成细化分工与互补，通过产业链整合、建立联盟、关键技术掌控、股权并购等方式，构

建完整产业链合作生态，提升重点产业链竞争力。《长三角区域协同创新指数2022》报告显示，长三角区域协同创新指数较2011年增长了近1.5倍，年均增速达9.47%，这说明长三角G60科创走廊启动建设以来，长三角科技创新一体化能力显著提升，推动区域高水平科技自立自强。

2020年，长三角G60科创走廊九城市全社会研发投入强度均值达到3.25%，策源地松江更是达到了4.59%。松江G60脑智科创基地、安徽合肥综合性国家科学中心、苏州市国家生物药技术创新中心、之江实验室、科恩实验室、优图实验室等一个个重大创新平台的建设，构建起长三角G60科创走廊原始创新先发优势。聚焦重大战略领域和前沿技术，九城市已聚集国家和省级重点实验室及工程技术研究中心1262个、高等院校196所，各级孵化器众创空间1300余家；集聚高新技术企业超过3.65万家；国家级专精特新"小巨人"企业339家。此外，在九城市相关部门的共同推荐下，已建立由超过230名院士、专家学者组成的长三角G60科创走廊专家资源库。全面扩充的咨询委员会将在创新链产业链源头为企业提供智力支撑，与长三角G60科创走廊九城市开展包括联合攻关、院校合作等在内的多项合作，通过九城市内创新资源循环，合作共推"卡脖子"产业新突破。

二、成果转移转化，智力支持源源不断

随着科技资源的开放共享，科技成果转移转化也不断加速。在科技部的指导下，长三角首支跨区域科技成果转化基金——长三角G60科创走廊科技成果转化基金应运而生。基金已在中国证券投资基金业协会成功登记备案，首期认缴资金8.1亿元。截至目前，长三角G60科创走廊已建设G60专家咨询委员会，集聚专家学者233名，其中院士60名，为九城市提供源源不断的智力支持。同时，11个长三角G60科创走廊科技成果转移转化示范基地在九城市建立，连续三届的长三角G60科创走廊科技成果拍卖会交易总额累计突破16亿元；首批41家单位共同组成的长三角G60科创走廊科创路演中心联合体，搭建起科研院所、高水平研究大学、新型研发机构等

战略合作矩阵，为科技成果转移转化提供了强劲的智力支持。

长三角 G60 科创走廊着力构建以企业为主体、市场为导向、产学研深度融合的创新体系，形成科技与经济的融合互促。一是强化企业在产学研融合中的主导作用。长三角 G60 科创走廊积极推进企业与高校、科研院所的协作机制，鼓励企业与高校、科研院所建立多形式合作关系，形成产学研深度融合创新，发挥企业作为出题人、答题人和阅卷人的作用，推动更多任务由企业提出。二是推动企业牵头组建体系化任务型创新联合体。发挥行业领军企业的引领支撑作用，牵头组织创新联合体，实现关键前沿核心技术突破。围绕国家重点科技战略任务，推进科技项目的"揭榜挂帅""赛马制"，鼓励更多企业牵头和参与创新活动。依托企业组建国家实验室、国家技术创新中心等各类创新平台。三是提升企业创新的国际化水平。支持企业建设海外科技创新中心、离岸创新创业中心等基地。支持有条件的企业牵头成立产业创新领域的国际性社会组织，参与制定国际标准。推动科技企业与"一带一路"沿线国家科技园区企业在技术、项目、人才等方面开展深层次合作。

三、双链协调发展，重大科创成果持续涌现

长三角 G60 科创走廊的建设为长三角地区的科技创新注入了新的活力和动力。长三角 G60 科创走廊围绕产业链部署创新链，聚焦生物医药、智能制造、人工智能等战略性新兴产业，不断推进九城市产业链的深度合作，使重大科创成果持续涌现，科创策源能力持续迸发。九城市与中国科学院上海分院、上海科学院开展战略合作，项目化、清单化、制度化推进创新要素精准对接，形成首批 15 个合作项目，涌现出 300 毫米和 450 毫米单晶硅晶体生长系统、光刻胶、新型航空动力辅助装置、CR9 综合航电系统、中电科申威服务器、可利霉素等关键核心技术重大突破；之江实验室自主研发成功存算一体芯片"智海 2 号"；开发生物节律紊乱体细胞克隆猴模型、量子通信、"G60 星链"等重大原创成果，填补了国内急需领域的多项

空白。

九城市联合编制《长三角G60科创走廊"十四五"先进制造业协同发展规划》，加强各地优势产业协同错位发展，同时打破行政区划制约，聚焦战略性新兴产业和"专精特新"中小企业，成立16个产业（园区）联盟、11个产业合作示范园区，常态化开展要素对接，集聚头部企业1826家。长三角G60科创走廊建立九城市首批百家龙头骨干企业培育库，推动近千家企业纳入长三角G60科创走廊大飞机供应商储备库；为中芯国际搭建百家产业链合作企业储备库；建立400多家腾讯产业链企业储备库。

综合而言，长三角G60科创走廊通过深入践行科技成果转化和知识产权运营交易的新模式和新路径，大力发挥技术要素市场的资源配置功能，促进科技成果供需两端精准高效对接，推动科技成果向现实生产力持续转化，不断释放出创新驱动发展的原动力。

第二章　长三角 G60 科创走廊产业发展指数

产业发展是中国促进经济高质量一体化发展的关键。长三角 G60 科创走廊九城市围绕产业链一体化布局，发挥相关先进制造业方面的比较优势，聚焦生物医药、智能制造、人工智能等战略性新兴产业，展开产业链的深度合作，构建新型高端的价值链体系，促进行业内资源在九城市的集聚整合，为打造先进制造业集群提供支撑。

第一节　长三角 G60 科创走廊产业发展相关研究

一、产业发展机制相关研究

产业发展是经济发展的核心之一，它对于促进国家经济的增长和发展至关重要。产业发展研究是一个跨学科的领域，涵盖了经济学、管理学、社会学等多个学科。本研究将分别从产业政策、产业升级、产业结构调整等方面进行探讨。

（一）产业政策

产业政策是指国家为了促进产业发展而制定的政策，可以从信贷约束、风险分担、市场力量以及生产网络协调外部性等层面对企业发展产生影响（王永钦，2023）。在实际作用过程中，受产业政策支持行业企业债务比未受产业政策支持的行业企业更重，相对承担的杠杆风险也更高（李率锋等，2023）。在对外贸易层面，产业政策能够提升出口产品的调整能力（丁一兵和庄宇航，2023），提升跨境并购的股权水平和完成率（吴先明和冯子涵，2023），缓解企业融资约束水平，切实扩大企业的对外投资（邵宇佳和周博文，2023），对企业的外贸发展产生多维度的影响。同时，产业政策在产业链层面也有复杂的作用结果，林晨等（2023）发现当产业政策和市场化改革分别作用在产业链下游和上游部门时所产生的经济效果最佳。

（二）产业升级

产业升级作为产业发展的重要一环，是指通过技术创新、模式创新等手段，提高现有产业的技术水平、增加附加值和竞争力，从而推动产业结构优化和产业效益提升（师应来和赵一帆，2022）。学术界关于产业升级的研究主要分为两大类，首先为了更好地实现升级，一部分学者从多个方面探究了产业升级的影响因素，如金融集聚（唐荣等，2023）、技术转移（史丹等，2023）、人力资本溢出（李磊，2023）、数字经济（李斯林等，2023）等。另一部分学者则探究了产业升级可能产生的影响，如张巍炜（2022）发现产业升级对消费升级的影响存在门槛效应；吴立元（2023）认为产业升级到达一定门槛后，会导致定向政策支持对经济发展的抑制作用。

（三）产业结构

当前学术界围绕产业结构的研究主要集中在三个方面，一是产业结构优化，二是产业结构调整，三是产业结构匹配度。首先，在产业结构优化方面的研究与产业升级之间较为相似，主要分为产业结构优化的影响因素（阳结南和陆垚彤，2023；彭山桂等，2023；叶祥松和欧进锋，2023）与产业结构优化升级的作用结果两个层面（周杰琦等，2022；郭家堂和刘亮，2023）。其次，研究发现产业结构调整能够提升能源效率（孙浩和兰甜甜，2023）、优化要素收入分配格局（林淑君等，2022）、促进创新绩效提升（韩军和孔令丞，2021）。而且，产业结构是否与人力资本（周启良和范红忠，2020；从屹，2022）及金融（李远天等，2021）结构相匹配是其发挥经济驱动效应的关键。

（四）创新驱动产业发展

创新是推动产业发展的关键因素之一。发挥科技创新在中国特色社会主义建设中产业发展的引领作用，是科技创新驱动产业发展的重要体现（江博，2019）。创新驱动能够给产业发展带来多方面的驱动作用，一是带动高技术产业价值链升级（赵玉林和高裕，2018），二是带动产业的结构升级（王希元，2019），三是实现产业的集群智能化升级（程文亮，2022）。为更好地激发创新驱动效应，可以规划合理的城市创新产业单元，实现新型创新发展（蔡云楠等，2021）。

综上所述，产业发展是经济发展的重要组成部分，对国家经济的增长和发展具有重要影响。近年来，研究者们在产业政策、产业升级、产业结构调整和创新驱动等方面进行了广泛的研究。首先，产业政策的制定能够从多层面对产业发展产生影响，但其政策效果通常存在门槛效应，因此政策效果的激发需要具体分析；其次，产业升级不仅能够对经济发展产生影响，同时也有很多经济因素会对产业升级产生作用；再次，产业结构调整及产业结构匹配度是推动产业发展的重要环节；最后，创新是推动产业发展的一个重要因素。这些研究成果对于制定和实施有效的产业发展策略具有重要的指导意义。

二、产业发展水平评估的相关研究

产业发展评估是指对特定产业或产业集群进行全面分析和评估，以了解其发展状况、问题和潜力，并为制定相应的政策和战略提供依据。产业发展评估的研究和实践在经济学、管理学和政策学等领域得到广泛关注。本节将综述近年来在产业发展评估方面的研究成果，分别从产业评估内容、评估指标体系和评估方法等方面进行探讨。

（一）产业评估内容

为了能够对产业发展水平有全面的掌握，当前学术界关于产业发展的评估已经实现了多维发散研究。首先，部分学者对各个产业的高质量发展水平进行了评估，如魏和清等（2022）测度了文化产业，孙晓等（2022）测度了旅游产业，赵君丽等（2023）测度了纺织产业，杨方铭等（2023）测度了数字出版产业。其次，产业间的融合发展水平也是产业评估的一个重点方向，如李莹等（2023）、殷为华等（2022）、陈世香和宋广强（2022）围绕不同产业间的融合程度进行了测度分析。再次，王巍等（2019）、魏和清等（2021）、叶前林等（2022）就产业的空间集聚水平进行了测度评估。最后，产业竞争力也是产业评估的一个重点方向，如李勋来等（2022）、宋皓皓等（2022）、刘江宜等（2022）对海洋化工产业、高技术产业、绿色产业的竞争力进行了测度评估。

（二）评估指标体系的构建

评估指标体系是产业发展评估的基础，它反映了评估的目标和内容。近年来，研究者们提出了多种评估指标体系，用于评估产业发展的不同方面。例如，陈松奕（2023）围绕创新资源获取能力、绿色创新吸收能力、创新成果转化能力与创新成果利用能力构建了包括40个三级指标的评价体系测度高技术产业的绿色创新能力。舒波等（2022）则构建了一个由5个一级指标、16个具体指标组成的指标体系，对我国旅游产业的高质量发展水平进行了评价。徐德义等（2023）则根据不同产业环节的划分，选取资源供给安全、贸易流通安全、生产技术安全、回收及环境安全等层面的指标进行产业链供应链安全性评估。

（三）评估方法的汇总

评估方法是进行产业发展评估的具体手段和途径。近年来，研究者们提出了多种评估方法，以综合分析和评估产业的发展状况和效果。例如，熵值法被广泛应用于产业发展评估，刘倩等（2020）、杜书云等（2023）、李琳璐等（2023）应用因子分析方法，分别评估了大运河文化带文化产业优化升级能力、中国农产业发展水平以及山西农业发展水平。另外，还有一些研究者运用数据包络分析方法进行产业绩效评估，喻登科等（2012）通过数据包络分析，评估了江西省战略性新兴产业科技资源配置效率；丁雨馨等（2023）借助 DEA–Tobit 模型测度了我国旅游产业的综合效率；付宁宁等（2023）利用两阶段 DEA 模型对智能制造企业的创新效率进行了评价。此外，案例研究也是对具体产业发展进行深入分析和评估的方法，通过具体案例的研究，可以深入了解产业发展的实际情况和问题，并为政策制定提供借鉴和参考。近年来，研究者们对不同行业和地区的产业发展进行了案例研究。例如，雷新军和春燕（2010）以东京产业结构变化为例寻找其对上海产业转型的启示；叶琴和曾刚（2020）以中国生物医药产业为例对不同基础知识产业的创新网络绩效进行对比；任星欣等（2021）以华为为例就国际博弈中对产业的打击进行了探究。

当前围绕产业评估的文献已经涉及了不同的行业、不同的地区以及不同的评估角度，而且在评估过程中采用了多样化的研究方法。在产业评估角度方面，学术界主要围绕产业高质量发展水平、产业融合水平、产业空间集聚水平以及产业竞争力进行，评估中涉及高技术产业、农业、旅游业、制造业以及文化产业等各个行业。在产业评估体系的构建方面，围绕不同测度对象，具体指标内容各不相同，但指标体系的构建通常较为丰富，一级指标选取基本在三个方面以上。在评估方法方面，随着统计手段的不断丰富，用于评估产业发展的方法也在不断提升，熵值法、层次分析法、数据包络模型等已成为学术界测度产业各项发展水平及效率的主要手段，同时还有部分学者借助案例分析法对具体的问题进行评估分析。这些研究成果为我们深入理解产业发展的现状和趋势，为制定相关政策和战略提供了重要的参考和依据。

三、产业升级驱动长三角 G60 科创走廊发展的机制研究

产业驱动高质量发展是当代经济发展的重要目标，旨在通过产业升级、

技术创新和结构优化等手段，提高经济增长的质量和效益。长三角G60科创走廊产业发展顺应一体化发展趋势，聚焦产业链融合，通过构建优势鲜明、共生互补的产业协作体系，加强产业规划对接，促进产业链上下游贯通和优势产业集群成型和成长，形成现代化产业体系，实现经济高质量一体化发展。然而，不同地区和行业之间存在着差异，其效果、机制和异质性成因也各不相同。本小节将综述近年来在产业驱动高质量发展效果、机制和异质性方面的研究成果，并分别从这三个维度进行探讨。

（一）效果评估

对产业驱动高质量发展的效果进行评估是了解其实际效果的重要途径。研究者们通过实证研究和案例分析，探讨了不同产业驱动策略对经济增长、就业和环境可持续发展等方面的影响。如李涛等（2022）采用SBM–DEA模型对城市经济高质量发展水平进行了测度，并且基于GIS空间分析与空间计量模型实证验证了产业空间格局演变与经济高质量发展之间的关系。张红霞等（2022）与麦力开·色力木等（2023）借助空间模型验证了生产性服务业、制造业产业集聚水平与经济高质量发展之间的倒"U"形关系。段鑫等（2023）基于双向固定模型验证了产业结构升级对资源型城市经济高质量发展具有显著的促进作用。

（二）机制解析

产业驱动高质量发展的机制研究有助于深入理解其内在原理和运行规律。向秋兰等（2023）从产业演进视角入手，通过理论分析认为当前阶段我国处于转变经济发展动力来源的新发展阶段，需要通过产业结构合理化改造和高级化升级的有效协同来推动经济高质量发展。除了产业结构层面，研究者们更是从不同角度探讨了产业驱动的机制，包括创新传导机制、资源配置机制和政策驱动机制等。如任晓燕等（2020）、贾洪文等（2021）深入分析了创新驱动、产业结构升级及两者的交互项对经济高质量发展的理论机制，并验证了其实证效果；龚六堂和林东杰（2022）认为改善资源配置效率，能够实现经济高质量发展；王宇昊（2022）与丁松和李若瑾（2022）通过实证验证物质资本配置效率改善对高质量发展的驱动效应；陈彦斌和谭涵宇（2023）指出要加强宏观协调才能实现高质量发展。

（三）异质性分析

产业驱动高质量发展在不同行业和不同地区之间存在着异质性。王青和刘亚男（2022）基于长三角地区六大都市圈各中心区城市的面板数据，借助熵权法、基尼系数等发现在不同经济圈之间高质量发展存在显著的异质性。关于驱动效应的异质性的研究主要围绕行业异质性和区域异质性两方面。一部分学者发现了驱动效应的行业异质性，如王晓川和孙秋雨（2023）基于黄河流域的省际面板数据，发现产业匹配能够驱动经济高质量发展，但这种驱动效应在不同的生产性服务业与先进制造业之间存在着异质性；李培等（2023）则是从产业互动与结构转型两方面验证了产业对高质量发展的驱动效应，但产业互动的驱动效应在不同行业和不同区域均存在显著的差异性。另一部分学者发现了驱动效应的地区异质性，如易明等（2022）认为数字产业化和产业数字化都是经济高质量发展的动力，但在区域间存在较大差异；刘伟和戴冰清（2021）发现数字金融对经济高质量发展的驱动在东部、中部地区较为显著，在西部地区不显著。

（四）机制综述

综上所述，产业驱动高质量发展的效果、机制和异质性是研究者关注的重要议题。通过对这些方面的综合研究，可以深入了解产业驱动对经济发展的影响机制和不同地区、行业的差异性表现，为制定相应的政策和战略提供重要依据。虽然当前关于企业推动高质量发展的文献已有较为全面的研究角度，且研究范围涉及广泛，但是围绕长三角地区的研究较少，关注长三角G60科创走廊的更为缺乏。

探究产业助推长三角G60科创走廊一体化高质量发展的机制和相关效果，对于长三角G60科创走廊沿线各城市制定发展政策，实现协同高质量发展至关重要，总结当前已有的研究可以得出产业助推长三角 G60 科创走廊一体化高质量发展的整体机制。第一，优化协作机制，加强产业分工。长三角 G60 科创走廊九城市注重激发产业活力和科创能力，突破创新，明晰城市间内部细分产业，解决内部竞争和无序竞争问题。发挥大型企业拉动作用和集聚效应，合理划分高中低端产业链，加强产业政策一体化协作分工，优化协作机制，整合产业链资源，引领经济高质量一体化发展。第二，激发创新活力，加快要素流动。长三角 G60 科创走廊九城市坚持科技创新和制度创新双轮驱动，不断完善区域产业合作运行机制，加快要素资源流动和集中，努力提升产业基础能力和产业链现代化水平，促进更多重大创新性成果、关键性技术、引领性产业形成，培育经济社会发展新动能，助力经济高质量一体化发展。第三，促进优势互补，加速产业集群。长三角 G60 科创走廊九城市着眼重点产业链培育，聚焦先导产业关键技术，促进产业优势互补，加速形成产业集群。通过各城市头部企业牵头共建产业链、产业联盟强化产业协同，推进高端制造业一体化发展，充分发挥优势产业互补效应，赋能产业创新升级，集中优势资源稳链强链，促进经济高质量一体化发展。

第二节　长三角 G60 科创走廊产业发展指数构建与分析

一、产业发展指数的构建

2021 年 3 月，长三角 G60 科创走廊被写入国家"十四五"规划，指出要瞄准国际先进科创能力和产业体系，加快建设长三角 G60 科创走廊和沿沪宁产业创新带，提高长三角地区配置全球资源能力和辐射带动全国发展能力。2021 年 11 月，长三角 G60 科创走廊九城市发布《长三角 G60 科创走廊"十四五"先进制造业协同发展规划》，着眼"强化区域联动发展，共同打造世界级产业集群"，通过"高协同"驱动"高质量"发展。逐步提升G60科创城市间的协同程度，驱动高质量发展，做产业发展的创新者和先行者。基于此背景，本研究分别从产业结构合理性、产业创新水平和产业协同程度三个层面构建了一个包括六个具体指标的产业发展指数指标体系，并且选取长三角G60科创走廊九城市对应的指标数据，借助熵值法对九城市的产业发展指数进行测度分析。

首先，本研究主要借助第三产业占GDP比重和规模以上工业企业总产值占GDP比重两个指标来衡量产业结构合理性。第三产业占GDP比重是指服务业在GDP中所占的比例，当第三产业在GDP中的比重较高时，可以说明经济结构正在向着更加现代化、多元化和高附加值的方向发展。同时较高的第三产业比重还表明国家或地区的经济具备较高的服务能力、创新能力和国际竞争力，因此在衡量产业结构合理性时第三产业占比具有重要作用。规模以上工业企业总产值占GDP比重是指规模以上工业企业生产的产品总值在GDP中所占的比例，较高的规模以上工业企业总产值占GDP比重可以说明工业部门的发展较为健康和强大，具备较高的生产能力和创造价值的能力，而且工业部门通常与技术创新、科学发展和国家竞争力密切相关。综合考虑这两个指标，产业结构的合理性需要在第三产业和工业之间取得一定的平衡。过度依赖第三产业可能导致经济过度服务化，而缺乏制造业和实体经济的支撑。相反，过度依赖工业可能会带来环境污染、资源消耗和经济结构不平衡等问题。因此，产业结构的合理性应当追求服务业和制造业的协同发展，以实现经济的可持续增长和稳定发展，同时合理的产业结构也能够为长三角G60科创走廊九城市间加强产业分工，优化协作机制奠定良好的基础。

其次，本研究从高技术产业集中度与战略性新兴产业上市公司数量两个方面来考察产业的创新水平。高技术产业集中度是指高技术产业在整个产业体系中的占比，高技术产业集中度较高意味着一个地区在高技术领域有较高的研发投入、创新能力和产业聚集效应。战略性新兴产业上市公司数量反映了战略性新兴产业的发展规模和市场化程度，较多的战略性新兴产业上市公司数量意味着该地区的产业创新能力较强、市场化程度较高，并且有利于吸引更多的投资和资源支持。综合考虑这两个指标，前者衡量了产业的创新能力和聚集效应，后者体现了技术含量较高的新兴产业在市场化和资本运作方面的成果，两者相结合能够较好地体现一个地区的产业创新水平及创新成果转化水平。长三角G60科创走廊九城市坚持科技创新和制度创新双轮驱动，不断完善区域产业合作运行机制，促进更多重大创新性成果、关键性技术、引领性产业形成，培育经济社会发展新动能，助力经济高质量一体化发展，因此借助这两项指标进行测度也符合长三角G60科创走廊在激发创新活力、加速要素流动方面的发展规划。

最后，本研究选取了地区协同指数（克格曼指数）和集群创新产品构成这两个指标来测度产业协同程度。地区协同指数通过计算不同地区之间特定产业的相对专业化程度和贸易联系来反映地区产业间的协同程度。较高的克格曼指数意味着不同地区之间产业的互补性较强，资源和要素可以更好地配置和利用，有利于提升整体产业的竞争力和创新能力。集群创新产品构成是指在具有相互联系和相互依存的产业集群内部，创新产品的构成情况。集群内的企业和机构之间的合作与创新活动对于整个集群的竞争力和创新能力具有重要影响。通过观察集群内创新产品的构成情况，可以了解集群内部的创新水平和协同效应。较丰富的创新产品构成反映了产业集群内部创新能力的提升和协同创新的成果。地区协同指数可以从地区间的产业结构和贸易联系的角度来评估协同程度，而集群创新产品构成则从集群内部的创新能力和协同效应的角度来评估。两者相互补充，可以提供一个更全面和准确的产业协同程度的评估结果。与此相对应的，一直以来长三角G60科创走廊九城市着眼重点产业链培育，聚焦先导产业关键技术，并且通过各城市头部企业牵头共建产业链，形成产业联盟强化产业协同，促进产业优势互补，加速形成产业集群，从而推进高端制造业一体化发展。

二、产业发展指数总体分析

长三角 G60 科创走廊集聚了较多高质量产业发展区域，图 2-1 为 2016—2020 年长三角 G60 科创走廊产业发展指数变化趋势和同比增速。如图 2-1 所示，2016—2020 年的产业发展指数逐年上升，2019 年指数上升速度明显，同比增长 11.04%。九城市以市场化协同方式加强合作，产业能力优势互补，围绕产业链部署创新链搭建。具体而言，2016—2019 年，长三角 G60 科创走廊区域产业联盟和产业示范区陆续建立，产业发展效应表现突出，产业发展指数有较大提升；2020 年，受新冠疫情及国内外经济形势影响，九城市产业发展指数为 131.87，增速有所下降，应对政策显示薄弱之处。从 2022 年再次暴发疫情的应对来看，九城市联合制定《关于发挥长三角 G60 科创走廊跨区域协同发展优势支持企业复工复产促进产业链供应链稳定的若干措施》，建立产业链供应链重点企业及其异地配套供应企业跨区域协调机制，保障重点企业及配套企业稳定生产，支持重要物资跨区域调配和供应，应对策略出现逐步优化的趋势。

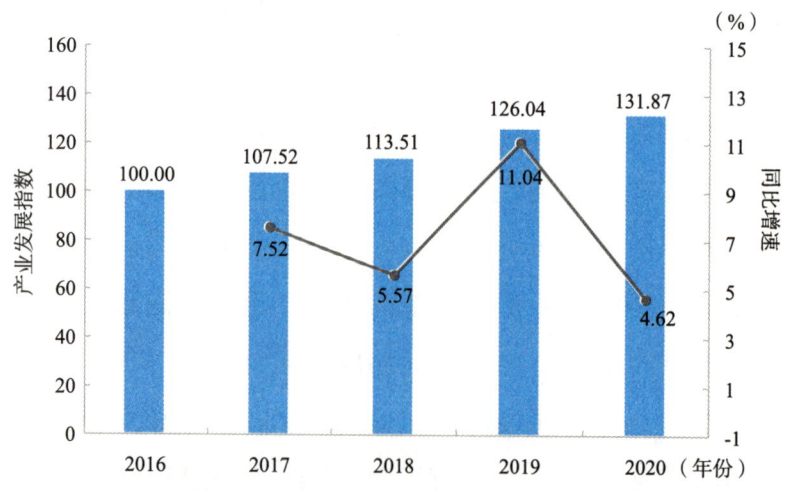

图 2-1　2016—2020 年长三角 G60 科创走廊产业发展指数变化趋势和同比增速

自长三角 G60 科创走廊启动建设，产业发展取得亮眼的成绩。九城市的战略性新兴产业增加值占 GDP 比重从 11.5% 上升到 15%，战略性新兴产业制造业产值占工业总产值比重达到30%左右；GDP总量占全国比重上升到1/15；高新技术企业数从1.49万家增长到3.65万家，占全国比重上升到1/10；省级以上专精特新"小巨人"企业数增长226.4%；科创板上市企业数占全国的比重达到1/5；"产学研"合作深度与部分国际科创走廊水平相当。优异的建设成果得益于国家层面的战略引领、优越的政策支持和资源有效统筹协调的先进做法。

长三角G60科创走廊积极探索产业政策对于产业发展的促进作用，先后出台了一系列区域产业协同政策。2019年，长三角G60科创走廊第二次联席会议发布了《长三角G60科创走廊产业集群高质量一体化发展行动纲要》，明确长三角G60科创走廊将以科技协同创新、产业一体化发展为目标，打造科创驱动"中国制造"迈向"中国创造"的示范走廊。2020年11月，第三届中国国际进口博览会相继发布《关于支持长三角G60科创走廊以头部企业为引领推动产业链跨区域协同合作的实施意见》《推进上海西部五区科技和产业协同发展实现与长三角G60科创走廊联动发展的战略合作框架协议》等重要政策。2021年3月，长三角G60科创走廊被写入国家"十四五"规划，提出要瞄准国际先进科创能力和产业体系，加快建设长三角G60科创走廊和沿沪宁产业创新带，提高长三角地区配置全球资源能力和辐射带动全国发展能力。通过不断升级平台建设，长三角G60科创走廊在产业发展方面践行新发展理念。2021年11月，长三角G60科创走廊九城市发布《长三角G60科创走廊"十四五"先进制造业协同发展规划》，着眼"强化区域联动发展，共同打造世界级产业集群"，通过"高协同"驱动"高质量"发展。通过一体化程度的不断提高，长三角G60科创走廊深化城市间协作，推动高质量发展，做产业发展的创新者和先行者。

通过政策推进多维度、跨领域的九城市一体化产业创新合作新模式，鼓励九城市内产业合作示范园区、产业联盟、科技成果转移转化示范基地等创新联合体发挥带动作用，依托上海证券交易所资本市场服务长三角G60科创走廊基地和综合金融服务平台，最大化转移转化科技创新成果。目前，长三角G60科创走廊建立健全九城市"1+7+n"产业联盟体系，成立16个产业联盟、11个产业合作示范园区，集聚省级以上产业创新中心31家，有16个长三角城市在松江设立"产业协同创新中心"。随着长三角G60科创走廊生物医药、光伏协同创新、智能装备、新材料产业创新联盟的先后成立，长三角G60科创走廊九城市的产业链供应链竞争力在不断提升。同时，产业联盟的成立也有效地促进了产业和科创要素在长三角区域内的自由流动和高效配置，显著地提高了长三角G60科创走廊的总体产业发展指数。未来，长三角G60科创走廊先进制造业产业集群辐射将更加强劲，聚焦集成电路、人工智能、生物医药等七大战略性新兴产业，加快建设世界一流先进制造业产业集群，勾勒产业链贯通、价值链互补、供应链对接、数据链共享、创新链整合的"五链协同"路径。

三、九城市产业发展指数分析

长三角G60科创走廊沿线城市具有各自的特色产业链，存在一定的梯度差异。表2-1为2016—2020年长三角G60科创走廊九城市的产业发展指数。可见，在长三角G60科创走廊九城中，2020年，杭州、苏州与松江的产业发展指数较高，分别达到169.21、147.15和138.06，产业发展成效显著。

表2-1　2016—2020年长三角G60科创走廊产业发展指数

年份 城市	2016	2017	2018	2019	2020
杭州	121.40	120.99	127.07	148.89	147.15
合肥	98.61	109.63	127.39	139.92	129.51
湖州	100.81	102.60	109.17	118.38	119.44
嘉兴	94.96	105.49	112.43	125.36	124.77
金华	79.99	92.65	97.41	112.24	112.49
上海松江	105.41	120.57	127.55	130.47	138.06

续表

年份 城市	2016	2017	2018	2019	2020
苏州	123.50	121.21	128.62	147.81	169.21
芜湖	95.01	106.55	103.35	113.04	111.61
宣城	80.31	87.97	88.62	98.26	97.33

从变化趋势看，2016—2020 年，长三角 G60 科创走廊九城市的产业发展指数绝大多数呈现逐年增长态势，且 2019 年增长幅度显著上升，2020 年各城市的产业发展指数增速出现下滑，但绝对值仍在增长（见图 2-2），这说明长三角 G60 科创走廊对于区域产业发展有较强支撑作用。同时，长三角城市之间的产业合作需要依靠更加成熟的环境容量和制度机制，仍需要不断探索。

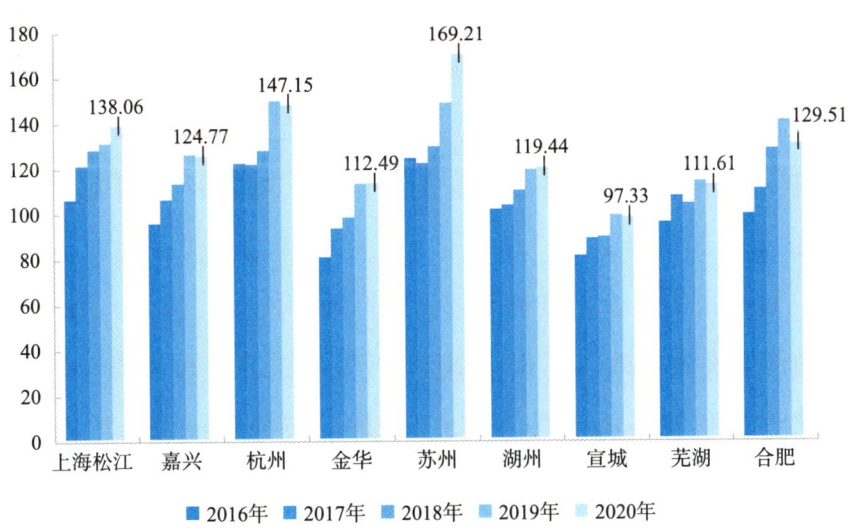

图 2-2　2016—2020 年长三角 G60 科创走廊九城市产业发展总体指数对比

从 2016—2020 年指数均值看（见图 2-3），苏州、杭州、上海松江、合肥的产业发展数值较高，这些地区把握区位优势和发展态势，抓住科技创新的新机遇，聚焦重点产业，在加快建设规模体量大、成长性高、引领性强的战略性新兴产业、先进制造业产业方面，成效显著。

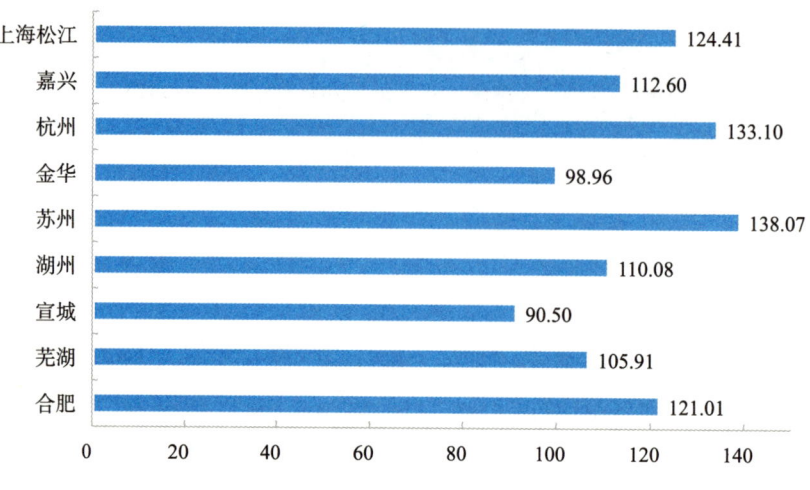

图 2-3 2016—2020 年九城市产业发展指数均值对比

目前,长三角 G60 科创走廊已集聚高新技术企业 3.6 万余家、各级孵化器众创空间 1300 余家、国家级专精特新"小巨人"企业 339 家,以"独角兽""瞪羚"等高成长性科创企业为代表的自主创新已成为技术创新的成功模式,并产生出越来越显著的产业集群创新效应,各城市在助推产业发展方面相继出台政策支持产业发展。分城市来看,苏州市产业发展较为迅速。2020 年,电子信息、装备制造、生物医药、先进材料四大产业领域产值 3.28 万亿元,2021 年达到 3.8 万亿元,占规模以上工业总产值的比重达到 94.3%。杭州市的产业发展程度较高,产业开发区(园区)、产业平台取得了显著的产业发展成效。苏州市 2020 年提出"开放再出发",2021 年聚焦"智能化改造和数字化转型",2022 年推动"数字经济时代产业创新集群发展",加快形成具有国际竞争力和全球影响力的创新集群,推动产业经济向创新经济跃升、产业大市向创新强市迈进,全力打造"创新集群引领产业转型升级"示范城市。

上海松江也保持着较高的产业发展速度。从 2016 年起,上海松江以供给侧结构性改革为主线,大刀阔斧推进转型发展,"三去一降一补"淘汰 4167 家落后产能企业,向科创要动力、向规划要品质、向存量要空间、向质量要效益,全力建设长三角 G60 科创走廊。在新发展理念指导下,海尔智谷、顺络电子、复宏汉霖、腾讯长三角人工智能先进计算中心等一批头部企业落地松江，为先进制造业崛起助力。上海松江R&D投入强度达到4.59%，高新技术企业数量实现六年翻两番，产业集群创新效应越来越显著；上海松江始终围绕产业链部署创新链，探索实践科技创新与产业发展的深度融合。头部企业以及以头部企业为引领的产业（园区）联盟和合作示范园区，逐步成为推进长三角G60科创走廊建设的动力源和增长极，吸引着创新主体纷至沓来。

上海松江始终围绕产业链部署创新链，积极打造集成电路、生物医药、人工智能等"6+X"战略性新兴产业，探索实践科技创新与产业发展的深度融合。目前，松江聚集超硅、豪威、新阳、顺络电子、移远通信等集成电路重点企业121家，复宏汉霖、同联制药、昊海生科等生物医药企业近3000家，科大智能、库卡机器人、伟本智能等人工智能企业840余家，恒驰、比亚迪、万象、理想晶延等相关新能源企业300余家。同时，作为全国首个数字经济领域的国家创新型产业发展试点，上海松江长三角G60科创走廊数字经济创新型产业正逐渐成为未来松江驱动高质量发展的"新引擎"。例如，上海松江着眼全球新一代卫星通信技术，加快发展卫星互联网产业，总投资超过300亿元的"G60星链"计划稳步推进，成功完成包含"G60号""松江号"在内的试验阶段多颗卫星发射任务。全数字化卫星制造工厂也已开工建设，将成为长三角首个卫星制造的"灯塔工厂"，形成集卫星制造、发射运维、数据服务、地面设备于一体的全产业价值链。上海松江打造先进制造业产业集群，在高质量发展中改革创新，聚焦上海科创中心建设，推动先进制造业高质量发展和营商环境的优化，打造充满活力的产业创新生态。例如，"十三五"期间，上海松江拆违2100多万平方米，关停清退高污染、高能耗劣势企业4100多家；在此基础上推进产业链创新链融合，促进产业链需求端和供给端的无缝对接，发挥战略性新兴产业集群增长极效应，实现高质量发展。

杭州市的产业发展程度较高，取得了显著的产业发展成效。杭州市共有杭州高新技术产业开发区、钱塘新区等17个产业开发区（园区），同时也拥有杭州医药港小镇、西湖蚂蚁小镇、滨江互联网小镇、余杭人工智能小镇、临安云制造小镇等产业平台，企业数字化程度较高。2017年由浙江省人民政府、浙江大学、阿里巴巴集团三方共建的之江实验室，聚焦人工智能和网络信息领域的前沿基础研究和关键技术攻坚，同时也与国科大杭州高等研究院、中科曙光等平台开展智能计算、先进计算方面的合作，进一步提升杭州在数字经济、信息技术产业链上的地位。在企业方面，杭州也集聚了阿里巴巴、华为杭州研究院、网易等一批有实力的企业，以科技创新驱动智能制造，形成具有杭州特色的制造业和互联网深度融合的工业产业模式。《浙江省全球先进制造业基地建设"十四五"规划》更是进一步指出打造囊括数字安防、智能装备、智能家居、网络通信、智能计算等领域的标志性产业链。2022年12月，杭州市印发《打造高能级产业集群推动产业平台高质量发展实施方案（2022—2025年）》，指出要统筹用好财政、税收、金融等政策，充分发挥杭州创新基金、创投引导基金等政府产业基金撬动作用，进一步助推产业平台主导产业高质量发展。

在长三角地区发展定位中，安徽省的整体产业格局仍然偏向于传统产业，工业、农业依然是拉动经济增长的主要部门，产业发展仍具有较大的提升空间，合肥的产业发展提升程度较为显著。2020年，合肥探索建立产业链"链长制"，以"链长制"为抓手，梳理出集成电路、新型显示、人工智能等12条重点产业链，由政府人员担任产业链"链长"，从市级层面建立统筹调度机制，合力解决企业遇到的困难和问题，为企业提升产业链的稳定性和竞争力提供最有力的支持和服务。国家统计局数据显示，2020年，合肥第一、第二、第三产业增加值占比分别为3.3%、35.6%和61.1%，服务经济支撑作用愈加明显。合肥聚焦战略性新兴产业，围绕产业链部署创新链，基于创新链布局产业链，一批现象级产业地标加速崛起。传统产业中，家电、汽车制造、装备制造等行业不断扩张，且新型平板显示、光伏及太阳能、集成电路等战略性新兴产业也蓬勃发展，实现了从"工业立市"

到"产业强市",在制造强国建设中奋勇争先。目前,合肥新能源汽车产业发展风生水起,已集聚蔚来、江淮、安凯、江淮大众、长安、奇瑞(巢湖)、国轩高科等120余家产业链企业,形成涵盖整车、关键零部件、应用、配套的完整新能源汽车产业链。与此同时,合肥已经成为全国少数几个拥有集成电路设计、制造、封装测试及设备材料全产业链的城市之一,集聚了晶合集成、通富微电等一批行业领军企业。合肥集成电路产业拥有企业306家,聚集从业人员超过2万人。"十四五"期间,合肥市也不断布局显示产业,涵盖显示产业上游的原料、配件、设备,中游的面板、模组,下游的应用、终端等完整产业链。合肥新型显示创新能力、本地化配套水平均在国内处于领先水平,产业整体规模在国内居于第一方阵,实现了"从沙子到整机"的整体布局。

芜湖市强化产业创新,加速产业壮大,聚焦重点、着眼未来,培育主导产业,持之以恒打造新兴产业集群,加快新旧动能转换步伐。芜湖市是合芜蚌国家自主创新示范区、皖南国际文化旅游示范区、创新型试点城市、电子商务示范区、信息消费示范城市、数字经济百强城市,以战新产业集聚化、平台化为目标,创建战新产业协同发展联盟,同时利用现有开发区既有的产业集聚效应,推动企业高端化、智能化、头部化。2021年,芜湖市人民政府印发《推动制造业高质量发展,打造"智造名城"若干政策》,提出立足现有产业基础,聚焦"4+10"产业领域,在全市打造材料(铜板带及精深加工、铸铁管件及精密铸造)、智能家电、新能源及智能网联汽车、高端装备(工业机器人及增材制造、电线电缆、航空装备、快递物流装备)、互联网休闲食品、新一代信息技术(新型显示、微电子)等优势和新兴产业。同时加强产业链供应链生态建设,建立横向(省内、长三角、国内、国际)、纵向(同准备份、降准备份、国际备份、暂无备份)备份清单。

宣城市产业发展指数也显著提升。宣城市全力实施流通转型和消费升级行动,全面对接沪苏浙、大力拓展对外合作,提升自主品牌综合竞争力,促进互联网经济与三次产业融合发展,不断优化升级服务业结构。2022年以来,宣城市聚焦产业集群、产业发展、金融助企,充分发挥科技支撑作用,全面促进全市产业转型升级。目前,宣城市产业结构也在持续优化过程中,批发与零售业及交通运输、仓储和邮政业两大传统产业增加值占服务业增加值比重仍然最高;房地产业、金融业等新兴产业发展也十分迅速。服务业方面,长三角对接合作项目总体偏少、合作层次不高,区域协同发展水平有待提升。

浙江省金华市着力打造现代五金产业,已列入国家级先进制造业集群培育名单。2018年11月,金华市凭借磁性材料的产业基础成立新材料产业技术创新联盟,搭建区域内新材料产业合作交流的平台,其磁性行业工业互联网平台列入工信部试点示范项目,自此,产业发展指数大幅提升。但金华市主导产业仍为传统的劳动密集型产业,产品附加值偏低,新兴产业增速偏慢,"十三五"时期,工业增加值占GDP比重下滑3.83%,规模以上工业增加值总量从全省第六下滑至第八,高新技术产业增加值年均增速低于全省平均水平2%。工业企业智能制造应用水平偏低,企业每百人中信息技术人员数量、企业每百人中拥有计算技术、信息化投入占营业收入百分比分别为1.16人、23.34台、0.153%,分别约为杭州市的1/3、1/2和1/3。

四、产业发展指数构成指标分析

在商业环境日趋复杂的背景下,制造业的竞争正在由企业间、行业间、产业链间逐渐转化为产业发展、产业生态系统之间的竞争。产业发展的形成对推动企业专业化分工协作、有效配置生产要素、降低创新创业成本、促进区域经济发展都有着重要的意义。本研究构建的产业发展指数涵盖第三产业占比、高新技术产业集中度、协同指数等多个维度,本小节将对产业发展指数的构成指标进行分析。

图2-4为2016—2020年九城市第三产业产值占GDP比重的变化情况。

第二章 长三角G60科创走廊产业发展指数

可以看出,长三角 G60 科创走廊第三产业发展呈现逐年增长趋势,第三产业产值占 GDP 比重指数从 2016 年的 29.87 增长到 2019 年的 55.52,从增速上看,2017 年增速最高,达到 45.01%。受疫情影响,2020 年九城市的第三产业占 GDP 比重指数增速有一定幅度的下降,但仍高于 2016 年的增幅,这一结果表明长三角 G60 科创走廊的第三产业对经济发展的影响力日益提升。

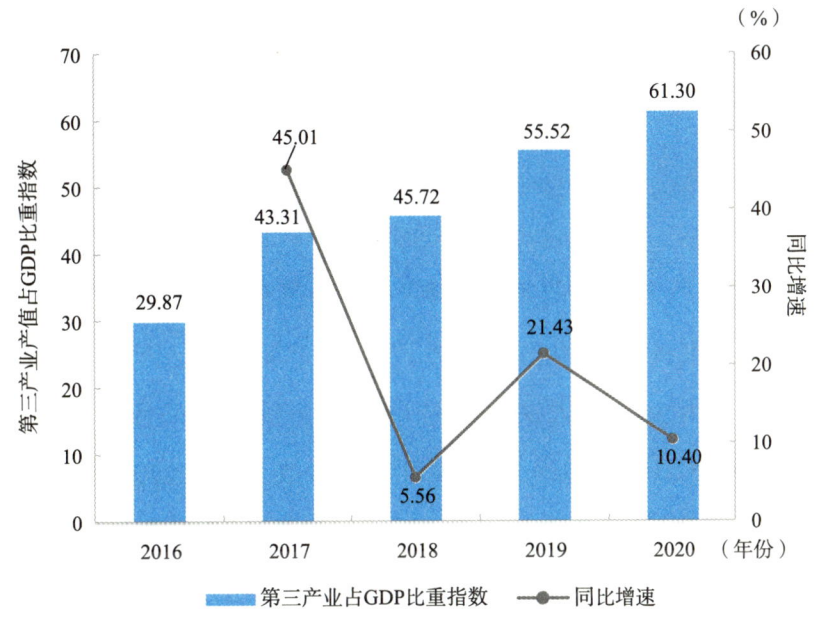

图 2-4　2016—2020 年九城市第三产业产值占 GDP 比重指数及同比增速

高新技术产业集中度是高新技术企业数与常住人口的比值。长三角制造业高新企业门类齐全,由图 2-5 可知,长三角 G60 科创走廊高新技术产业集中度呈现增长趋势,从 2016 年的 26.86 增长到 2019 年的 28.68,2018 年、2019 年高新技术产业集中度均实现了正增长,说明在此期间高新技术发展迅速,长三角 G60 科创走廊通过不断加大高科技产业投入,提升区域产业发展的全球竞争力,高新技术产业发展效应显著。2020 年,九城市高新技术集中度有一定下降。在总量较大的情况下要实现高新技术产业集中度的发展,需要进一步配合更加优化的产业结构和更加完善的产业发展。

从产业发展协同来看,"分工协作,协同发展"是长三角一体化发展的基本原则之一。《长江三角洲城市群集发展规划》明确提出,从提升区域整

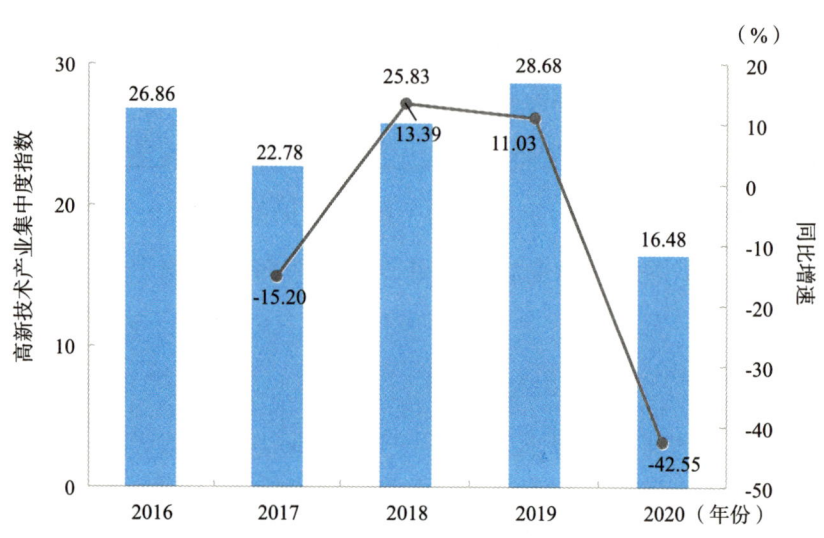

图 2-5 2016—2020 年九城市高新技术产业集中度指数及同比增速

体竞争力出发，发挥各地的比较优势，明确城市功能定位，强化错位发展。本研究采用学术界公认的方法，通过计算克格曼指数来测度产业发展协同情况，图 2-6 为 2016—2020 年九城市协同指数及同比增速。可以看出，长三角 G60 科创走廊九城市的协同指数在 2017 年达到峰值 3.55，在此之后，九城市的协同指数有所回落，保持在 1.8—2.3，这说明九城市之间专业化分工水平仍有较大的提升空间。

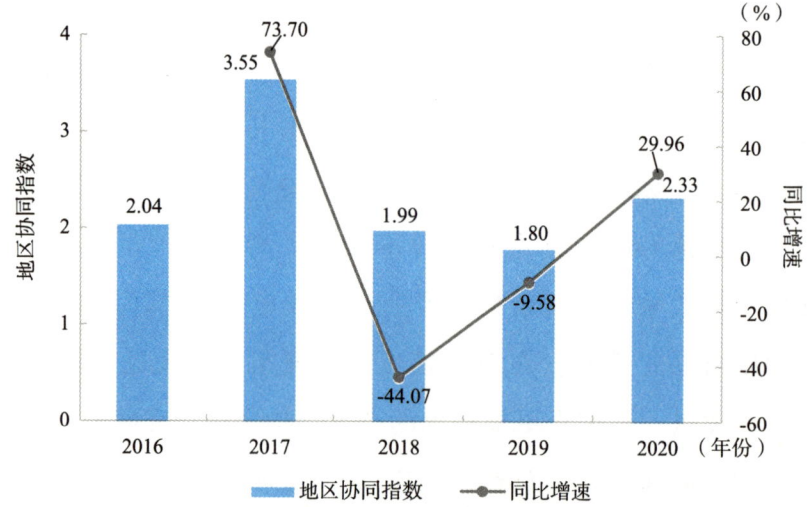

图 2-6 2016—2020 年九城市地区协同指数及同比增速

第三节　长三角 G60 科创走廊产业发展成效评价

作为长三角一体化发展战略和国家"十四五"规划重要组成部分，长三角 G60 科创走廊聚焦先进制造业产业发展，九城市科技合作日益紧密，联合开展产业链补链固链强链行动，共谋跨区域产业链、创业链、价值链的深入合作，加快形成长三角世界级科技产业发展一体化发展格局。

一、区域联动发展不断强化，共同推动产业发展

长三角地区产业发展呈现一定的梯度差异性，长三角 G60 科创走廊强化区域优势产业协同、错位发展，推动产业结构升级，建设若干具有全球竞争力的国家级战略性新兴产业基地。同时，长三角 G60 科创走廊整合区域内科技创新资源，统筹和优化重点产业布局，在重点领域培育了一批具有国际竞争力的龙头企业，共同打造世界级产业发展。《长三角 G60 科创走廊建设方案》提出要加快沪苏湖高铁、沪嘉城际轨道等工程建设，推进区域内高铁和城际铁路等有机衔接、便捷换乘。交通便捷度的提升将会进一步有效地促进科创和产业等要素在长三角区域内的自由流动和高效配置，推动产业发展。

二、聚焦产业集聚发展，培育工业发展新增长点

《关于支持长三角 G60 科创走廊以头部企业为引领推动产业链跨区域协同合作的实施意见》发布一系列重点举措，聚焦集成电路、生物医药、人工智能、高端装备、新能源、新材料、新能源汽车等重点产业领域，培育具有国际竞争力的龙头企业。在长三角一体化的进程中，长三角 G60 科创走廊不断统筹城乡区域工业布局，培育龙头骨干企业，推动中小企业做专

做精和参与骨干企业配套协作，促进块状经济向现代产业发展转型升级示范区试点工作取得新突破，形成产业集聚新优势，培育工业发展新的增长点。

三、积极谋划园区合作，产业联盟不断涌现

为了推动产业协同创新发展，长三角G60科创走廊不断谋划园区合作，加强园区之间在互相投资、共同招商、产业转移方面的合作，推动园区之间基于产业链、创新链、价值链的合作。依托产业园区，产业联盟不断涌现，长三角G60科创走廊新材料产业技术创新联盟、长三角G60科创走廊机器人产业联盟等先后成立。未来，长三角G60科创走廊还将推动更多产业联盟的成立，带动产业资源跨区域流动，推进先进制造业产业发展在长三角区域一体化布局。

总体来说，长三角G60科创走廊不断推进产业规划实施，强化高端产业引领功能，推动产业链深度合作，正在加快推进长三角地区先进产业实现协同发展。

第三章　长三角 G60 科创走廊金融发展指数

金融支持科技创新与产业发展，有利于完成金融支持实体经济发展的根本任务，实现经济高质量发展。金融市场在中国经济的转型和产业升级中将扮演重要角色，按照《长江三角洲区域一体化发展规划纲要》和《长三角 G60 科创走廊建设方案》定位和要求，长三角 G60 科创走廊需要坚持科技和制度创新双轮驱动、产业和城市一体化发展，不断推进科创、产业、金融的深度融合，推动"三先走廊"建设取得新突破新成效。科创和产业为长三角 G60 科创走廊的发展注入强劲动能，而高质量的金融服务供给则为长三角 G60 科创走廊科创和产业发展插上了"腾飞的翅膀"。

第一节　长三角 G60 科创走廊金融发展相关研究

一、金融推动科技创新作用机制相关研究

根据新古典增长理论的框架，金融发展通过优化资源配置、转移交易风险等促进经济增长。根据分工理论，金融有效运行能节约交易成本，促进劳动力分工演进，从而推动经济增长，且良好的金融体制可以纠正资本分配不当，增加预期产出和社会福利。金融发展能够推动技术创新，技术创新带来技术进步，技术进步推动产业向附加值更高的类别转移，或将技术转化为更加先进的产品，进而拉动经济增长（Levine，2005）。

技术创新通常需要大量的投资用于研发、试验和推广等活动，包括研发设备、人才培养、专利申请等，以及市场推广和产品营销等费用。然而，创新项目的不确定性和长期回报的特点使得传统的融资渠道往往难以满足创新企业的资金需求（李晓龙等，2017），资金缺乏会严重约束企业的创新投入，因此，创新企业往往面临着融资约束的困境（鞠晓生等，2013）。融资约束对企业的创新投入产生了显著的抑制作用（张杰等，2015），主要是因为创新的高风险和不确定性导致企业很难以外部融资的手段获得创新研发的资金支持，因此疏通企业的融资渠道、缓解融资约束对于企业增加创新产出至关重要。

传统的金融体系以间接融资为主，难以为企业高风险、长周期的创新活动提供融资支持，而外源融资对企业创新的促进作用非常显著（李汇东等，2013），企业创新活动中的融资约束问题需要依靠完备的金融服务体系来解决，资本市场可以通过外部融资传导机制影响企业创新（Acharya 和 Xu，2017）。随着计算机、大数据网络等技术的运用，不同类型的金融创新发展可以针对技术创新的全生命周期提供服务，为企业有效地拓展融资资源、信息资源和人力资源，让企业可以拥有更多的资源用于创新活动，提高企业创新的成功率和效率（庄毓敏等，2020）。

随着数字金融的发展，资本市场的信息不对称程度有所降低，沟通效率有了一定提升，能够让更多的资本市场参与者享受到低成本、便捷高效的金融服务。数字金融可以通过大数据等计算机技术缓解资本市场信息不对称（Gomber 等，2018），扩大金融服务方式，使数字金融能够以更低的门槛、更高的共享率为企业服务。数字金融服务对企业创新有着显著的促进作用（梁榜和张建华，2019），数字金融通过降低中小企业融资成本、减少企业融资约束渠道来促进民营企业和中小企业创新。

二、金融促进产业发展的机制研究

在中国经济的转型发展中，越来越多的产业将从"中国制造"转向

"中国创造",原创性的技术研发和产品创新将在一定程度上取代过去依靠后发优势进行模仿性创新的发展阶段,对金融市场的支持需求将大幅增加。我国金融市场原以提供间接融资为主,主要服务于大型国有企业,对创新型的中小企业支持不足。成功实现经济转型和产业升级,需要建立多层次的资本市场,不断发展创业板、场外市场等股权融资平台,为具有不同金融需求的优质创新企业提供相适应的金融服务,使实体经济的创新活动得到持续性的支持和推动。因此,金融可以通过产业发展拉动经济增长。

金融发展通过结构转型的供需内生驱动力影响产业结构转型,金融发展在推动技术创新、资源配置和企业发展等方面发挥着重要的作用(Liang,1998)。产业升级是一个涉及两个层面的过程。首先,它涉及同一产业内部的生产活动向更加先进的产品或生产环节集中的过程。这意味着企业通过引入新的技术、改进生产方法或开发创新产品,使自身在同一产业中处于更高的技术水平和价值链的位置。通过升级产品或生产方式,企业可以提高效率、降低成本,提供更高品质的产品或服务,从而增强竞争力;通过资本供给和引导资本流向,可以协调企业的资本结构,催生新兴产业,并对企业的研发投入产生影响(史恩义和王娜,2018)。其次,产业升级还涉及将生产资源从原有产业向附加值更高的新产业不断转移的过程。这意味着企业和经济体会逐渐将资源、资本和人才等要素从传统产业转移到具有更高附加值和创新能力的新兴产业或高科技产业中。这种转移可以通过投资新兴产业、培养人才、引进新技术和开展研发等方式实现,使企业和经济体获得更高的利润和附加值,并促进经济结构的升级和转型。金融发展能够加快资金的流通速度,促进资源的高效配置,从而推动技术进步和产业升级,同时金融发展能够吸引大量高素质的专业人才涌入,为企业和产业提供更好的金融支持和创新服务,进而推动产业升级(王一乔和赵鑫,2020)。金融体系具有提高储蓄—投资转化效率、增加投资、激发企业家精神、提高资源配置效率与促进技术进步等重要功能。另外,需求内生驱动力也称之为"收入效应"。随着收入增加,人们的消费结构会因产品间的收入弹性不同而发生改变，从需求端拉动产业结构转型。

金融市场的功能完善和作用发挥更多的是通过金融集聚来实现的，金融集聚能够促进产业升级。金融集聚促进产业结构升级的动力来源于金融集聚所产生的集聚效应（冯根福等，2021），它通过外部规模经济效应、资源优化配置效应、网络经济效应、创新激励效应和累积循环因果效应来推动产业结构升级。长三角G60科创走廊的金融发展带动了相关科创产业发展。长三角城市群扩容扩大了区域内贸易、投资等创新活动的市场空间，城市群扩容使得区域内的城市之间形成更加紧密的联系和合作关系，促进了跨城市的贸易和投资活动，因此长三角城市群一体化发展对创新活动具有积极影响（梁军等，2020）。通过研究金融集聚对科技创新的空间效应和政府支持的调节作用，发现金融集聚不仅能促进本地区的科技创新，而且对邻近地区的科技创新具有溢出效应。金融发展水平与城市的创新水平正相关，东部地区金融发展对企业创新的促进作用显著优于西部地区（孙伍琴和王培，2013）。金融集聚对区域创新的影响呈现出倒"U"形的曲线关系（徐欣和董洪超，2021），金融集聚的极化效应对区域创新的促进作用更加显著。创新活动在区域经济发展中起着重要的推动作用（刘熹微和邹克，2021），金融业作为支持实体经济的重要组成部分，能够提供融资、资本市场和金融服务等支持创新活动所需的资源和机制，区域创新的成果可以带动金融业的发展，实现高回报。

绿色信贷等绿色金融的发展也对产业绿色低碳化升级转型发挥了重要作用。随着绿色信贷监管的加强，银行会提高对未进行减排的企业的贷款利率，使得污染减排较弱的企业必须重新确定其减排和生产策略，推动企业转型升级（Fan等，2021）。绿色信贷还能够优化经济结构，带来"经济"与"环境"双赢（王遥等，2019）。在获得绿色信贷的激励下，企业更倾向于投资和发展环保产业和技术。这种转型和升级有助于提高产业的竞争力和创新能力，同时也为经济增长带来新的机遇和动力。绿色金融的引入和应用可以帮助解决环境问题、推动可持续发展，并为经济增长提供新的动力和机遇（文书洋等，2022）。绿色金融政策在内部通过资金配置和风险分散的方式支持企业融资，并在外部通过结合绿色消费帮助企业拓展市场。绿色金融政策为企业提供了融资和市场的双重支持，促进了企业的创新能力和竞争力（王丽萍等，2021）。长三角城市群的扩容对区域减排效应具有正向影响（尤济红等，2019），新进城市在减排方面的努力，有助于改善整个区域的环境质量，提升减排效果，同时新进城市可以借鉴原位城市的创新经验和技术，加速创新要素传播和应用，这种创新要素的配置优化效应有助于提升区域创新能力和竞争力。

三、金融发展水平测度的相关研究

金融发展有助于技术创新和产业升级，因此通过测度金融发展水平有助于更好地支持产业发展，进而促进经济增长。金融发展水平的测度方面，早期学者采用较为单一的指标，随着金融理论的进一步发展，金融发展水平指标的选择也越来越全面和科学，逐步发展为综合指标体系。在指标体系构建方面，有直接指标法和指数因子构建法。例如，梁婧姝（2019）使用直接指标法，以我国各省份的金融面板数据为分析对象，比较了金融危机前后市场化、开放度这两者对于金融的影响，证实了中国长期存在的金融抑制问题未能因这两个因素而得到解决。金融发展的指标包括金融深度、金融广度和金融效率等。

还有一些其他衡量金融发展水平的方法，例如金融包容性指标、金融创新指标等，以提供更全面和准确的金融发展水平评估。中国互联网金融协会金融科技发展与研究专委会和浙江大学互联网金融研究院（2021）构建包括了金融科技产业、金融科技用户和金融科技生态3个领域共计23个具体指标的"一带一路"金融科技发展指数，定量评价了"一带一路"沿线国家金融科技发展情况。李超英（2020）以金融科技上市企业为研究对象，从经营管理能力、资本运转能力、盈利能力以及研发创新能力四个维度构建金融科技发展指数，对45家中国金融科技上市企业2009—2018年的金融科技企业发展年度指数进行了测度。因子分析法被用于测度金融发展水平（熊学萍，2016），采用因子分析法测度金融发展的水平并排名，比较分析不同地区的水平，从而反映区域间存在的差异。关于理论分析法，夏春雷（2018）将19个可量化明细指标作为绿色金融发展指数因子的构成模块，构建绿色金融发展指数。另外，全局主成分分析法（GPCA）是在主成分分析法（PCA）使用降维方法的基础上，根据面板数据反映研究对象的动态变化，结合指标之间的相关性实现综合得分，更适用于强相关性指标的综合评价（史代敏和施晓燕，2022）。

本小节主要围绕金融发展带动科技创新和产业升级，进而促进经济增长的理论分析和实证研究等角度对当前金融发展的相关文献进行梳理。通过对相关研究的梳理可以发现，首先，目前关于国家与地方金融发展的研究方向较为局限，主要集中于金融发展和与经济发展之间的相关关系分析；其次，对于地方金融发展的分析未能够总结归纳形成能够示范推广的统一模式；再次，金融发展推动产业升级的局限性仍然存在，只有部分产业能够带动经济增长；最后，根据不同指标体系和不同方法测度的金融发展指数排名存在差异，并未形成统一结论。因此，本书重点探究长三角G60科创走廊金融发展对于产业升级的推动作用，总结金融发展带动产业升级的一般模式，通过完善长三角G60科创走廊金融发展水平指数的全链条数据化和可视化，统一指标，形成可比较、可量化的指标体系。

第二节 长三角 G60 科创走廊金融发展指数构建与分析

一、金融发展指数构建

长三角 G60 科创走廊是我国推动创新驱动发展的重要战略之一，旨在加强长三角地区的科技创新和金融发展。该走廊是长三角地区一条连接上海、江苏、浙江三个省市的科技创新走廊，它涵盖了一系列科技创新和产业发展重点区域，包括上海张江高科技园区、苏州工业园区、杭州滨江科技城等。该走廊旨在促进创新要素的流动和优化配置，推动科技成果的转化和产业协同发展。

长三角G60科创走廊发挥着科技创新引领的带动作用，致力于加强科技创新，特别是前沿领域的科技研发和应用。长三角G60科创走廊集聚了大量的科技创新资源和人才，形成了一个创新密集区域。当这些创新资源得到有效整合时，可能会产生技术溢出效应，即创新成果在该地区范围内或跨地区传播，推动其他企业和机构的创新活动。因此，在长三角G60科创走廊金融发展水平指数中需要包括科技创新指标，比如，专利申请数量、科研机构数量和科技成果转化率等，这些指标反映了长三角G60科创走廊科技创新的活跃程度和成果转化的效果，与金融发展密切相关。另外，金融发展在此基础上需要提供支持和服务，为科技企业和创新项目提供资金、风险投资、融资渠道等金融资源，对于长三角G60科创走廊金融发展水平的测度还应该包括风险投资额、创业投资额、融资活动数量等投融资指标，这些指标反映了长三角G60科创走廊金融机构对科技创新和创业项目的资金支持程度，以及区域内投融资活动的活跃程度。

长三角G60科创走廊吸引资本集聚，金融机构在长三角G60科创走廊的建设中起到了关键作用。这些机构包括银行、券商、私募股权投资基金等，它们提供资金池、风险管理、投融资咨询等金融服务，吸引国内外投资者和创业者聚集于该区域。因此，在长三角G60科创走廊金融发展水平指数中需要包括金融机构指标，包括金融机构数量、金融机构资产规模、金融服务创新等。这些指标反映了长三角G60科创走廊金融体系的规模和发展水平，以及金融机构在创新金融产品和服务方面的能力。

长三角G60科创走廊获得了地方政府的政策支持，地方政府出台一系列支持科技创新和金融发展的政策，包括税收减免、创新基金设立、科技成果转化等。这些政策措施为金融机构和科技企业提供了良好的政策环境和激励机制。因此，在长三角G60科创走廊金融发展指数中需要政策环境指标，包括创新政策支持度、科技成果转化政策支持度等，这些指标反映了地方政府对科技创新和金融发展的政策扶持力度，对长三角G60科创走廊金融发展的有着重要影响。

长三角G60科创走廊致力于推动产业协同，涵盖了众多科技创新和产业发展重点区域，形成了创新链和产业链的集聚效应。金融机构在这个过程中起到了衔接和撮合的作用，促进科技成果的转化和产业的协同发展。因此，在长三角G60科创走廊金融发展水平指数中需要产业协同指标，包括跨行业合作项目数量、产学研合作项目数量等，这些指标反映了长三角G60科创走廊内部不同产业之间的协同发展程度，与金融发展的关系密切。

为了更好地聚焦"科创+产业+金融"重点工作，本研究对长三角G60科创走廊金融发展指数进行了测度。金融发展指数测量和评价各类金融资源在区域间的分配情况以及发展水平，包括银行资金规模、股票市场占比、债券融资规模、外资持股上市企业数、货币市场开放度和金融集聚度等测度指标。

二、金融发展指数总体分析

长三角G60科创走廊金融发展指数的测评结果具体如图3-1所示。可以看出，随着长三角G60科创走廊的深化发展，以2016年为基期，金融发展指数呈现上升到下降，再恢复上升的趋势，2020年长三角G60科创走廊金融发展总体指数为103.37，与2016年相比增长3.37%。长三角G60科创走廊的金融发展水平在创新引领和政策支持下也取得了一定成果。近些年，长三角G60科创走廊深化落实央行"15+1"条金融支持政策，成立G60金融服务联盟，成员单位已拓展到428家；搭建G60综合金融服务平台，已实现6个城市线上平台共联，授信融资总额1.9万亿元；推出"G60科创贷"、批次包等专属科技金融产品，试点跨区域联合授信。目前累计发行

"双创债"48单,融资金额282.8亿元,占同期全国已发行总规模的1/6。

图3-1 2015—2021年长三角G60科创走廊金融发展指数

三、九城市金融发展指数分析

为分析长三角G60科创走廊金融发展指数的构成和趋势,本研究对九城市的金融发展指数进行单独计算和对比,具体如图3-2所示。可见,杭州、苏州、合肥总体上贡献了较好的金融发展指数,上海松江的金融发展紧跟其后,但在2017年后发展放缓;杭州、合肥、湖州的金融发展指数在2020年取得了较大幅度的上涨,金融发展成效显著。

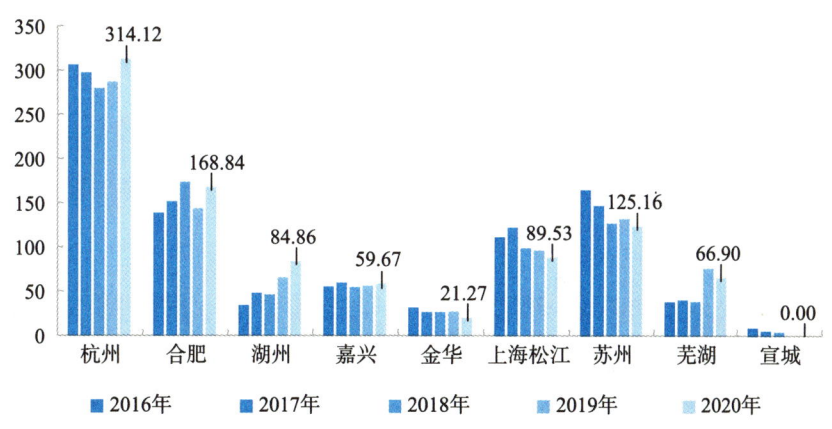

图3-2 2016—2020年长三角G60科创走廊九城市金融发展指数

为了进一步分析主要城市的金融发展趋势,我们对主要城市的数据进行了分析。图3-3为2016—2020年杭州金融发展指数,可见杭州在2016年金融发展指数就以307.37高居各城榜首,随后出现下降趋势,在2018年达到最低点280.69,在2019年逐步回升,在2020年增长至314.12,相比2016年指数增长6.75。

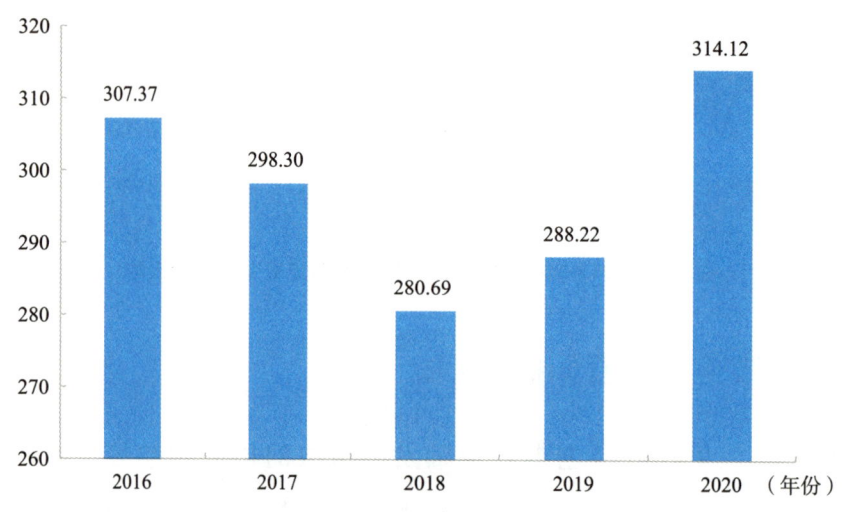

图3-3 2016—2020年杭州金融发展指数

近年来,杭州"创新活力之城"的特色优势逐渐显现,金融"活水"对科创信息行业发展的推动作用日益彰显。《杭州市金融业发展"十四五"规划》提出,围绕杭州特大城市新型空间格局,着力优化市域金融空间布局,引导金融资源向核心金融区块、优势产业区块集聚;继续保持"庆春路—延安路"传统金融优势区域张力,提升钱塘江金融港湾区块发展动能,放大金融集聚规模效应。"十四五"期间,杭州将重点打造"一核、三镇、多点"金融业发展平台。

杭州市人民政府办公厅2022年7月印发《关于金融支持服务实体经济高质量发展若干措施的通知》,支持《杭州市国民经济和社会发展第十四个五年规划和二〇三五年远景目标纲要》明确要建立的"现代产业体系"中"5+3"重点产业、制造业或生产性服务业等领域的企业(以下简称"重点企业")。将对重点企业发挥财政性资金对信贷投放的引导作用,强化公共信用信息平台的支撑能力;引导金融机构加大对重点企业的信贷支持,构建科创企业全生命周期精准服务体系,放大保险服务对企业信贷增信、分险功能;优化融资担保体系,提升资本市场活力;推动供应链金融发展,优化转贷业务流程,加大对"万亩千亿"新产业平台等金融服务创新的支持力度。

杭州作为技术驱动型全球金融科技中心,以全球最佳的金融科技应用与体验闻名于世,金融科技发展呈现稳中有进、持续提升的态势。上市企业数量在三年内由3家扩展至7家和纽约并列全球第四,近两年上市企业总市值也增长达69%,市值总额位居中国第二、全球第六,同时传统金融科技化程度持续深化。在金融科技体验方面,杭州连续4年排名全球第一,金融科技使用者占比持续提升至93.7%,成果喜人。在金融科技生态方面,监管能力短板加速补齐,政策支持力度持续增强,数字基建发展稳步推进。杭州在保持金融科技体验领先优势以及加大金融科技政策支持力度方面优势长存,作为全球移动支付第一城,杭州以数字贸易、跨境支付为切入点,深化金融科技的研究与应用,对金融发展的支持力度与日俱增。然而,在传统金融、科研基础等方面杭州短板仍在,尤须补齐。

合肥作为长三角G60科创走廊重要城市,金融发展指数快速提升。图3-4为2016—2020年合肥金融发展指数,2016年合肥金融发展指数为139.72,远高于九城市平均水平,且一直逆势攀升至2018年的174.66,虽然在2019年稍有下降,但在2020年仍然回升至168.84,其间增长29.12,增长势头非常迅猛。

合肥紧紧把握长三角区域一体化发展上升为国家战略的重大机遇,协同推进长三角G60科创走廊建设,服务国家发展大局。"十三五"期间,全市累计实现金融业增加值3748.43亿元,占GDP比重升至9.66%;累计实现金融业税收712.66亿元,金融业税收对财政收入贡献度稳居10%左右,金融业成为全市经济社会发展支柱性产业之一。合肥金融业态日益健全,

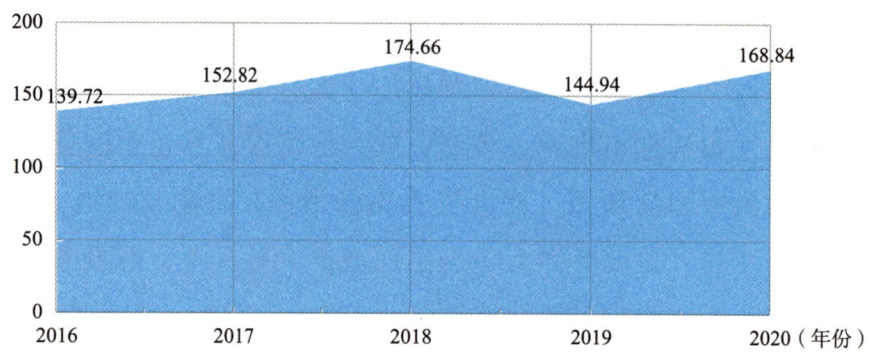

图 3-4 2016—2020 年合肥金融发展指数

截至"十三五"末，全市共有银行机构 42 家，保险机构 69 家，证券法人机构 2 家、分支机构 134 家，期货法人机构 3 家、分支机构 19 家，非银金融机构 8 家，区域性股权交易中心 1 家。地方金融组织蓬勃发展，全市经许可经营的融资担保、小额贷款公司等地方金融组织共 164 家。普惠金融建设持续增强，建成社区、小微、科技、文化等专业支行近 150 家，科技保险支公司 3 家，在全省率先实现农商行、村镇银行、政府性融资担保公司县域全覆盖。

合肥间接融资与直接融资两力齐发，2015 年末至 2020 年末，全市银行机构人民币各项存款余额由 10967.91 亿元增至 18296.74 亿元，增长 66.82%，年均增速 10.78%；人民币各项贷款余额由 9636.57 亿元增至 17678.66 亿元，增长 83.45%，年均增速 12.90%。截至"十三五"末，全市人民币存、贷款余额分别占全省 30.55%、34.31%，全市存贷比 96.62%，高于全省 10.61 个百分点。"十三五"以来，全市累计实现直接融资 18985.54 亿元，2020 年新增直接融资额较 2015 年增长 67.83%。

"十三五"期间，合肥全市新增境内外上市公司 28 家。截至"十三五"末，全市境内外上市公司达 63 家，境内上市公司数量位居省会城市第七，新三板挂牌企业达 81 家，省股权托管交易中心挂牌企业达到 1523 家，其中科创板挂牌企业 1082 家。截至"十三五"末，全市已有科创板上市公司 7 家，2020 年新增数居全国省会城市之首，总量居全国省会城市第二位。合肥创新构建担保服务体系，形成了具有全国影响力的"4321"政银担体系。

累计发放扶贫小额信贷14.62亿元，惠及贫困户3.8万户，累计财政贴息1.19亿元，持续保持不良贷款"零"纪录。设立科技创新贷产品，建立融资担保、财政、银行分担风险合作机制，对科技型企业累计投放资金8.84亿元。财政金融产品扩面提质，设立续贷过桥资金、税融通等各类财政金融产品，累计为近2.4万户次中小微企业提供逾650亿元资金支持。设立民营企业纾困发展基金，股债结合给予企业资金支持。银企对接合作持续深化，常态化、多频次、广覆盖开展政银企对接活动，畅通合作渠道，提升对接效率。组建"金融辅导队"，构建市县联动的"1+13+X"工作体系，建立工业园区企业、重点项目融资协调推进机制，打通金融服务"最后一公里"。"十三五"期间，全市加大不良贷款处置力度，推动不良贷款率由1.2%下降至0.84%，形成了公安、市场监管、金融等多部门协调配合、职责明确的地方金融风险防控、处置、化解工作机制。P2P网贷风险专项整治成效明显，实现机构数量和存量规模"持续双降"。

"十四五"期间，合肥市金融业准确把握新发展阶段，深入贯彻新发展理念，服务构建新发展格局，确立"1234"发展目标：以打造合肥区域性科创金融中心为主题，突出"科技金融""金融科技"两条发展主线，立足科技创新、新兴产业、绿色发展三个服务重点，建好金融产业集聚区、科创金融试验区、跨境金融先行区、新兴金融引领区四大发展载体，努力形成健康有序、创新发展、服务优质、风险可控的金融产业体系。表3-1为合肥市"十四五"金融业发展指标。

表3-1　　　　　　　　合肥市"十四五"金融业发展指标

年份 指标	2020年	2025年目标值
金融业增加值（亿元）	970.26	2000
金融业占GDP比重（%）	9.66	12.5
本外币存贷款余额（亿元）	18675.31、18166.57	各3.5万
保险深度（%）	3.89	5

续表

年份 指标	2020年	2025年目标值
保险密度（元/人）	4813.74	9400
保费收入（亿元）	393.10	800
上市公司数（家）	63	120
备案基金管理人（家）	136	260
管理基金数量（只）	368	600
基金规模（亿元）	1170.55	5000
直接融资额增速（%）	年均17.60	年均10
直接融资规模（亿元）	3931.39	6000

目前，合肥累计建设长三角G60科创走廊产业合作示范园区4家、产融结合高质量发展示范园区2家；搭建的科学仪器设备共享平台集聚了2000多台（套）科学仪器设备信息，总价值超过16亿元，面向社会开放。未来，合肥将聚焦更好地引入长三角G60科创走廊全牌照、全产业链、全要素的金融资源，打造"科创＋产业＋金融"科产城融合的创新生态，推动企业高质量发展。

上海松江作为长三角G60科创走廊策源地，依托上海金融资源，成为金融发展规模和速度相对较优的地区。图3-5为2016—2020年上海松江金融发展指数，2016年为112.63，高于九城市均值，并在2017年上升至123.72，但在2018年有所回落，到2020年仅为89.53。

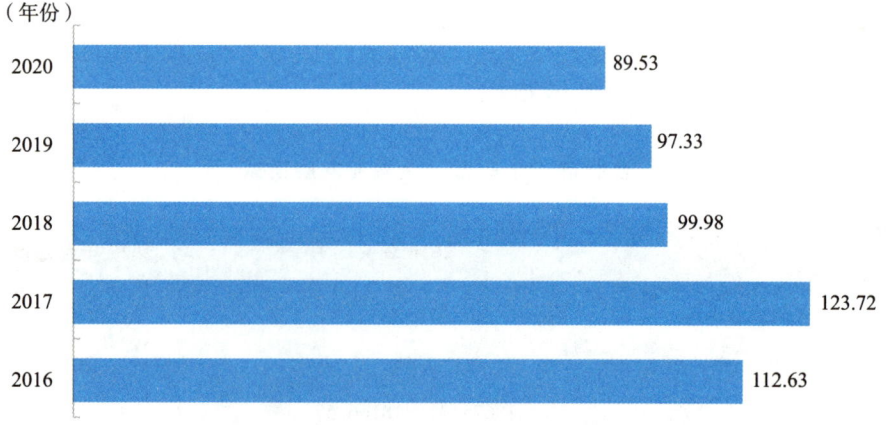

图3-5　2016—2020年上海松江金融发展指数

第三章 长三角G60科创走廊金融发展指数

上海松江坚持以习近平总书记在上海工作期间调研松江重要讲话精神为"指路明灯",推进松江发展的历史方位和战略空间实现开创性突破,成为长三角G60科创走廊这一国家战略的策源地,创造了松江高质量跨越式发展新奇迹,松江城市综合实力、战略影响力、人民生活水平和社会文明程度迈上了崭新台阶,"科创、人文、生态"现代化新松江展现出磅礴气象。松江推动长三角G60科创走廊从秉持新发展理念的基层生动实践上升为国家战略重要平台,作为策源地实现了高质量跨越式发展,被通报表彰为全国高质量发展十大地区之一,高质量发展经验形成"松江样本"。上海松江在金融扶持方面可谓"干货满满",推动建立了上交所资本市场服务G60基地和G60综合金融服务平台,也有"双创债""批次贷""园区贷"等松江首发原创的金融创新产品。松江科技信贷规模呈现逐年上升的强劲态势,新增上市挂牌企业数量连续两年全市第一,"科技+金融"融合发展模式越发成熟。

金融是经济的血脉,企业上市是拓宽融资渠道的重要支撑,也是推进企业高质量发展的有效途径。高新技术企业作为高质量发展的主引擎、科技创新的主力军、人才集聚的主阵地,是创新主体中的"牛鼻子",也是长三角G60科创走廊中最活跃的"细胞"。如何进一步贴近和满足企业需求,通过提升金融赋能科技、科技助推金融创新的质量和效能,为科技创新插上"金翅膀",一直以来是上海松江政府关注的焦点之一。在新冠疫情期间,为了进一步减轻市场主体负担,帮助本区中小企业纾困解难,将《上海市全力抗疫情助企业促发展的若干政策措施》落到实处,上海松江区发改委(金融办)联合各驻松金融机构,形成松江区支持企业应对疫情金融服务指南,涵盖驻松35家银行和保险金融机构的助企纾困政策,并明确了联系人和联系方式。2022年5月13日,上海松江区"助企纾困,线上赋能—专精特新企业金融要素对接活动"在线上举行,推动"专精特新"企业复工复产,在关键时期、重点领域给予中小企业更大的金融支持,发挥金融赋能产业链供应链稳定有序的作用。

2021年，松江区知识产权（专利、商标）质押融资登记金额近3.9亿元，质押项目数13个，质押专利商标数77件，均为历年来最高；25家企业办理了专利保险，投保专利数达282件；6家企业办理了商标保险，投保商标数6件。2022年，松江区推行专利商标保险和质押融资，对以知识产权融资获得金融机构贷款的企业，按央行同期贷款基准利率给予50%的利息补贴，最高不超过20万元。鼓励保险机构开发符合本区实际的知识产权保险品种，对购买专利保险、商标保险等知识产权保险产品的企业，按实际发生保费给予50%、不超过20万元的资助。松江加大小微企业所得税优惠力度，对小型微利企业年应纳税所得额超过100万元但不超过300万元的部分，减按25%计入应纳税所得额，按20%的税率缴纳企业所得税。对中小微企业设备器具所得税按比例进行税前扣除。2022年1月1日至2022年12月31日，中小微企业新购置的设备、器具，单位价值在500万元以上的，按照单位价值的一定比例自愿选择在企业所得税税前扣除。提高科技型中小企业研发费用税前加计扣除比例。自2022年1月1日起，科技型中小企业开展研发活动中实际发生的研发费用，未形成无形资产计入当期损益的，在按规定据实扣除的基础上，再按照实际发生额的100%在税前加计扣除；形成无形资产的，按照无形资产成本的200%在税前摊销。

四、金融发展指数构成指标分析

首先，我们考察了2016—2020年长三角G60科创走廊九城市的银行信贷市场、股票市场和债券市场的发展情况，如图3-6所示。可以看出，长三角G60科创走廊在2016—2020年银行资金规模维持小幅上升趋势，债券融资规模相对比较稳健，但股票市场中上市公司占GDP的比例有较大的波动，在2018年下降至0.41，2020年逐步回升至0.82。这说明九城市金融情况相对比较平稳，但是股票市场受到国际贸易摩擦、疫情等影响波动相对较大。

其次，我们分析了货币市场开放度与金融集聚度的变化趋势，发现这两个指标相对比较平稳，如图3-7所示。其中，2016—2020年，长三角

G60科创走廊九城市的金融集聚度从2016年的0.006上升到2020年的0.007，说明随着全球疫情的扩散，金融集聚的程度有所提升，可以缓解疫情对经济的冲击。另外，货币市场开放度在2018年受到全球贸易摩擦的影响，短暂降低后又快速回升，但在2020年受疫情影响又下降到了0.038。

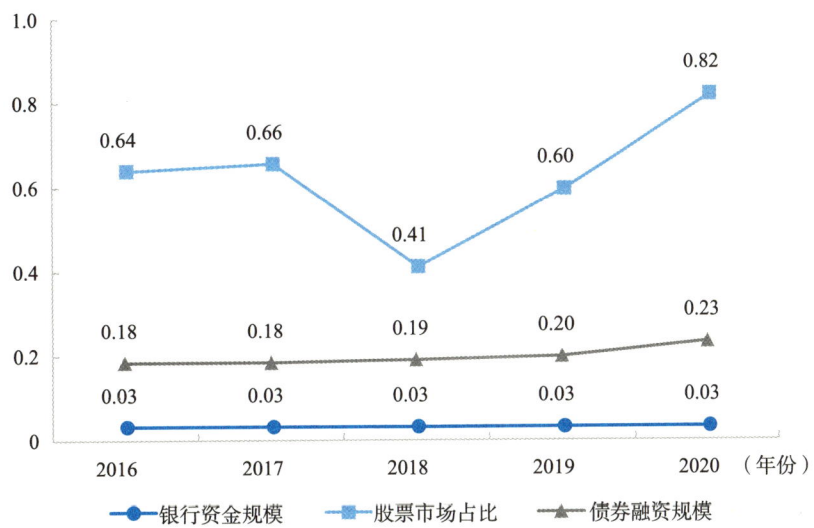

图3-6　2016—2020年长三角G60科创走廊九城市金融发展指数

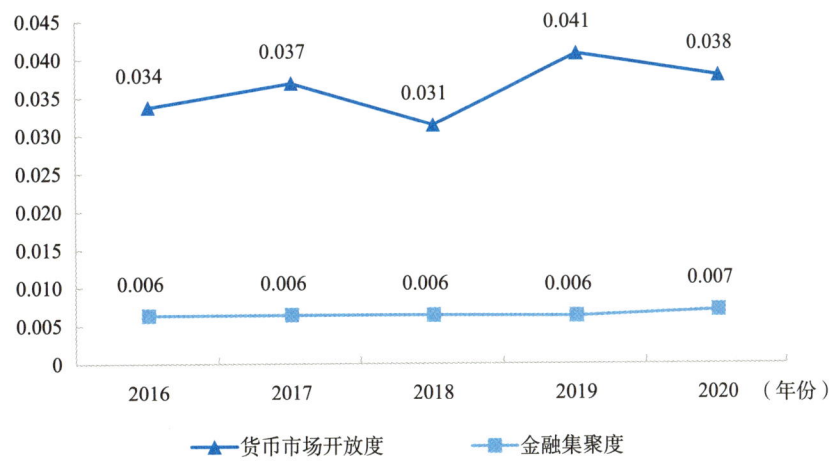

图3-7　2016—2020年长三角G60科创走廊九城市货币市场开放度与金融集聚度

最后，我们测度了外资持股上市企业数，发现即使在全球外部事件冲击下，A股上市公司的外资持股企业数仍不断攀升，从2016年的9.2222家上升到 2020 年的 17.6667 家，说明全球投资者对于长三角 G60 科创走廊九城市经济发展韧性长期看好。

第三节　长三角 G60 科创走廊金融发展成效评价

一、初步形成金融服务圈，金融发展差异显著

长三角 G60 科创走廊是中国东部地区一条重要的发展走廊，它跨越浙江、江苏和安徽三省，涉及 20 个城市，是中国科技创新的重要高地。为了更好地支持科技创新企业的发展，推动金融服务向科技创新领域延伸，长三角 G60 科创走廊初步形成了金融服务圈。目前，长三角 G60 科创走廊深化落实央行"15＋1"条金融支持政策，成立 G60 金融服务联盟，成员单位已拓展到 400 多家；搭建 G60 综合金融服务平台，已实现 6 个城市线上平台共联，授信融资总额 1.9 万亿元；推出"G60 科创贷"、批次包等专属科技金融产品，试点跨区域联合授信。目前累计发行"双创债"48 单，融资金额 282.8 亿元，占同期全国已发行总规模的 1/6。

精准对接科创板，长三角 G60 科创走廊实体化运作上交所资本市场，服务长三角 G60 科创走廊基地。金融服务圈的建立，将各类金融机构和科技企业紧密连接在一起，从而提高了金融服务的效率，为长三角地区企业的产业升级和转型提供了支持。通过对民营企业的数据分析，可以看出，在过去几年，许多民营企业都在加速转型升级，民营企业融资额占比逐年增加，显示出金融服务圈对民营企业融资的支持作用。但是各城市金融发展水平的异质性比较显著，其中杭州、合肥不仅排名居前，而且发展趋势以涨为主，苏州、上海松江虽分别位列第三、第四，但在 2018 年之后有所下降，金融一体化协同发展尚需进一步深化。

二、科创板发展迅猛,专精特新、细分行业龙头集聚

长三角 G60 科创走廊是中国近年来的重点发展战略之一,旨在加强长三角地区科技创新、产业融合和区域协调发展。其中,科创板是科创走廊的核心板块之一,是为支持科技创新企业提供融资渠道而设立的股票交易板块。长三角地区是我国的经济核心区域之一,具有重要的产业基础和创新资源。科创板的设立,为长三角地区的科技创新企业提供了更加便捷和丰富的融资渠道。

长三角 G60 科创走廊对接科创板和注册制改革,与上交所签订战略合作协议,在上市培育、政策宣讲、专业培训、联合研究等方面开展合作,做实做精上交所资本市场,服务长三角 G60 科创走廊基地,聚焦七大战新产业,建立优质科创企业"蓄水池"。长三角 G60 科创走廊企业登录上交所科创板势头迅猛,科创板共受理长三角 G60 科创走廊九城市企业 152 家,其中已注册发行上市 100 家,均占全国的 1/5。从行业分布来看,100 家科创板上市公司所属行业高度集中在高新技术产业和战略性新兴产业,专精特新、细分行业龙头集聚。例如航空器制造、半导体、新能源、高端装备等领域,这些企业不仅是中国科技创新的重要代表,也是中国经济转型升级的重要力量。同时,这些企业也是长三角地区产业升级和创新转型的重要推动者。

除了"专精特新"企业外,长三角 G60 科创走廊还聚集了很多细分行业的龙头企业。例如,苏州园区拥有集成电路、医疗器械、新材料等产业领域的龙头企业;杭州以互联网、人工智能等领域的创新企业为主;上海则以科技创新和金融服务为主要产业方向。这些企业的聚集,不仅能够形成产业集群效应,还能够促进长三角地区产业的协同和创新发展。长三角 G60 科创走廊作为长三角地区科技创新和产业升级的重要平台,已经初步形成了一个集科技创新、金融服务、人才集聚、政策扶持等多种要素于一体的金融服务圈。这些要素的有机结合,为长三角地区的科技创新和产业升

级提供了有力支持，也为中国经济转型升级提供了重要借鉴和经验。

三、构建金融综合服务生态，提供全产业链、全牌照、全生命周期金融服务

长三角 G60 科创走廊致力于构建金融服务综合生态，提供全产业链、全牌照、全生命周期金融服务，为科技创新企业提供更全面、更专业、更便捷的金融服务。为强化企业培育上市服务，长三角 G60 科创走廊联席办牵头构建了债权、股权、基金、上市联动的金融综合服务生态，为科创型企业提供全产业链、全牌照、全生命周期金融服务，还发行双创债 53 单，累计注册发行金额达到 310.8 亿元，占同期全市双创债发行总额的 1/6。同时，成立了全国第一支承接国家科技战略任务、九城市财政共同出资、撬动社会资本出资的跨区域科技成果转化基金，总规模 100 亿元，首期 20 亿元。长三角 G60 科创走廊金融服务联盟涵盖银行、券商、基金、保险、会所、律所等 430 多家专业金融机构，并开展产融结合高质量发展示范园区建设，支持企业做大做强，尽快走向资本市场蓝海。

长三角 G60 科创走廊作为长三角一体化发展国家战略的重要平台，聚焦"科创＋产业＋金融"重点工作。长三角 G60 科创走廊提供的金融服务覆盖了科技创新的全产业链，包括基础研究、应用研究、技术研发、产品设计、生产制造、市场推广、营销服务等各个环节，涵盖了多个细分领域，如生物医药、人工智能、新材料、新能源等。长三角 G60 科创走廊还致力于引导和促进金融科技创新，加强金融科技应用，提高金融服务效率和智能化程度，为企业提供更加优质的金融服务，推动产业链、创新链、价值链融合发展。随着创新要素集聚，创新主体众多，高新技术企业不断壮大，长三角 G60 科创走廊已成为金融服务"科创＋产业"的一片沃土。

第四章　长三角 G60 科创走廊特色发展评估与建议

按照《长江三角洲区域一体化发展规划纲要》和《长三角 G60 科创走廊建设方案》的定位和要求，长三角 G60 科创走廊集聚各方力量，构建了债权、股权、基金、上市联动的综合金融服务生态，打造全牌照、全产业链、全生命周期的金融服务，有力推动了科创、产业、金融良性循环，推动"三先走廊"建设不断取得新突破、新成效。结合前三章所介绍的长三角 G60 科创走廊金融发展、科技创新发展与产业发展指数分析，本部分将分析长三角 G60 科创走廊金融发展对科技创新与产业发展影响的现状，并进一步揭示其中金融发展影响科技创新与产业发展的作用路径，从而探讨其中存在的若干问题，并提出相应政策建议。

第一节　长三角 G60 科创走廊特色发展评估分析

根据本报告构建的长三角 G60 科创走廊金融发展指数、产业发展指数及科技创新指数的评估结果，长三角 G60 科创走廊金融、科技创新与产业发展发展态势总体上均呈上升趋势。一方面，长三角 G60 科创走廊科技创新发展在投入、产出和效益方面逐年上升，不断增加的投入代表了政府及社会对于科技创新的支持，持续上升的产出与效益也说明了九城市企业的科技创新能力显著增强，而从第三产业与高新技术产业来看，长三角 G60 科创走廊在产业发展上也十分迅速。另一方面，尽管受到国际贸易摩擦的影响，长三角 G60 科创走廊的金融发展依然稳健，尤其是银行资金规模在 2016—2020 年持续攀升，为长三角 G60 科创走廊科技创新加速提供了充沛的源头活水。此外，长三角 G60 科创走廊外资持股上市企业数量也在稳步递增，说明国外投资对长三角 G60 科创走廊的产业发展持续看好，这也为长三角 G60 科创走廊产业发展提供了良好的机遇。

金融发展促进科技创新的作用非常重要，主要体现在资金支持和风险共担两个方面。首先，科技创新需要长期持续的资金支持。截至 2023 年 3 月，长三角 G60 科创走廊针对科创型企业多元化的融资需求，推出科创贷、园区贷、质量贷、标准贷、人才贷等各种金融服务产品，同时联动发行"双创债"共 73 单、合计 467 亿元，占同期全市场发行总量的 1/6，这些举措拓宽了科创型企业的融资渠道，缓解了企业在科技创新中的资金缺口问题，有利于企业科技创新的长期发展。其次，拨投结合、投贷联动等融资方式可以通过联动政府、银行和投资机构等多方机构，降低科技创新活动的风险。作为长三角 G60 科创走廊策源地，上海市松江区于 2022 年 11 月 17 日发布了《松江区加强知识产权金融工作的若干意见》，实现了包括政府在内的多元化风险分担机制等诸多制度创新，建立了政府参与，银行、保险、担保联动互补的风险分担机制，形成了"业务联动、风险分散、统筹实施"的协同模式，为科技含量高、缺乏传统抵质押品的中小微企业分散科技创新过程中的风险提供政策支持。

金融发展通过产业结构优化与高新产业集聚来促进长三角 G60 科创走廊产业发展。从产业结构来看，金融体系通过银行、资本市场和金融机构等融资渠道，帮助高风险产业、高新技术企业或已上市公司获得融资，促进产业结构发展。2019 年 11 月 8 日，人民银行上海总部发布了《金融支持长三角 G60 科创走廊先进制造业高质量发展综合服务方案》，从缓解融资难、融资贵、提升融资适配性和解决信息不对称等四个方面促进九城市先进制造业发展与金融服务的优化，完善金融服务方式，优化金融资源配置，提升金融服务创新水平，深入推进金融机构与科创产业对接。从高新产业集聚来看，金融发展在促进高新技术产业聚集方面具有显著作用，通过提供资金支持、风险投资、创业支持、知识产权保护，以及创新金融工具和科技支持等多种方式，为高新技术企业提供必要的资源和服务，降低其创业风险，推动技术创新和市场拓展，进而吸引更多创新型企业和科研机构聚集，形成富有活力的高新技术产业集群。目前，长三角G60科创走廊已初步形成以百亿级产业项目为龙头，众多成长型、创新型企业深度融合的产业集群，促进人工智能、集成电路、新能源汽车、生物医药等产业链上下游合作、供应链整体协同，逐步形成先进制造业产业集群一体化高质量发展格局。

综合而言，长三角G60科创走廊在金融支持科技创新与产业发展方面取得了显著成果。科技创新投入不断增加，产出和效益显著提升，同时产业发展迅速。金融支持不仅在提供资金和风险共担方面发挥关键作用，还通过优化产业结构和促进高新产业集聚，推动产业发展并形成高质量的产业集群。

第二节　长三角G60科创走廊特色发展存在不足分析

尽管长三角G60科创走廊发展取得了一定突破和成效，但是九城市分属三省一市，不但经济基础不一、产业结构不尽相同，而且人文环境和法治建设也存在一定的差异。实现长三角G60科创走廊金融支持"科创+产业"更高质量发展，需正视现实，坚持问题导向，增强理论创新和体制机制创新，努力解决地区发展不平衡问题。

一、长三角金融发展水平差异显著

近年来，长三角G60科创走廊聚焦产融结合新高地建设，针对科创型企业多元化、个性化的融资需求，着力构筑债权、股权、基金、上市联动的金融服务生态。诚然，长三角 G60 科创走廊在金融推动科技创新和产业发展中取得了显著成绩，但从高质量发展要求来看，仍然存在着一些诸如九城市金融发展水平异质性显著、金融合作协调机制有待加强等诸多问题和障碍。从 2016—2020 年长三角 G60 科创走廊金融发展指数的测度结果来看，杭州、合肥不仅排名居前，且金融发展趋势以涨为主，而苏州、上海松江虽分别位列第三、第四，但自 2018 年之后金融发展呈下降趋势，说明长三角金融一体化协同发展仍需进一步深化。

二、科技创新要素流动受到行政制度的限制

科技创新要素的区域流动对于优化长三角 G60 科创走廊的科技创新资源在区域空间的合理配置至关重要，能显著提升全要素生产率。然而，由于行政隶属关系复杂，行政壁垒和地方保护主义妨碍了人才、技术等科技创新要素的跨区域流动。此外，不同地区对高新技术企业和成果的认定标准存在差异，导致创新成本上升和资源浪费，限制了科技创新要素的自由流动和合理配置，降低了创新效率。因此，为促进长三角 G60 科创走廊金融支持科技创新，需要解决行政壁垒和地方保护主义问题，建立统一认定标准，促进创新要素的流动和配置，提高科技创新的效率。

三、区域间产业合作深度不够

长三角 G60 科创走廊九城市的产业发展指数绝大多数呈现逐年增长态势，但在 2020 年各城市的产业发展指数增速出现下滑。从长三角 G60 科创走廊各城市来看，合肥、芜湖与宣城等地区的产业发展开始出现疲软，产业发展指数在 2020 年出现了显著下滑。这是由于区域间科创水平差异较大，创新协同更多地发生在经济和技术发展水平相近的区域，欠发达地区间科创产业交流和融合尚不够深入。以宣城为例，在服务业方面，其长三角对接合作项目总体偏少、合作层次不高，区域协同发展水平有待提升。因此，

需要探索更加成熟的环境容量和制度机制，从而提升长三角G60科创走廊各城市之间的产业合作水平。

第三节 长三角G60科创走廊特色发展政策建议

针对目前长三角G60科创走廊金融支持"科技+产业"的评估分析与现存问题，本研究提出如下政策建议：

一、进一步打造区域协同创新增长极

长三角G60科创走廊通过六年建设，已经建设了松江G60脑智科创基地、安徽合肥综合性国家科学中心、苏州市国家生物药技术创新中心、之江实验室、科恩实验室、优图实验室等重大创新平台，初步形成科技创新策源地，但围绕"卡脖子"关键核心技术和区域优势项目，进一步做大做强各创新平台，为区域高质量一体化发展提供源源不断的创新动力是重要的优化方向。

长三角G60科创走廊可以结合九城市基础应用研究的部署，抓住"两心共创"的契机，紧扣上海、苏州、杭州、合肥四个区域核心的创新大平台，围绕"卡脖子"关键核心技术突破，开展创新平台联动，加大基础研究，在各地共同打造九大核心创新重点平台，这九大核心创新重点平台将成为区域创新协同的重要枢纽，成为互联互通创新增长极。同时，创新基地与企业、高校及研究机构展开系统性合作，采用科技保险增加研发保障，针对创新增长极主要研发产品，采用全生命周期金融服务等对接和企业科技成果转化，采用"飞地"等模式将研究成果及时转化。

二、进一步形成核心产业链区域特色分工协作模式

目前，苏州、杭州、上海松江、合肥的产业发展水平较高，这些地区

均拥有特色产业链分工，可以通过产业联盟带动长三角 G60 科创走廊其他城市，通过政策协同和补贴等推出一些明星产业链打造计划，加快建设规模体量大、成长性高、引领性强的战略性新兴产业、先进制造业产业。在总量较大的情况下，要加强高新技术产业的集中度，要进一步配合，优化产业结构，完善产业发展。从提升区域整体竞争力出发，发挥各地比较优势，明确城市功能定位，强化错位发展。

合作风险是区域协同的主要障碍之一，地方政府需要认识到合作风险在合作事务中分布并不平均，即使整体合作风险处于高水平，部分合作风险依然可能相对较低，九城市政府需要重点考虑将此类事务作为协同机制设计的突破口。另外，对于热点产业链的布局要避免区域无序竞争，打通上下游产业链，发挥核心企业、物流企业、供应链金融机构等主体优势，推动金融支持产业链深度合作。同时，鼓励证券服务机构跨行政区域合作，加快发展知识产权等轻资产质押融资，加快长三角 G60 科创走廊征信平台建设，支持符合条件的高成长创新企业上市融资，以金融服务推动产业集群发展。

三、进一步以数字化转型推动长三角 G60 科创走廊金融一体化

长三角 G60 科创走廊具有显著的区位优势，拥有上海金融中心资源优势、杭州金融科技创新禀赋、湖州绿色金融先驱，同时建设有多个重大创新平台，还成立了松江科技城、苏州工业园区、杭州高新区（滨江）、合芜蚌国家自主创新示范区、合肥综合性国家科学中心、临港等多个重点园区，以及上海松江和合肥等高端制造业基地等，形成了金融支持"科创＋产业"的天然生态圈，但各城金融发展差异还比较显著，协同水平仍有较大的提升空间。金融一体化发展是优化资源配置、加速区域要素协同的重要路径。

金融一体化意味着长三角 G60 科创走廊九城市需要充分充足的政府、产业、企业与金融机构合作，并在合作中收集、处理大量相关金融、科创与产业信息，消除地区壁垒，实现区域内金融要素的自由流动，促进科技

要素流动和产业链联动,推进创新链、产业链、价值链融合。这要求极强的区域协同能力和相关运作机制的建立。推动长三角G60科创走廊数字政府建设可以从根本上为区域金融一体化提供制度保障。

数字化时代,政府、企业、金融机构等均在积极推行数字化转型,我们可以基于各领域转型汇集成合力,形成长三角G60科创走廊高质量一体化发展的重要数字资产与平台。数字政府是"治理理念创新+数字技术创新+政务流程创新+体制机制创新"的系统性、协同式变革,需要基于大数据系统推进经济调节、市场监管、公共服务、社会管理、环境治理、政府运行"六位一体"数字化转型。不同于单个城市的数字政府建设,区域合作中存在的天然壁垒更需要数字政府的加速推进。长三角G60科创走廊可以基于数字政府的理念,建立政务高效化、服务线上化、治理精准化的新型科创办联席会等政务运行模式,从国家层面进行协同改革以及综合集成,加强顶层设计,深化政务改革,构筑长三角G60科创走廊统一平台,全面推行"掌上办事",在此平台上推行各区域金融一体化,实现"一网通"服务,推动科技创新和产业链的区域协同发展。

四、进一步探索"创新基地孵化+保投联动"金融生态创新

如何利用科技保险等创新金融,分散科创型中小微企业的研发风险、经营风险等是企业全生命周期金融服务的重要关卡。除了知识产权和专业知识的科技保险产品探索外,政府相关部门或者产业投资基金可基于重大创新平台孵化地,扮演中小企业生存发展支持服务生态链建设者的角色,通过联合科技保险公司,打造"保险+投资"联动模式,探索"创新基地孵化+保投联动"等金融支持模式。

"创新基地孵化+保投联动"的金融支持模式中,政府部门可以对科技型中小企业进行财政支持补贴,将资金投入有优秀研发能力、应用前景较好,或者符合国家科技战略发展方向的创业型、孵化型的小微企业中,并约定在企业投资失败时,财政资金不追回。如果企业投资成功,财政补贴

可以获取一定比例或额度的股权，并且取得的股权也优先出售给创业团队。同时，对于研发阶段的投入和财政补贴费用，可以向科技保险公司投保研发失败费用损失保险。在这种模式下，保险公司可以获得保费收入，政府和科创公司的投资资金也获得了一定的保障，分散了科创投资风险。

此外，长三角G60科创走廊还可以进一步增加投资生态链，联合保险公司、资管公司、信托公司、投资基金，在财政补贴资金阶段，同样参照政府财政补贴形式投入资金，同时购买研发失败的费用损失保险，为企业提供更多资金支持。商业机构在参与项目时，也会从不同角度对科创企业进行商业评估和分析，从而带动律所、知识产权机构、会计师事务所等各类服务机构参与其中，形成一个完善的金融服务生态圈，最大程度发挥协同效应，促进科技产业发展，并形成良性的发展生态。

五、进一步推进"专精特新"科创板上市基地建设

"专精特新"即指具备"专业化、精细化、特色化、新颖化"四大特点的企业。长三角G60科创走廊可以依托区域优势，建设"专精特新"科创板上市基地。为助推"专精特新"企业持续健康发展，多层次的资本市场、银行贷款、私募基金、供应链金融、融资租赁等金融模式在一定程度上缓解了"专精特新"的融资难题。此外，还可以通过较为新型的金融模式为其发展助力，如由地方政府牵头，中小企业形成信用联盟实现信用聚集，发行中小企业集合债券；将企业债权出售给保理商获得保理融资；通过融资担保和知识产权质押等方式获得贷款等。

建设"专精特新"科创板上市基地，据此构建全产业链、全牌照、全生命周期金融服务体系。从企业生命周期的角度来看，不同生命周期的技术风险和经营状况各不相同，融资需求的规模及渠道差异显著。上市基地可以基于数字政府平台，推动各种融资渠道的进入和退出机制建设，实现各种金融资源的有效对接和联动机制，以满足企业在不同阶段、不同渠道的融资需求。努力打造"创新创业投资＋信贷服务创新＋科创担保增信＋

知识产权和科技保险服务+上市发债融资"全链条、全周期的科技金融服务体系，确保科技创新资金链条与金融资本链条、产业链条有机结合。

综合而言，金融是现代经济的核心，在科技创新以及产业形成、发展、调整和升级的各个阶段都起着至关重要的作用。长三角G60科创走廊聚焦科创、产业、金融深度融合和良性循环，依托"链主"和重大功能平台，推动创新主体由分散转向集中化、集群化和网络化，逐步形成具有鲜明特色的多链融合式创新集群，为提升关键战略产业链的高水平自主可控，以及提升基础产业现代化水平探索新方式。长三角G60科创走廊是长三角的一张靓丽名片，未来通过"三先走廊"的打造，必将为服务长三角一体化发展国家战略和构建新发展格局做出新的更大贡献。

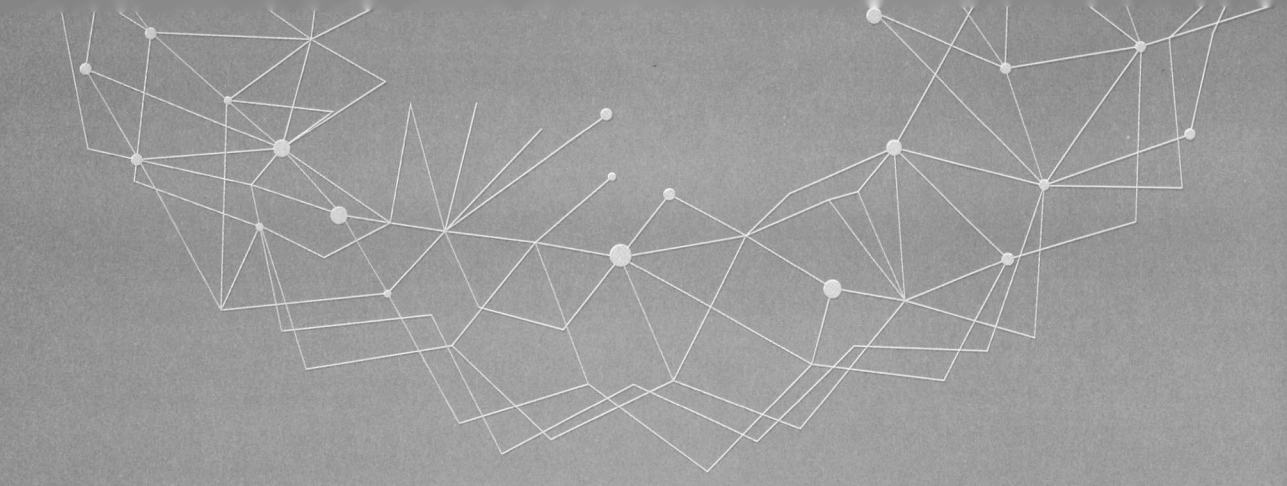

下篇

长三角G60科创走廊科创金融实践案例

案例一: 金融服务与杭州城西科创大走廊融合发展

一、案例背景

杭州城西板块发展始于20世纪末期,经过20多年的发展,城西科创大走廊东起浙江大学紫金港校区,西至浙江农林大学,下辖紫金港科技城、未来科技城、青山湖科技城,规划总面积约416平方千米。科创大走廊规划设想提出之前,杭州市传统产业发展刚起步,城市发展主要围绕西湖和钱塘江,以旅游和文化为主题,并适度发展轻工业。20世纪80年代,杭州建设基调被确定为"浙江省省会、全国重点风景旅游城市和国家公布的历史文化名城",实现了临湖完善、跨江发展的城市格局。与此同时,杭州城西地区发展相对缓慢。由于余杭、临安未纳入杭州城市建设规划范围,造成城西区域发展仍以传统的乡镇企业为主。虽然临安东部建设了杭钢、杭氧等一批工业企业,但整体来看,产业区与杭州城市建设之间相互独立,产业协同发展较弱。因此,自1998年开始建设以来,杭州城西科创大走廊生产要素经历了从分散到集聚、从独立到贯通彼此相互融合的发展过程(见表5-1)。

表5-1　　　　杭州城西科创大走廊发展历史沿革

年份	重要事件
2000	《杭州市城市总体规划(2001—2020年)》发布
2001	余杭撤市设区;临安经济开发区成立

续表

年份	重要事件
2007	省科研机构创新基地落户临安经济开发区
2009	青山湖科技城成立
2010	海创园成立
2011	《杭州城西科创产业聚集区发展规划》发布
2013	未来科技城成立；阿里巴巴淘宝城建成
2014	梦想小镇建设
2015	杭州成为国务院批复的国家自主创新示范区
2016	《杭州城西科创大走廊发展战略规划》发布
2017	临安撤市建区；紫金港科技城建设启动；之江实验室成立；阿里巴巴达摩院成立
2018	《杭州市紫金港科技城西科园区块城市设计》发布；西湖大学创办
2019	地铁5号线通车；超重力实验室项目启动
2020	绕城高速西复线通车
2021	地铁3号线通车

2000年，杭州市委、市政府提出"城市东扩，旅游西进，沿江开发，跨江发展"战略。在"旅游西进"发展基调下，杭州城西区域主要依托西溪湿地、和睦水乡、南湖、青山湖等生态区发展旅游和工业制造业，同时设立临安省级经济开发区建立重点企业产业园。2007—2009年，浙江省科研机构创新基地落户临安经济开发区，推动青山湖科技城的成立。2009年，余杭组团管委会成立创新基地平台，统筹杭州城西片区的发展。2011年，杭州未来科技城（海创园）独立挂牌开展建设，与北京、天津、武汉并称为全国四大未来科技城。

2013年未来科技城开业，阿里巴巴西溪园区正式投入使用；2014年，梦想小镇建设启动。同年，杭州推出"发展信息经济，推动智慧应用"的"一号工程"，将信息经济作为经济发展重心之一。2016年，杭州市政府发布《杭州城西科创大走廊发展规划》，提出在原有城市与产业发展基础上将

案例一：金融服务与杭州城西科创大走廊融合发展

城西科创产业集聚区进行升级重组，建设城西科创大走廊，并在未来几年将其打造成为全球领先的信息经济与科创中心。为配合大走廊建设的开展，2017年，临安撤市建区，紫金港科技城建设启动。至此，大走廊自东向西横跨西湖区、余杭区、临安区三个区共15个镇街，包含紫金港科技城、未来科技城、青山湖科技城以及15个特色小镇的格局正式形成（见图5-1）。

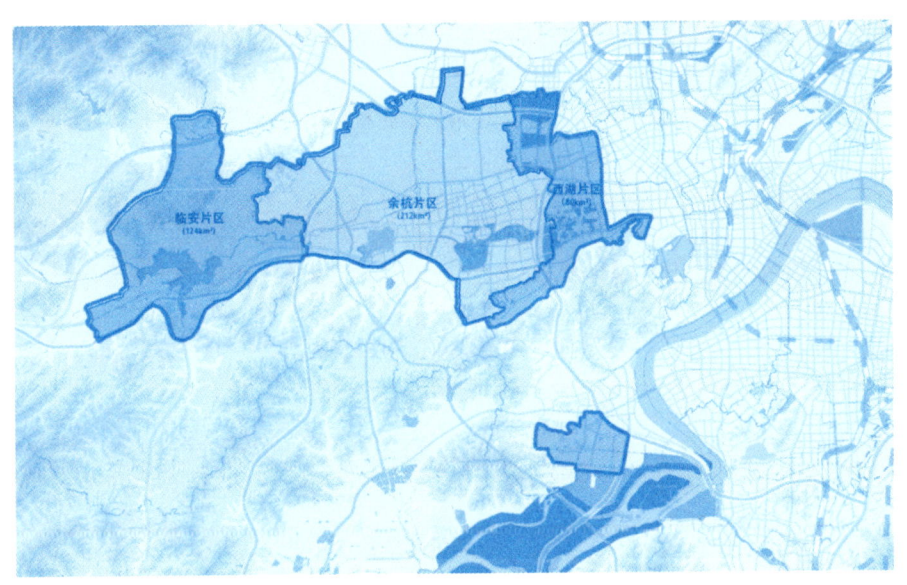

图 5-1　杭州城西科创大走廊区位图

资料来源：杭州城西科创大走廊管委会，http://cxkc.hangzhou.gov.cn/col/col1228936430/index.html.

根据《杭州城西科创大走廊总体空间规划》的空间分布特征，大走廊形成了多个功能鲜明、服务完善的功能片区，包括中心片、科研片、高教片、产业片、居住片、综合片、休闲片等（见表5-2）。产业园各片区空间类型多样，又分为办公区、科创孵化区、特色小镇、商务区、研发制造区、传统工业园六种类型，其中前五类空间属于科创产业范畴，涵盖了未来科创园区发展所需的技术研发、科技服务、中试生产、转型升级等环节。这些片区之间相互衔接、相互依存，共同构成了杭州城西科创大走廊的创新生态系统。

表 5-2　　　　　　　　　　城西科创大走廊功能片区

类型	西湖区 紫金港科技城（8个）	余杭区 未来科技城（15个）	临安区 青山湖科技城（8个）
中心片	蒋村中心片	城西枢纽中心片 未来科技城中心片	青山湖科技城中心片
科研片	西湖科技园科研片 云谷科研片	南湖西科研片	云制造小镇科研片 颐养小镇科研片
高教片	浙大西溪高教片 浙大资金港高教片 小和山高教片	杭州大学城高教片	浙江农林大学高教片
产业片	—	永乐产业片	临安开发区产业片 横畈产业片
居住片	—	闲湖居住片 闲湖东居住片 闲湖西居住片	青山湖北居住片
综合篇	留下综合片	淘宝城综合片 五常综合片 老余杭综合片 中泰综合片	城东新城综合片
休闲片	西溪湿地休闲片	五常湿地休闲片 闲林湿地休闲片 南湖休闲片	—

资料来源：杨玥：《基于多源数据的杭州城西科创大走廊"产城创"融合发展研究》，学位论文，浙江大学，2021.

二、金融支持杭州城西科创大走廊发展情况

（一）风险投资基金支持创新创业企业发展

2021年7月，浙江省发展改革委和杭州市政府联合印发了省级重点专项规划《杭州城西科创大走廊发展"十四五"规划》（以下简称《规划》）。《规划》提出"到二〇三五年，'互联网+'、生命健康和新材料三大科创

案例一：金融服务与杭州城西科创大走廊融合发展

高地基本建成，基本建成国际重要科技创新中心，成为具有全球知名度和影响力的创新策源地、综合性国家科学中心的核心承载区，全球学术新思想、科学新发现、技术新发明、产业新方向的重要诞生地和集聚地，成为创新力、竞争力、影响力卓著的高水平现代化引领示范区"。

然而，创新型企业的发展需要资金和金融服务的支持，因此《规划》进一步明确了杭州未来通过金融科技的发展支撑城西科创大走廊持续深耕的目标，并在知识产权与金融市场开放方面实施了一系列举措。在知识产权方面，该地区开展了知识产权证券化融资试点，构建包括知识产权质押、知识产权保险、知识产权证券化的知识产权金融体系。在金融市场开放方面，该地区探索开展了合格境外有限合伙人（QFLP）试点、私募基金份额流转市场试点，同时鼓励省市创投引导基金、省市产业基金与大走廊共建产业发展基金，支持股权交易中心在大走廊推出"科技创新板"，进一步拓宽创新创业企业融资渠道（见表5－3）。总之，《规划》为城西科创大走廊提供了具体的金融支持措施，为创新型企业营造了高效便捷的融资环境。

表5－3　　　　　　　　　风险投资基金支持科创大走廊发展

时间	参与机构	事件
2020－12－28	睿沃科技、考拉基金、博将资本	未来科技城企业睿沃科技完成A＋轮融资，资金主要用于实现自助服务终端和金融平台的对接，充分发挥自助服务的最大价值。此外，他们还启动"旅链计划"全新数字旅游模式，该项目以酒店智能前台为载体，将旅行地吃、住、行、游、购、娱连接在一起，以提升用户的住宿便利、支付体验和生活品质
2019－6－26	百应科技、恒生电子旗下产业基金、信雅达旗下产业基金	两轮融资后，百应科技已累计融资金额近3亿元。资金主要用于金融业务拓展、AI底层技术创新和转化，旨在提升客户价值和体验，完善全渠道智能客户联络产品矩阵，为客户提供更全面更深入的服务

续表

时间	参与机构	事件
2019-4-29	同盾科技、招商局资本旗下中白基金、GGV纪源资本、光大控股旗下光控华登、国泰全球	作为国内专业的智能风控和分析决策服务提供商，同盾科技已建成大数据平台、计算平台和人工智能平台三大科技平台。融资资金主要用于产品创新和研发、AI研究院发展、全球化业务拓展及顶尖人才招募，并继续加快互联网、政府及公共事务、大企业等领域的布局
2018-3-8	顶象技术、嘉实投资、晨兴资本、东证资本	顶象技术拥有领先行业的全景式风控技术和智能终端安全技术，打造基于实践需求的金融安全大脑及全场景、智能化、可信赖的业务安全体系。融资将用于金融、电商、区块链以及物联网行业相关的业务安全技术研发及市场拓展，以推动金融科技发展，赋能金融行业快速转型升级
2017-10-23	未来科技城（海创园）投贷联盟	联盟成员将积极探索"债权+股权"的投融资模式，加大对科技型中小企业的支持力度，提供全生命周期的投融资服务，共同拓宽合作路径，推动融合发展。通过银行与风险投资机构、产业引导基金的战略合作，联盟完善了信息共享、资源互补、风险共担的合作机制，实现合作共赢

资料来源：根据杭州城西科创大走廊管委会公开信息整理，http：//cxkc.hangzhou.gov.cn/col/col1694613/index.html.san。

在良好的融资环境下，杭州独角兽、准独角兽等领军企业高速成长。2022年6月27日，中国科协、杭州市人民政府、民建浙江省委、中国投资发展促进会联合主办第六届万物生长大会，会上发布的《2022杭州独角兽&准独角兽企业榜单》显示，截至2022年4月，杭州估值超过10亿美元的独角兽企业39家（部分企业情况见表5-4），估值超过1亿美元的准独角兽企业317家。

表5-4   2022年杭州独角兽企业榜单

公司名称	估值（亿元）	所属行业
蚂蚁集团	10000	金融科技
菜鸟网络	2200	供应链物流

案例一：金融服务与杭州城西科创大走廊融合发展

续表

公司名称	估值（亿元）	所属行业
微医	450	医疗健康
大搜车	195	电子商务
中心晶圆	195	硬件
曹操出行	160	软件服务
草根网络	157	金融科技
连连数字	150	数字经济
酷家乐	130	软件服务
淘票票	130	电子商务
丁香园	130	医疗健康
Ping Pong	100	金融科技
德晋医疗	100	医疗健康
磐石股份	100	数字经济
数梦工场	100	数字经济
同盾科技	100	数字经济
执行信息	98	电子商务
芯迈	85	硬件
树兰医疗	80	医疗健康
e签宝	65	企业服务
贝贝集团	65	电子商务
车猫二手车	65	电子商务
城云科技	65	数字经济
趣链科技	65	金融科技
挖财	65	软件服务
驿公里	65	硬件

资料来源：《2022杭州独角兽&准独角兽企业榜单》。

（二）政府+银行支持杭州创新创业企业发展

根据杭州科技型企业成长过程中的融资需求规律，杭州市政府和银行共同实施了一系列举措，来完善政府资金与社会资金、股权融资与债券融资、直接融资与间接融资有机结合的金融服务体系（见表5-5）。在政府资金支持方面，提升国有平台投资运营水平，发挥政府引导基金领头作用，完善政府科技创新产业扶持专项基金政策。在社会资金支持方面，集聚天使投资、风险投资等社会资本，依托蚂蚁集团、网商银行等金融科技企业和浙江大学、之江实验室等科研单位，将大数据、人工智能、云计算、区块链、移动互联等新科技广泛应用于金融领域，开拓数字普惠金融、大数据征信等新业态。此外，通过建设科技金融服务中心，杭州城西科创大走廊将加速打造全国乃至全球领先的科技金融创新创业集聚区。

表 5-5　　　　　　　　　金融支持城西科创大走廊发展

时间	参与机构	事件
2022-3-25	中信集团、杭州资本、杭州市政府	中信杭州城西科创大走廊产业基金首期规模50亿元，以"子基金投资+项目直投"的形式投向互联网+、生命健康、新材料、先进制造、人工智能、云计算大数据、信息软件、集成电路等战略性新兴产业
2021-12-31	深圳证券交易所	知识产权证券化于2020年7月正式启动。该产品是对企业持有的知识产权进行价值评估后，通过风险隔离、信用增进、信用评级等方式对证券化产品进行设计并发行，以实现融资。首期入池的基础资产涵盖未来科技城内人工智能、高端装备制造、生物医药等多个产业领域的195项专利，评估价值计计1.445亿元。2021年12月31日，未来科技城全省首单知识产权证券化产品在深圳证券交易所完成首期发行。项目储架发行额度10亿元，首期发行金额1.1亿元，发行票面利率3.9%，期限为1年
2020-7-17	青山湖科技城管委会、杭州市高科技投资有限公司、杭州银行股份有限公司	参与机构共同签订了《战略合作协议》和《人才金融贷款风险池合作协议》，设立信贷规模高达2亿元的人才金融贷款风险池，为青山湖科技城人才创业企业及科技企业提供信贷支持。此外，杭州银行将单列信贷规模50亿元，联合杭州市高科技投资有限公司为青山湖科技城提供融资服务
2020-1-7	浙江人才小额贷款有限公司	作为全国首家专业为高层次人才服务的地方金融组织，浙江人才小额贷款有限公司将与金融机构错位互补，满足杭州市各类高层次人才及创新创业企业短期、多频、小额、急用、个性化的资金需求，并为其提供多元化、差异化、高效率的金融服务

案例一：金融服务与杭州城西科创大走廊融合发展

续表

时间	参与机构	事件
2019-4-24	之江实验室、建信金融科技有限责任公司、中国建设银行浙江省分行	参与机构致力于推动人工智能、大数据、网络信息与安全等技术在金融领域的研究与应用，促进"科技+金融"深度融合。同时，他们还探索新技术在金融领域产品研发、风险防控与信息安全等方面的应用，并推动金融标准化创新试点工作。此外，建设银行浙江省分行为之江实验室提供全方位金融服务，并引导社会资本投入实验室基础研究
2019-4-18	兴业银行	兴业银行提供了信贷办理、跨行转账、购买理财产品等非现金业务。此外，为了方便科技城上班族办理业务，兴业银行青山社区支行还制定了错峰营业时间，从 8：30 至 18：00 均能够办理业务
2017-10-16	建行城西科创支行	该支行依托未来科技城和梦想小镇这两个创新型高端平台，深化金融服务，专门服务科技型企业、孵化器等，并建立投贷联动的新服务模式，实现投资和贷款的联动，通过完善信息共享、业务共享等合作模式，促进城西科创企业成长

资料来源：根据杭州城西科创大走廊管委会公开信息整理，http：//cxkc.hangzhou.gov.cn/col/col1694613/index.html.san。

（三）金融服务平台支持杭州创新创业企业发展

"杭州 e 融"是杭州市大力扶持中小微企业的金融综合服务平台，是推广实施"融资通畅工程"的重要举措。该平台由杭州市地方金融监督管理局牵头主办，杭州征信有限公司（杭州市金融投资集团子公司）负责建设维护[①]。该平台的主要目的是引导金融资源支持实体经济发展，健全优化金融机构与在杭中小微企业融资对接机制，为杭州市中小微企业提供融资需求发布渠道，并为中小微企业与金融机构各类金融产品提供智能撮合匹配服务。同时，平台综合运用政府部门、公共事业单位相关数据，配套提供

---

① 杭州 e 融官网，https://www.hzjrzhfw.com/introduction/index。

企业社会信用查询、信用评分、贷后监控、惠企政策查询等一站式服务，力求缓解中小微企业融资难融资贵、金融供求双方信息不对称等问题（见表5-6）。

表5-6　"杭州e融"金融产品

产品类型	产品介绍	主题产品	金融产品
共富信易贷	以"数智赋能"和"信用有价"为核心，聚焦信用惠民便企，为小微企业和个体工商户量身定制信用贷款，让信用成为降低信贷利率和简化信审流程的利器，着力提升高质量发展的诚信软实力，努力实现增信促富	联合银行小微e款	交通银行（税融通）、中国银行（中银企E贷·银税贷）、宁波银行（税务贷）、中国民生银行（科创信用贷）、杭州银行（税金贷）、ZS银行（人才支持贷）、杭州联合银行（税银贷）、北京银行（小微贷）
绿色金融	旨在服务广大企业绿色低碳和可持续发展需求，提高相关企业的资金可获得性，提高融资效率。主题产品与平台企业绿色评级挂钩，高等级可享受融资优惠政策	兴业银行可持续挂钩贷款	南京银行（鑫减碳）、杭州联合银行（绿色权益贷款）、浦发银行（绿色信贷项目贷款）、交通银行（绿+信贷）、中国银行（中银惠如愿·碳惠贷）等
政采贷	以"财政引导，市场运行，银企自愿，风险可控，互惠共赢"为原则，以政府采购信用评价和信用审查为基础，凭借中小企业取得并提供的政府采购合同，按优于一般中小企业贷款的利率，直接向申请贷款的中小企业发放贷款的融资产品	—	—
担保	拓宽"双保"（保就业、保市场主体）融资服务范围，对地方贡献突出的企业实行"见贷即保"的批量担保模式。鼓励银行对有政府性融资担保的重点企业加大贷款利率优惠	杭州担保公司	—

案例一：金融服务与杭州城西科创大走廊融合发展

续表

产品类型	产品介绍	主题产品	金融产品
杭信贷	专为解决进出口贸易企业融资难、融资贵、融资慢问题的业务。中小微外贸企业在其出口应收账款已获得政策性出口信用保险保障的前提下，可以向银行提出信用保险项下的免抵押贷款，政策性担保机构为此项贷款提供信用担保	—	—
跨境贷	基于真实海关数据及大数据平台评分，完成跨境融资；在线上完成融资申请享受折扣优惠；与合作机构实现数据共享，为中小企业精准服务	—	宁波银行（出口微贷）、兴业银行（出口押汇）、中国建设银行（信保贷、出口贷、退税贷、跟单贷）、临安农商银行（外贸贷）

资料来源：杭州e融官网，https://www.hzjrzhfw.com/home/index。

三、金融支持杭州城西科创大走廊发展模式分析

（一）金融支持杭州创新创业产业发展模式

1. 政策扶持

2022年7月，杭州市人民政府、浙江省财政厅、浙江省科技厅印发的《杭州城西科创大走廊创新发展专项资金管理办法的通知》指出，2021—2025年省、市财政每年统筹"十三五"专项资金存量4.5亿元支持大走廊建设，并根据实际到位资金按照省区市1∶1∶1的比例进行统筹安排，西湖区、余杭区和临安区每年合计统筹安排4.5亿元给予联动支持。政策扶持是杭州城西科创大走廊创新发展重要的资金来源渠道之一，其在支持中小企业创新创业方面的引领作用主要表现在以下几个方面：

（1）聚焦创新策源，强化战略科技力量。围绕国家重大战略需求，整合优势科研力量积极参与国家实验室建设，推进重大科技基础设施建设，

深化基础研究和应用研究有机融合，加快打造国家战略科技力量支撑地。主要包括：推进重大科技基础设施建设、建设高能级科创平台集群、支持前沿基础科学探索研究、建设特色研究型大学、突破引领性核心技术。

（2）聚焦招才引智，建设全球人才"蓄水池"。率先打造世界重要人才中心和创新高地战略支点，大力推进全球人才"蓄水池"建设，加快形成高水平国际化人才雁阵格局。主要包括：大力招引海内外高层次人才、积极招引全球优秀青年科技人才、大力支持高层次人才创新创业。

（3）聚焦三大高地，壮大创新主体集群。聚焦"互联网+"、生命健康、新材料三大高地，充分发挥创新主体作用，重点培育一批标志性企业，以产业链、创新链"两链融合"为核心，全面提升企业创新竞争力。主要包括：强化企业创新主体地位、促进创新成果转移转化、推动重大创新项目加速落地。

（4）聚焦双创生态，打造最优营商环境。聚焦市场主体关切，提升企业服务水平，加快壮大生产性服务业，助推产业转型升级；加大金融支持力度，优化金融服务模式，打造国际一流营商环境。主要包括：加快科技公共服务平台建设、强化科创示范带动作用、加快推进生产性服务业发展、鼓励产业基金招强引优。

2. 商业贷款

高新技术产业内的企业多数是创新创业型中小企业，技术创新所需的研发资金十分依赖外源融资，而银行信贷是创新创业产业发展所需资金的主要来源之一。从杭州市对创新创业中小企业提供的银行信贷产品种类来看，其已基本满足该类型企业不同的资金需求。在杭州市，参与发放银行信贷的金融机构除政策性银行、国有商业银行和股份制商业银行外，还包括浙江省的城市商业银行（杭州银行、浙江泰隆商业银行、金华银行、浙江民泰商业银行等）、农村商业银行（浙江临安农村商业银行、杭州联合银行、浙江杭州余杭农村商业银行等）、民营银行（浙江网商银行），以及小

案例一：金融服务与杭州城西科创大走廊融合发展

贷公司和转贷公司等非银行金融机构（见图 5-2）。

金融机构 [多选]	政策性银行 ∨	国有商业银行 ∨	股份制商业银行 ∨	城市商业银行 ∨	农村商业银行 ∨	村镇银行 ∨	民营银行 ∨	小贷公司 ∨	转贷公司 ∨
产品分类：	人才贷	税金贷	创业贷	科技企业贷	小微企业贷	进出口贸易贷	流动资金贷	支农惠农贷	资产抵押贷	个人经营贷	其他	绿色金融贷
贷款额度：	50万及以下	100万及以下	200万及以下	500万及以下	1000万及以下	1000万以上
担保方式：	信用	抵押	保证	贴现	质押	综合
贷款期限：	1年以下	1-3年	3-5年	5年以上

图 5-2　银行信贷支持城西科创大走廊发展

3. 风险投资

风险投资较青睐的创新创业型企业主要有三个特征：一是正在研发或拥有高新技术；二是拥有引领企业实现高速成长的企业家；三是企业规模比较小。从杭州主要风险投资公司的主要投资领域来看（见表 5-7），风险投资所投企业主要分布于人工智能、大数据、硬件、先进制造等科技含量较高的高新技术产业。这些产业都处于快速发展的阶段，拥有着广阔的市场前景和创新潜力。

表 5-7　杭州主要风险投资公司

公司名称	主要投资领域	投资轮次
杭州泰恒投资管理有限公司	人工智能、能源、房产服务	天使轮、成长期、Pre-IPO、Pre-A轮、A轮、B轮、C轮、D轮、E轮、F轮
杭州金投产业基金管理有限公司	消费生活、大数据、人工智能、能源、医疗、工具、硬件、先进制造、企业服务	成长期、Pre-IPO、Pre-A轮、A轮、B轮、C轮、D轮、E轮、F轮
中银投资浙商产业基金管理（浙江）有限公司	消费生活、大数据、人工智能、能源、医疗、教育、汽车交通、硬件、物流、先进制造、企业服务、AR/VR	Pre-A轮、A轮、B轮、C轮、D轮、E轮、F轮
嘉兴蓝驰投资管理有限公司	电商、消费生活、大数据、人工智能、能源、医疗、硬件、物流、先进制造、企业服务	种子轮、天使轮、成长期、Pre-IPO、Pre-A轮、A轮、B轮

续表

公司名称	主要投资领域	投资轮次
浙商创投股份有限公司	文娱传媒、消费生活、大数据、人工智能、能源、医疗	成长期、Pre-IPO
苏州维特力新创业投资管理有限公司	消费生活、大数据、人工智能、硬件	种子轮、天使轮、成长期、Pre-IPO、Pre-A轮、A轮、B轮、C轮、D轮、E轮、F轮、已上市、其他
浙江华睿控股有限公司	人工智能、硬件	Pre-IPO、A轮、B轮、C轮、D轮、E轮、F轮

资料来源：杭州e融官网，https://www.hzjrzhfw.com/home/index。

（二）存在的问题

1. 金融市场结构有待优化

由于证券交易所对于发行股票和债券的公司有严格要求，导致现行资本市场运行机制并不能为创新创业型中小企业提供良好的融资服务，大多数该类型中小企业自动退出资本市场。同时，当前资本市场对股权融资方式的重视程度高于债券市场融资，而中小科技型企业基本无法满足股权市场融资条件，而能满足中小科技型企业需求的债券发行金额较小，市场发展缓慢。因此，要加大力度发展多层级的债券市场，如运用于基础科学研究的投入资金需要超长期的债券支持，不断优化金融市场结构。

2. 金融市场供给与金融需求匹配度有待提高

对于创新创业型企业来说，信贷资金的需求贯穿于企业发展的各个阶段。相对于传统行业，创新创业型企业的资金需求总量相对较小，但需求频率高且需求急切，而且由于其核心资产大多是无形的，企业往往缺乏优质抵押物。然而，银行严苛的贷款审核流程涵盖了贷前调查、贷中审核和贷后检查等各个步骤，使得创新创业型中小企业在商业银行融资过程中存在诸多障碍和问题。为缓解信息不对称问题，银行往往要求借款企业提供抵押物或第三方担保，但缺乏专业的评估机构对创新创业型中小企业专利等无形资产价值进行评估,导致其融资难度加大,融资成本增加,特别是在贷款条件苛刻的情况下,会出现借款利率和其他融资成本提高、融资渠道变窄、银行贷款程序越加烦琐等现象。因此,需要针对创新创业型中小企业的特点,在风险可控的前提下加快制定个性化信贷政策,加大金融市场对创新创业型中小企业的支持力度。

3. 新型金融服务供给不足

虽然杭州逐步构建了政策支持、风险投资、银行贷款及金融服务平台相互协调和补充的金融服务体系,但在支持创新创业型企业发展的金融产品服务创新方面仍存在很多不足,主要体现在创新金融模式、工具、产品和服务机构等方面的金融供给不足。例如:杭州天使投资效率和活跃度落后于北京、深圳等一线城市,且本地大型天使投资机构数量较少,投资规模较低。此外,中小板、创业板以及科创板上市的企业数量相对较少,企业在直接市场融资的潜力有待挖掘。因此,需要进一步优化金融服务体系,加强金融产品、服务和机构的创新,以满足创新创业型企业多样化的融资需求,相关方应给予更多的支持和指导。

四、金融支持杭州城西科创大走廊建议

(一)提升市场金融主体多元化和市场投资能力

通过健全市场化管理机制,提升商业银行、证券公司、保险公司、风险投资机构等市场主体对不同类型创新创业企业的科技创新项目的判断能力,对创新项目的风险评估和系统风险把控管理能力,以及对资金注入后的监督机制和纠偏能力。同时,市场监管部门也要加强对科技型上市公司的监督,强化信息披露制度,保障各类金融投资主体的权益,为市场长期、良性、健康发展扫清障碍。

(二)协调金融体系内各类投资主体的关系

科创产业区建设的不同阶段,政府支持、银行信贷和风险投资充当的

角色不完全一致。初创时期，政府支持起较大作用，是为高科技企业发展和科技创新项目提供资金支持的重要保障，并能提升其他投资主体对科技创新项目的投资信心，从而鼓励更多投资进入科技创新领域。在科创产业区发展水平较发达的情况下，除政策引领外，企业自主创新投入和风险投资支持已成规模，市场化机制可以较好地满足创新创业产业发展的需求。因此，为了强化金融支持科技创新的效果，可以组建高层级的行业管理或协会组织，搭建动态平台管理，用来采集金融支持与科技创新协调发展的最新动态，并定期对协同状态予以统计测评和更新。

（三）加强量化指标建设与数据流动支持

推进科技创新与金融协同发展的量化指标建设，为政府和各个市场参与主体提供数据信息资源。在量化指标建设方面，可以考虑涵盖科技创新成果、政府及市场科技金融投资绩效、金融投资和金融服务与科技创新发展的有序度、协调度等方面，以全面反映科技创新与金融协同发展的情况。此外，还可以定期将量化指标的统计数据对外公布，以便各方了解科技创新和金融协同发展的动态，从而更好地推进科技创新和金融深度协同发展。

（四）强化知识产权保护

只有经济环境受法律保护，资产产权和知识产权受到充分的尊重和保护，金融支持科技创新过程中的主体才能发挥各自优势，实现金融机构与创新创业企业共赢。为此，需要进一步加强中小企业知识产权资产管理，完善知识产权评估方法。同时，研究制定中小企业知识产权价值分析的工作指引，引导中小企业建立专利分级管理制度，健全核心专利、高价值专利管理台账，提高中小企业对知识产权的保护意识和能力。

案例二：苏州"YYT"金融平台支持企业创新的案例分析

一、案例背景

中小微企业是国民经济的重要组成部分，但由于其规模小、信用较弱、融资渠道不畅等因素，融资难、融资贵一直是制约中小微企业发展的瓶颈。2013年，国务院发布《关于促进中小企业健康发展的若干意见》，明确提出"积极发展民间资本市场，拓宽中小企业融资渠道，加强中小企业信用体系建设"等多项措施，以支持中小企业发展。此后，国家出台了一系列相关政策，如优化金融服务、设立小微企业贷款专项计划、推进互联网金融发展等，均为中小企业融资提供了更多的渠道和选择。中小微企业作为中国经济的"蓄水池"，是稳增长、促就业、保民生的重要力量。习近平总书记在中央全面深化改革领导小组第十八次会议上指出："发展普惠金融，目的就是要提升金融服务的覆盖率、可得性、满意度，满足人民群众日益增长的金融需求，特别是要让农民、小微企业、城镇低收入人群、贫困人群和残疾人、老年人等及时获取价格合理、便捷安全的金融服务。"但由于传统金融信息不对称等制约因素，中小微企业融资难、融资贵，贷款可得性不高、信用贷款占比偏低等问题仍然存在。

为进一步发挥信用信息对企业融资支持的重要作用，2021年12月21日，国务院办公厅印发了《加强信用信息共享应用促进中小微企业融资实施方案》（国办发〔2021〕52号，以下简称《方案》）。《方案》旨在推动设立缓解中小微企业融资难的长效机制，助力普惠金融发展。江苏省政府办公厅认真学习贯彻国务院办公厅《方案》精神，结合江苏省实际情况，起草形成《江苏省加强信用信息共享应用促进中小微企业融资若干措施》（以下简称《若干措施》）。《若干措施》目的在于有效破解银企信息不对称难题，计划在三年时间内，实现融资信用服务平台实名注册中小微企业达到 150 万户，平台普惠贷款余额超过 4000 亿元，占全省普惠型小微企业贷款余额比重和信用贷款余额比例达到 20% 以上，推动中小微企业融资便利性与信用贷款比例的提高，帮助中小微企业更好地发展。

《若干措施》提出五个方面 20 项工作举措，即建立健全融资信用服务平台、推进信用信息共享应用、优化信用信息服务、建立长效规范管理机制和加大协调推进力度。目前，江苏省已建成 10 个融资信用服务平台，均可为企业提供融资对接服务，包括省融资信用服务平台、"我的南京" App 金融超市企业金融门户、南京金服平台、江阴市高新区综合金融服务中心平台、徐州市企业征信综合服务平台、常州"快贷通"平台、苏州信易贷综合服务平台、苏州工业园区"YYT"平台、昆山金融超市平台、"宿迁我要贷款"微信小程序等。本部分将以苏州工业园区"YYT"平台为例，介绍苏州市金融服务支持企业创新发展的情况。

苏州市作为长三角 G60 科创走廊发展的重点城市，是我国科技产业和制造产业创新发展的领航城市，聚焦了电子信息、装备制造、生物医药和先进材料四大主导产业。近年来，苏州市政府积极推进金融改革，紧紧围绕服务实体经济的宗旨，加大金融支持力度，助力苏州发展创新科技产业。政府牵头，充分发挥市场主导作用，激发金融机构创新，设计多层次的金融支持方式，扶持科技企业创新发展，构建优越的金融生态，并在此过程中取得了一定的成果。苏州市出台了一系列支持中小微企业发展的政策。其中，苏州园区成立了苏州园区中小企业服务中心，旨在为中小企业提供一站式服务。此外，苏州市还出台了"引导中小微企业上市"等多项政策，为中小微企业发展提供了更多的支持。本部分主要从苏州建设融资信用平台角度，介绍苏州市金融服务支持企业创新发展情况。随着苏州市的经济发展，金融业也得到了迅速发展。苏州工业园区践行"亲商服务"的理念，落实利企惠企的政策，构建包括政府、银行、担保公司、投资机构、保险公司等在内的多主体金融服务体系，助力工业园区经济创新转型发展。设立"YYT"平台，是基于苏州市丰富的金融资源和金融环境，为中小微企业提供更加便捷、高效的融资渠道，以促进中小微企业的健康发展。

二、苏州"YYT"金融平台支持企业创新发展概况

苏州工业园区隶属江苏省苏州市，1994年2月经国务院批准设立，同年5月实施启动，行政区划面积278平方千米，是中国和新加坡两国政府间的重要合作项目，被誉为"中国改革开放的重要窗口"和"国际合作的成功范例"。依托良好的产业条件，苏州市工业园区成为全国开放程度最高、发展质效最好、创新活力最强、营商环境最优的区域之一，在国家级经开区综合考评中实现"六连冠"，跻身科技部建设世界一流高科技园区行列。苏州市工业园区拥有上市公司60余家，高新技术企业2000多家，科技创新型企业近万家，注册企业总数超过10万家。聚集的产业布局对金融支持的需求日益增加。在不断推进产业经济发展的同时，苏州市工业园区也积极发挥市场主导作用，推动金融服务发展，助力中小微企业创新发展，并设立苏州工业园区企业发展服务中心，致力于为园区内的产业转型升级和科技创新提供全方位的服务支持。

苏州工业园区"YYT"平台是苏州市工业园区根据《若干措施》的指导设立的融资信用服务平台，由苏州工业园区企业发展服务中心主办，服务对象覆盖工业园区工商注册企业，服务供给包括银行、股权投资机构、保险、担保、金融租赁等金融领域，提供"债权+股权""线上+线下"的一站式综合金融服务（见图6-1）。该平台立足苏州市产业发展需求，通过政府搭建金融服务平台，践行普惠金融发展方针，对接企业需求，连接资金供求，实现产品流程在线化、金融产品市场化、业务服务智能化，为企业提供智能在线金融服务选择，实现资金供求的高效对接，推动产业经济跃升。

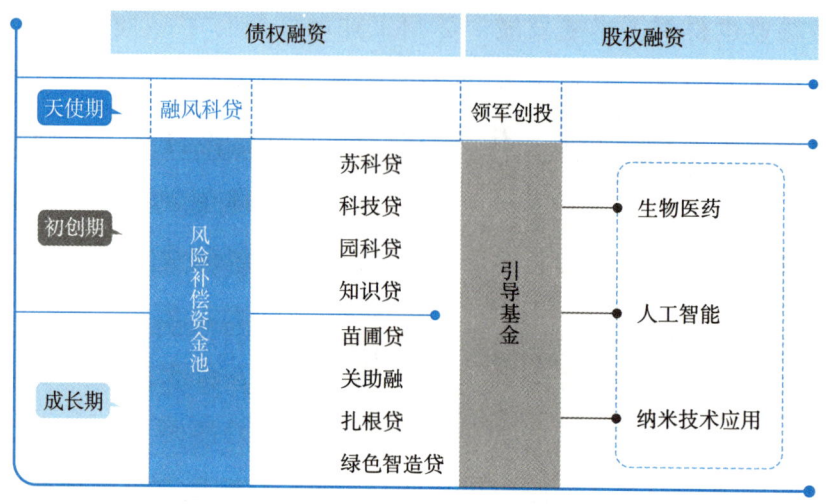

图 6-1 "YYT"平台

"YYT"平台是面向苏州市工业园区所有工商注册企业及本地金融机构，提供金融服务供需对接的在线平台。目前，平台已经汇聚包括银行、股权投资、担保、保险、证券、金融租赁、融资租赁、商业保理和信托在内的 9 大类金融服务共计 263 家金融机构，同时配备近 600 位金融服务顾问，能够通过实时在线精准沟通对接，帮助企业和金融机构实现供需结合。疫情期间，"YYT"平台进一步提升"不见面、在线融"功能，通过优化"金融计算器"，将企业画像与银行金融产品进行智能测算匹配，帮助企业高效对接金融产品，及时将金融产品及政策推送至企业，帮助企业渡过难关，提升融资效率。

（一）"YYT"平台产品

1. 债权融资平台

债权融资平台是由苏州市风险补偿资金、园区风险补偿资金、银行三方合作，通过"资金池+银行"的风险分担模式，对园区科技型中小企业进行贷款支持的金融平台。该平台为符合条件的中小企业提供的银行贷款担保服务，通过对企业信用状况和财务状况的评估，为企业提供风险担保，提高企业贷款的获批概率。该产品可缓解中小企业融资难问题，为企业提

案例二：苏州"YYT"金融平台支持企业创新的案例分析

供更加便捷的融资渠道。苏州园区"YYT"平台与多家银行合作，可以为中小企业提供多元化的贷款选择。企业可以根据自身实际情况选择适合自己的银行和贷款产品，提高融资效率。该产品的服务流程相对简便，企业只需提交申请资料，等待平台审核和银行审批即可。平台为企业提供全程跟踪服务，及时反馈审批结果，帮助企业了解贷款进展情况，具体审批流程如图6-2所示。

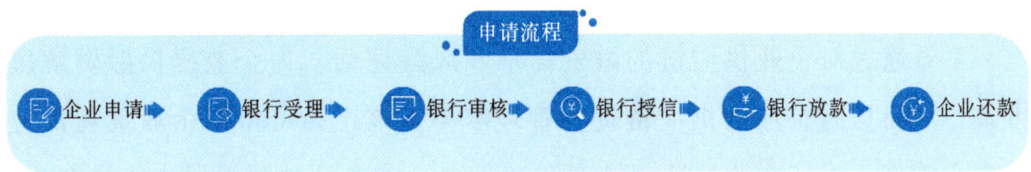

图6-2 债权融资产品审批流程

"YYT"平台债权融资产品类型多样，种类丰富，针对不同时期的企业提供针对性、适应性的科技贷款类型。针对初创期企业，"YYT"平台打造了"苏科贷""科技贷""园科贷"和"知识贷"等产品。其中，"绿色智造贷"是由园区风险补偿资金、银行两方合作，通过"园区资金池+银行"的风险分担模式，面向园区绿色制造和智能制造项目实施和设备生产企业进行贷款支持的金融产品。针对成长期企业打造了"苗圃贷""关助融""扎根贷"和"绿色智造贷"等债权融资产品。其中，"苗圃贷"依托园区风险补偿资金池，与银行、金融租赁企业、融资租赁企业等金融机构合作，金融机构作为贷款资金提供方（以下简称贷款方），园区通过"资金池+贷款方"的风险分担模式，对园区苗圃企业进行贷款支持。截至2022年底，"YYT"平台受理融资需求400余笔，100%受理对接，同比增长37%。

2. 股权融资平台

股权融资平台通过将风险补偿资金池项下的各个金融产品搬至线上，链接需求侧与供给侧，提供实时在线的"债权+股权"融资"云服务"，汇聚了9大类245家金融机构，604位金融顾问可在线对接企业融资需求。疫情期间，该平台进一步提升"不见面、在线融"功能，通过优化"金融计算器"，将企业画像与银行金融产品进行智能测算匹配，企业高效对接金融产品，金融产品及政策精准推送至企业，提升企业融资效率。股权融资平台的服务模式如图6-3所示，平台集聚了来自长三角以及全国各地的优秀产业基金，为平台的中小企业提供融资资源，平台致力于打造成为创新创业企业的综合服务平台，为企业发展壮大提供必要的服务支持，通过平台的撮合，实现资本和科技精准对接。

平台通过对企业供应链的融资需求和风险评估，为企业提供融资解决方案，从而提高企业的供应链资金管理水平。该产品可帮助企业优化供应链资金管理，提高企业的运营效率和竞争力。该产品主要面向中小微企业，提供灵活、低门槛的融资服务，有效降低了企业的融资成本。苏州园区"YYT"平台为中小微企业提供了一种便捷、灵活、低门槛的融资服务解决方案，为企业提供了一种新的融资渠道和融资方式，帮助企业更好地解决融资难题，促进企业的发展和壮大。

图6-3 股权融资平台模式

另外，平台通过合作的融资租赁公司为企业提供租赁服务，帮助企业实现资产扩张和更新，从而提高企业发展能力和资金利用效率。企业可以通过该产品实现多种支付方式，包括转账、批量付款、集中付款等，实现快速、安全、便捷的支付服务。平台还可以为企业提供多维度的数据分析支持，包括账户余额、资金流入流出情况、支付明细等，帮助企业进行资金管理和风险控制。苏州园区"YYT"平台为中小企业提供了一种高效、安全、便捷的资金管理和支付服务解决方案，帮助企业实现资金的高效流转和管理，提高企业的资金使用效率和安全性。

3. 文创慧

为更好地服务文化中小企业，构建具有核心竞争力的现代文化产业集群，文化部和旅游部联合苏州工业园企业发展服务中心，以"文创金融服务"为主题，首次推出文创企业特色金融产品"文创慧"，新增最高单笔贷款本金损失50%的风险补偿金，大幅提升了风险分担比例，全力支持中小微文创企业，助力文创产业高质量发展。如图6-4所示，苏州工业园区企业发展服务中心依托"YYT"平台，面向文化企业融资需求构建"投、贸、担、孵、保"全链条文化金融服务。

图6-4 "文创慧"服务链条

通过上述产品，苏州园区"YYT"平台为中小企业提供了多样化的融资服务，从不同角度解决了企业在融资过程中遇到的问题，提高了企业融资的可获得性和融资效率，促进了企业健康发展。

（二）"YYT"平台成果效益情况

"YYT"平台通过"线上+线下"的一站式、一体化综合金融服务体系，有效地拓宽了企业的融资渠道，解决了企业的融资需求，能够全方位地为企业提供不同层次的金融服务，实现精准对接，化解企业发展瓶颈。具体而言，"YYT"平台共推出"科技贷""苗圃贷""资易通""融易通"等十余项园区特色金融服务，发布普惠性金融产品150多个，截至2022年12月，"YYT"平台注册企业超3万家，累计为1861家企业解决7959笔贷款需求，授信额超 463 亿元。其中 268 家企业通过"科技贷""园科贷""苗圃贷"等政策性金融产品解决融资需求超 20 亿元，支持企业数同比增长 38%，放款金额同比增长近 50%；其中高新技术企业占比 71%，人才企业占比 58%；平均利率 3.95%，比 2021 年同期降幅 15 个百分点。

1. 艾信智慧医疗融资案例

艾信智慧医疗科技发展（苏州）有限公司是一家致力于智慧城市和智慧医院全流程打造的科创企业。自 2013 年进驻苏州工业园区以来，已有 8 年多的历程。受疫情影响，近年来资本市场融资环境并不乐观，公司面临较为紧张的资金需求。在苏州工业园区企业发展服务中心的推荐下，总经理赵平将金融需求发布在"YYT"平台之上。通过平台提供的金融服务，实现与金融顾问的精准对接和及时反馈，公司很快地获得了"真金白银"的支持，最终通过"YYT"平台，艾信申请到超过 1.9 亿元的融资支持。

2. 商旅网通贷款案例

苏州商旅网通科技有限公司成立于 2013 年，是一家经营传统旅游业务的公司。受疫情影响，公司进行产业升级，转型为智能国际物流企业。为此，公司需要进行一系列转型投资，公司计划向传统金融机构申请贷款，但是大部分金融机构对该企业按照传统旅游行业、货运行业进行评估，认为其科技属性不足，不予贷款。经过一番波折，公司将项目挂上了"YYT"平台。平台对公司业务模式进行精准画像，帮助金融机构对新型服务行业科技属性进行准确定位，通过大数据手段评估企业价值，让企业顺利获得"园科贷"500 万元贷款额度，帮助企业迅速在疫情影响中转型恢复。

三、苏州"YYT"金融平台支持企业创新发展模式分析

（一）平台模式类型

园区创新金融政策、产品、服务体系，以金融活水精准"资"润创新之花。其中，"债权+股权""线上+线下"一体化综合金融服务平台——

案例二：苏州"YYT"金融平台支持企业创新的案例分析

"YYT"为企业高效精准对接金融机构提供了实时在线"云服务"。苏州园区"YYT"平台旨在为园区内的中小企业提供便捷、高效的融资服务，平台的运作模式主要有以下 3 种：

1. 金融机构合作模式

金融机构可以通过该平台向中小企业提供贷款、保理等金融服务，为中小企业提供资金支持，同时也可以通过该平台获取更多的客户资源。苏州园区"YYT"平台通过与银行、担保机构等金融机构建立合作关系，将金融机构的资金、信贷产品和服务与平台的中小企业客户进行对接，提供全方位的金融服务。苏州园区"YYT"平台通过与金融机构建立信任机制，使得金融机构可以更放心地参与其中。例如，该平台会对企业进行风险评估，并为金融机构提供风险保障服务，保证金融机构的资金安全。苏州园区"YYT"平台通过与多家金融机构的合作，建立了良好的信任机制和风险保障措施，为中小企业提供了可靠的融资支持，也为金融机构带来了更多的客户资源和业务机会。

2. 数据分析模式

"YYT"利用科技创新及政务大数据整合优势，开放"企业画像"功能，依托政企数据描绘企业精准画像，为金融机构制定智能化普惠金融方案提供参考，为企业提供智能化服务菜单，打造主动型金融服务模式。苏州园区"YYT"平台通过与金融机构的合作，获取各类企业的信用评估数据、财务数据、经营数据等，并通过大数据技术对数据进行整合、分析，为其提供更精准、个性化的融资方案。同时，平台也通过数据分析来优化自身的业务流程和产品设计。"YYT"平台利用大数据技术和人工智能技术，对各类企业的数据进行分析和挖掘，提供可靠的信用评估和风险管理服务，帮助中小企业获取融资，帮助金融机构降低信用风险。

3. 信息共享模式

苏州园区"YYT"平台通过建立企业信息共享机制，将中小企业的基本信息、信用信息、经营信息等与金融机构共享，提高金融机构的风控水平和服务质量。"YYT"平台与苏州市政府、工商局等相关部门建立了数据共享机制，可以在必要时共享企业的注册、行政许可等信息，提高企业融资的透明度和效率。信息共享模式是"YYT"平台重要的一环，通过建立金融机构和企业之间的信息共享机制，实现了信息的互通互联，提高企业的融资效率和金融机构的风控能力，为企业和金融机构搭建了一个更加高效的融资平台。

（二）存在的问题

1. 风险控制存在不足

作为金融平台，风险控制一直是苏州园区"YYT"平台运营中的重要问题。苏州园区"YYT"平台向中小企业提供的贷款多数为无抵押贷款，对借款人的信用状况有较高的要求。然而，在实际操作中，由于中小企业的信用记录较少、财务状况不稳定等因素，容易造成借款人信用风险的出现。平台的借贷双方信息不对称，存在部分借款人隐瞒真实财务状况的情况。这可能导致借款人无法按时还款，从而对平台产生影响。虽然平台在数据分析和风险控制方面进行了大量投入，但是在风险评估和把控方面仍有不足。例如，2020年11月，苏州一家企业借款逾期，导致投资人损失。虽然平台及时介入解决问题，但这种风险事件仍然存在。

2. 资金流动性存在风险

平台在资金来源和资金流动性方面也存在一定问题。在借贷过程中，借款方可能出现违约或者延期还款等问题，导致资金的回流出现延迟或者无法回流。由于借贷双方的需求和供给不同，可能会导致某一方的资金未能及时获得匹配，出现资金流动性问题。平台的投资人主要来自园区内部的企业和个人，缺乏外部资金来源，这对平台的稳定运营和发展造成了一定影响。此外，平台的资金流动性也存在不稳定性，尤其是在疫情期间，部分借款人的还款能力受到影响，导致平台出现资金链断裂的情况。

3. 产品创新性存在不足

平台在产品创新方面的速度和广度仍有提升空间。虽然平台推出了多样化的金融产品和服务，但是相比于一些其他的互联网金融平台，还有较大的差距，需要进一步加强创新能力和拓展服务领域。平台的产品种类相对单一，主要是固定收益类产品。虽然这些产品风险相对较小，但也限制了平台的市场覆盖面和投资回报率。同时，这些产品的收益率相对较低，难以吸引大量投资者，进一步影响了平台的发展。虽然平台推出了多款产品，但大部分都是基于传统金融产品的创新，缺乏真正意义上的创新。另外，平台的产品与用户需求不够匹配。平台在产品设计上也缺乏针对性，很多产品难以满足企业融资的真实需求。

四、苏州"YYT"金融平台支持企业创新建议

（一）完善风险管理机制

建议平台建立企业信用评估体系，对平台上的企业进行信用评估，为金融机构提供更为全面的企业信息，帮助金融机构准确评估企业风险，并且可以鼓励企业加强自身信用建设、风险控制。例如，建议平台引入第三方评估机构对借款人进行评估，加强对借款人的信用调查和审查；加强信息安全保障，提高平台的技术安全性；鼓励平台强化风险控制体系，及时发现和解决可能出现的风险等。

（二）加强资金流动监管

为了防范资金流动风险，苏州园区可以加强对"YYT"平台的监管，制定更加严格的资金管理制度，建立风险管理机制，及时发现并处理潜在的资金流动性风险。设立一定比例的风险准备金，在出现违约和不良资产时进行补偿，降低资金流动性风险。通过将资金投向不同的借款标的，降低单一借款标的风险，提高整体资金流动性。另外，还可以通过建立资产池，将多个借款标的的资产进行打包，形成更加稳健的资产组合，降低资

金流动性风险。

(三) 推广和研发新型金融产品

平台应该加强对新型金融产品的研发和推广，例如区块链、人工智能等技术与金融的结合，为企业提供更加多样化的金融服务。平台应该在产品设计上更加注重用户体验，根据企业的融资需求和实际情况，提供更加个性化的金融服务。加强对市场变化的分析和判断能力，及时调整产品的设计和投放策略，以更好地满足市场需求。随着人工智能等高科技技术手段的发展，政企服务也需要进行现代化变革，适应更快更高效的企业发展需求，借助数字化、智能化等手段，由过去低效的人工服务模式向高效透明的智能模式转变，实现政企服务的现代化升级。

案例三： 湖州绿色金融综合服务平台案例分析

一、案例背景

2005年，时任浙江省委书记习近平同志前往湖州市安吉县进行调研，首次提出了"绿水青山就是金山银山"的重要思想。自此以后，作为"两山"思想的初心始发地，湖州继续坚持美丽乡村、生态屏障和太湖水源保护地的生动实践。2018年，湖州正式加入长三角G60科创走廊，在交通互联方面，围绕沪苏湖高铁的建设，打造铁路、高速、航运等区域一体化交通网络；在科技创新方面，积极参与地区创新引领区的建设，鼓励各类创新资源的集聚，推动区域自主创新能力的提质增速；在区域互融方面，依托南太湖新区的规划建设，紧密围绕产业、科技、人才、开放四个关键词，与其他城市开展深入的交流与合作；在产业互补方面，围绕湖州的"中国制造2025"试点示范城市、国家绿色金融改革创新试验区、国家全城旅游示范区等一系列重大战略的落地，在高端制造、数字经济、生态旅游等新兴产业的发展上，进一步加强与其他城市的产业合作，形成优势互补；在生态治理方面，与区域内的其他城市一起分享"两山"实践的湖州经验，提升区域治理水平，不断推进美丽生态的建设，探索经济高质量发展的湖州模式。

2016年8月，中国人民银行、财政部等七部委联合发布了《关于构建绿色金融体系的指导意见》（以下简称《指导意见》），对我国绿色金融的发展路径进行了总体规划。该《指导意见》将绿色金融定义为为支持环境改善、应对气候变化和资源节约高效利用的经济活动所提供的金融服务，而构建绿色金融体系的主要功能在于动员和激励更多社会资本投入绿色产业的建设，有效抑制污染性投资，促进环保、新能源、节能等领域的技术进步，加快培育新的经济增长点，提升经济增长潜力。为了加快绿色金融建设，探索出一套可推广至全国的绿色金融政策体制，2017年6月，经过通盘考虑，国务院常务会议决定在浙江、广东、贵州、江西、新疆五省（区）部分地区设立绿色金融改革创新试验区，在培育具有地区特色的区域性绿色金融发展模式和绿色金融实现路径上进行有益尝试。其中，浙江省的湖州、衢州两个地区被选为了首批改革试点区，湖州市把改革的重心放在了金融支持绿色产业的创新升级上。

"绿水青山"是湖州经济发展的名片与行动指南。湖州率先在全国发布绿色制造发展指数体系，建立市级绿色智能制造评价体系，先后出台了多部绿色发展相关规则规范，绿色发展成效显著，创新发展势头良好。湖州市根据当地实际情况，开创性地推出了"三位一体"的绿色金融综合服务平台，共设立了"绿贷通""绿融通"和"绿信通"三种绿色金融平台，这三种平台分别对应企业与银行的对接、企业与资本的对接和企业绿色评级的认定等功能。数据显示，自2018年5月上线以来，仅"绿贷通"平台就已帮助7083家企业发布8932笔融资申请，累计授信金额已达642.4亿元。对于这一成绩，中国人民银行、中国绿金委对湖州给予了高度赞誉，省委、省政府也给予了充分肯定，湖州民营企业的反响也十分热烈。

二、湖州绿色金融综合服务平台概述

（一）绿色金融产品

湖州市绿色金融综合服务平台包含了"绿贷通""绿融通"和"绿信通"三个子平台，旨在促进湖州市的绿色经济和可持续发展，提高绿色金融服务的覆盖面和效率，同时也有助于降低绿色项目的融资成本，吸引更多的资金和资源投入到绿色经济领域（见图7-1）。

案例三：湖州绿色金融综合服务平台案例分析

图 7-1 湖州绿色金融综合服务平台主页

1. 绿贷通

"绿贷通"是一个绿色贷款服务平台，旨在为湖州市的企业和个人提供低利率的绿色贷款服务，以支持绿色项目的开展和发展。绿贷通的主要职能是为企业与银行机构搭建贷款服务平台与沟通的桥梁，帮助企业"冲刺式"地完成银行的贷款业务。信贷是社会融资的主渠道，绿色经济的发展离不开商业银行的信贷，绿色信贷是"绿色"在金融信贷业务中的体现，是利用信贷手段促进节能减排、规避风险的金融手段（李淑文，2016），是专门用于支持环保和可持续发展的贷款。与传统的贷款相比，绿色贷款的利率通常更低，还有更灵活的还款方式和更长的贷款期限。"绿贷通"的成立，为湖州市的企业和个人提供了获得绿色贷款的便利途径，同时也提高了绿色金融服务的覆盖面和效率。

"绿贷通"转变了传统的企业贷款申请流程，能够简化审批步骤，提升银行服务质量，推进金融服务行业"最多跑一次"的改革。为满足金融机构服务模式和方式转型的需要，实现金融服务供给的提质增效，"绿贷通"整合了湖州所有银行机构的信贷产品信息，联通湖州市各个有关部门和金融机构的服务资源，将绿色融资过程中的各方突破性地整合在了"绿贷通"这一平台，努力开创绿色融资的新局面。同时，"绿贷通"借助浙江省、湖州市大数据发展管理局及第三方数据机构的数据优势，使得银行向民营企业发放贷款的效率也得到了显著提升。

"绿贷通"主要的服务内容分为图 7-2 所示的四个部分，分别为：申请贷款、信贷超市、担保集市和央行政策支持贷。用户可以通过在线填写申请表格，提交所需材料，完成贷款申请流程。绿贷通会根据用户提交的资料进行审核，为符合条件的用户提供贷款服务。用户可以在平台的信贷超市浏览各类贷款产品，根据自身需求选择合适的贷款产品，并进行申请。平台还能够为需要担保的用户提供担保服务，帮助用户提高贷款申请的成功率。平台上有多家担保公司入驻，用户可以根据自身需求选择合适的担保公司进行合作。通过提供央行政策支持贷服务，平台可以帮助用户获得央行支持的贷款产品，平台上有多家符合条件的银行入驻，用户可以选择合适的银行进行贷款申请。

图 7-2 "绿贷通"主要服务内容

"绿贷通"平台内所有的服务内容都只需要简单的"五步直通"解决，大幅缩短了企业进行银行贷款业务的时间，提高了服务效率的同时，也促进了企业创新创业的积极性，形成了良好的营商环境。通过绿贷通平台，湖州市的企业和个人可以申请各种类型的绿色贷款，例如用于节能环保的贷款、用于可再生能源项目的贷款等。同时，平台也提供了专业的绿色贷款咨询和评估服务，帮助申请人了解贷款的条件和要求，并为申请人提供必要的支持和帮助。具体如图 7-3 所示。

图 7-3 "绿贷通"服务步骤流程

在平台内的所有业务中，最具特色的是"信贷超市"，它旨在通过金融科技手段来催生贷款新模式，引导企业形成"贷款也可以网上购"的理念，

案例三：湖州绿色金融综合服务平台案例分析

具体如图7-4所示。"超市"中下设分类清晰的贷款类型，包括绿色企业贷、科技企业贷、碳减排贷等众多常见贷款类别，同时额度范围、年息范围、期限范围以及受理时间等重要贷款数据高度透明，在政府平台的公信力下，为中小微企业快速精准地选择贷款类型提供了便利与安全。

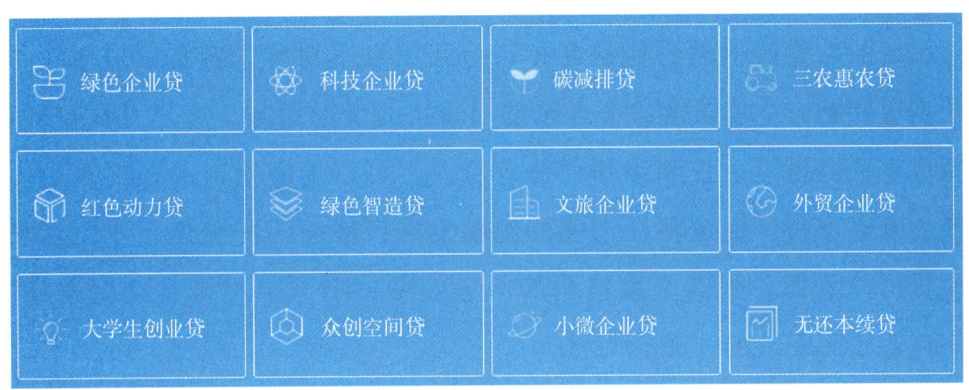

图7-4 "信贷超市"贷款种类一览

"信贷超市"中还提供了"政采贷"——政府采购供应商的这一金融专属服务，如图7-5所示。通过政府采买，直接对接企业贷款订单，大大节省中小微企业中间对接过程的时间与资金流通。目前合作银行有：湖州银行、吴兴农商银行、中国农业银行、中国工商银行和中国建设银行等。

图7-5 "政采贷"的贷款订单统计

此外，平台上其余三种服务内容："担保集市"在市银保监局、市法院、市财政局、市公安局等有关部门的支持下，通过与湖州市有关保险与

117

担保公司合作，对企业的贷款金额与业务进行担保，为绿色信贷业务提供了强有力的保障，让银行与企业都能"放心贷"；"申请贷款"通过账号注册、实名认证、融资申请、提交成功这四个步骤来直通式解决；"央行政策支持贷"是国家宏观调控，通过设立贷款的优惠政策来为企业贷款提供便利，目前包含防疫、惠农、惠小、惠企等5种政策支持贷。

传统的信贷授信模式普遍存在银企间信息不对称、融资渠道单一、流程烦琐等问题。"绿贷通"平台通过一站式的金融服务，凸显其绿色环保、融资成本低、风险可控和申请便捷等特点，可以为湖州市的环保企业提供有效的融资支持，促进环保产业的健康发展，精准匹配绿色企业的需求与金融机构的资源，提高金融机构的服务效率，降低中小微企业融资成本，努力打造永不下线的"银企对接会"。

2. 绿融通

"绿融通"是一个绿色融资服务平台，它为湖州市的企业和个人提供绿色融资服务，包括发行绿色债券、股权融资等，以支持绿色项目的融资需求。与传统融资方式相比，绿色融资的利率通常更低，还有更灵活的融资方式和更长的融资期限。"绿融通"的成立，为湖州市的企业和个人提供了获得绿色融资的便利途径，同时也提高了绿色金融服务的覆盖面和效率。绿融通主要职能是为企业与资本机构搭建融资服务平台与沟通的桥梁。其中，投资机构包含天堂硅谷、普华资本、毅达资本等多家知名机构，投资项目领域则包含信息科技、生物医药、健康产业等热门行业，旨在着力改善企业融资慢、融资难等一系列融资难题，突破投资人难以找寻到理想投资项目的瓶颈。

"绿融通"平台能够为绿色项目发行债券，支持环保、清洁能源、资源循环利用等领域的企业获得融资、风险投资和股权投资。其服务方式分为"找项目"和"找投资"两种，分别便利企业与投资人两种用户群体，方便双方在平台上进行资金的融通，如图7-6所示。

案例三：湖州绿色金融综合服务平台案例分析

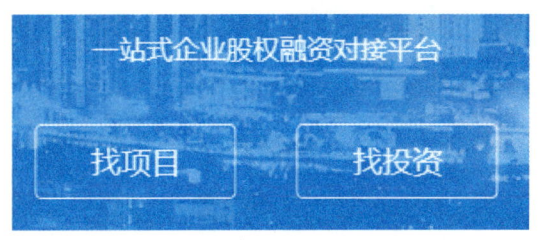

图7-6 "绿融通"平台服务内容

"绿融通"平台秉持四大原则：一是坚持梯度培育，推动企业股改。为作为重点股改对象的优质企业资源建立"绿色通道"，实行分类指导、滚动培育、梯度推进，为推动企业挂牌上市工作打下坚实基础。二是坚持政府引导，优化上市环境。进一步加大政策扶持力度，提升专业服务水平，优化企业上市环境，切实提高企业对接多层次资本市场的积极性和主动性。三是坚持企业壮大，鼓励并购重组。积极引导企业利用融资工具进行再融资，通过资产重组、企业并购等手段，改善企业资产结构。四是坚持典型示范，引领产业升级。充分发挥已上市企业典型示范作用，通过"以大带小"，整合产业链条，引领区域技术创新，促进产业转型升级，带动全市经济跨越发展。

3. 绿信通

"绿信通"则是一个绿色信用服务平台，为湖州市的企业和个人提供绿色信用评级、绿色信贷担保等服务，以提高绿色金融的风险管理水平和信用保障水平。"绿信通"是企业与项目绿色认定平台，专为建立绿色项目（企业）库而搭建的绿色项目（企业）认定评价"一体式"服务平台，旨在发现项目的绿色价值，促进环保和经济社会的可持续发展。

服务内容"五步一体"，顺序分别为：条件筛选、条件认定、绿色评价、第三方复评和平台管理，如图7-7所示。

此外，为拓宽企业和项目的融资渠道，提升银行机构在绿色企业和绿色项目融资过程中识别绿色属性的能力，促成企业和银行机构的有效对接，平台在评估对象、评估方法和评估等级结果上作了进一步划分。对绿色项

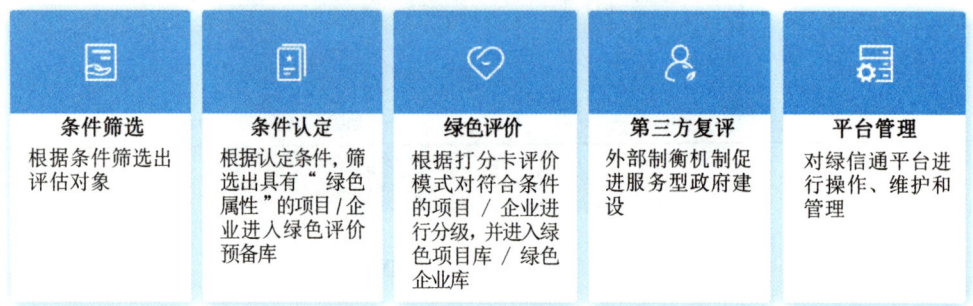

图 7-7 "绿信通"服务流程

目(企业)由低到高设置了"浅绿""中绿""深绿"三个级别,分别在投融资过程中给予不同程度的政策扶持,进一步鼓励企业高质量绿色创新发展,如图 7-8 所示。

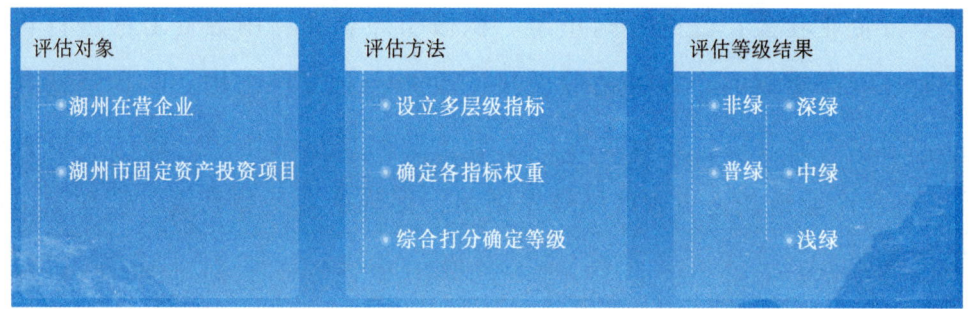

图 7-8 "绿信通"评估对象、方法及等级结果划分细则

"绿信通"是湖州市建设国家绿色金融改革创新试验区的重要举措,借助浙江省大数据管理局、湖州市大数据管理中心等机构的数据网络,对企业的绿色属性进行认定过程中的难点进行精准识别,分级评定企业的环境信用水平,将企业的环保行政处罚、绿色创新进展等关键信息进行自动化、可视化的处理(钱立华等,2020)。通过"绿信通"平台,湖州市的企业和个人可以申请各种类型的绿色信贷,例如绿色信用卡、绿色小额信贷等。同时,平台也提供了专业的绿色信贷咨询和评估服务,帮助申请人了解信贷的条件和要求,并为申请人提供必要的支持和帮助。同时,"绿信通"平台还推动了银行机构实施绿色贴标,旨在帮助银行机构科学判断企业的绿

色属性，同时推进企业绿色化转型升级。

（二）投贷情况

在"绿贷通"平台官网发布的新闻公告中可以看到，2020年5月签约的6个金融支持授信项目，授信总额达173.1亿元。其中，由工商银行、农业银行分别对天能控股集团有限公司投资的天能绿色制造产业园、天能太湖科技城、高性能聚合新材料项目、锂电池项目等，授信50亿元，累计授信超100亿元，是该次签约的最大签约金额。

根据"绿融通"平台的历史数据，自2018年8月1日起至2021年8月1日，平台共发布的融资总金额达到了67.91亿元，参与的机构数量超过了100家，平台项目数超过了300个。其中，节能环保、新材料、时尚精品和健康产业等行业排在全行业融资总额的前列。投融资项目分布在湖州市下属的6个区县中，作为2019年全国营商环境百强县的长兴县在该平台上申报的融资项目最多，其余各区县项目的数量分布整体较为平均。

（三）平台服务特点及优势

1. 地方政府部门集中参与，提升审批效率

湖州绿色金融综合服务平台由湖州市金融办、市人民银行、市银保监局三方共同主办，由南太湖绿金院负责运营，得到了市法院、市财政局、市公安局、市大数据局、市税务局、市生态环境局和市商务局等相关部门的大力支持。通过融合上述职能部门的政务功能，借助信息科技、金融科技手段，"绿贷通"平台能够精准高效地对企业进行信息核验，在保障信息可靠、数据真实的前提下，进一步提升企业的融资效率。企业只需向银行提供必要的数据信息，便可足不出户地享受到银行提供的优质服务。

此外，为了进一步提高银行工作效率，规范审批流程，"绿贷通"还建立了限时受理机制，制定了"139"工作要求。要求银行在企业提出申请后的1个工作日内给予回复，3个工作日内主动与企业对接，提供所需服务，并在9个工作日内完成对企业资质的评估，相较传统的融资服务流程，审批

效率有了大幅提升，大幅缩短了企业的融资周期。

2. 金融服务高度整合

湖州绿色金融综合服务平台涵盖了绿色信贷、绿色投资、绿色评估等中小微企业的绿色金融需求，其中还包括"信贷超市""担保集市""央行政策支持贷"等细分产品。平台产品种类丰富、分类明确，有利于企业线上自助绿色借贷，提高了绿色金融发展的便捷性和科技性，体现了金融科技推动中国绿色金融可持续发展的积极作用。

与此同时，在微信中同步开通了"绿贷通"的公众号，其中包含了"找贷款""找资本""找担保"三个服务渠道，有利于满足不同群体的需求，增加普及率，促进金融服务更加全面和高效。

3. 缓解双方信息不对称与融资难、融资贵

银行与企业间的结构性不匹配导致了企业在融资过程中常常面临融资难、融资贵等问题。在信贷审批的过程中，由于各家银行的市场定位、风险偏好、授信政策等存在巨大差异，企业的融资效率很难有所保障。针对这一问题，"绿贷通"联合了全市35家不同类型、不同特征的银行机构，将它们的314款金融产品搬出了银行柜台，摆上了"绿贷通"的融资平台，打造"信贷超市"，将这些产品的信息透明地展现在企业面前，大幅提升了企业的融资效率，从根本上缓解了银企间的供求错配与信息不对称等问题。同时，35家银行的314款金融产品同台展示，会让银行间产生良性竞争，进一步让利于企业，这也从一定程度上缓解了企业融资难和融资贵的问题。"信贷超市"的功能如图7-9所示。

图7-9　"信贷超市"

案例三：湖州绿色金融综合服务平台案例分析

在方便企业选择与自身需求相契合的信贷产品的同时，平台也引导银行根据不同企业的融资需求开发更具针对性的产品，有效提升企业的融资效率，降低企业的融资成本。同时，信息也变得更加透明，企业等主体均可在平台查询融资情况，有效降低信息不对称程度，具体如图7-10所示。

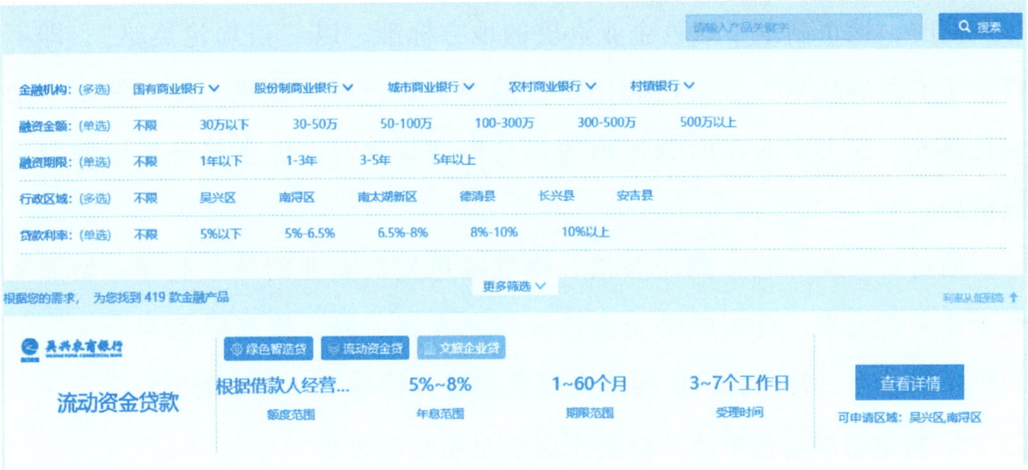

图7-10 "绿融通"网站数据页面

4. 建立产品分类机制

"绿贷通"还对这些产品进行了专门的分类，用户可以根据金融机构、融资金额、融资期限、行政区域、贷款利率等产品特征进行快速筛选和检索。同时，"绿贷通"还推出了针对绿色产业发展、小微企业、大学创业等不同需要的特色产品，进一步满足不同类型企业多元化的融资需求。

5. 建立激励机制和评价体系，助力企业绿色发展

根据湖州市设立的绿色融资企业和项目评价规范，"绿贷通"全方位地评估企业的绿色经营绩效，将其分为"深绿""中绿"和"浅绿"三个类别，让不同绿色程度的企业能分别享受到12%、9%和6%的财政贴息优惠。通过这种差异化的政策激励手段，更好地引导金融资源流入绿色产业、绿色企业和绿色项目。绿色企业和项目的评定情况如图7-11所示。

图 7-11　绿色企业和项目评定情况

同时，该市制定了绿色企业资质的地方标准，以"亩均论英雄"，即不得给予资源消耗量大且亩均利用率低的企业绿色融资优惠。除了被剥夺融资优惠外，这类企业在向湖州市的银行申请贷款时，也会被施加限制与惩戒措施。

通过"一奖一惩"两个举措，降低绿色发展企业的贷款利率，增加灰色企业融资成本，有效鼓励企业选择绿色发展道路，提高绿色企业发展的积极性和活力，符合我国倡导的走绿色金融可持续发展道路的方向。

6. 利用金融科技手段，精确企业信息和金融监管

已有的研究指出，金融支持绿色发展，不仅仅需要提升资金支持规模，更需要加强对资金使用的监督。这就需要在增加资金支持的同时，完善有关监督措施，加大资金使用的监督力度，提升资金使用效率（黄建欢等，2014）。在绿色信贷的监管层面，由央行牵头建设的绿色金融信息管理系统率先在湖州市进行试点。该系统集绿色信贷统计分析、绿色信贷流程监管和绿色信贷政策实施效应评估等功能于一体，利用包括大数据、人工智能、云计算等在内的新型金融科技手段，创新性地构建了一个数据可溯源、可比较、可计量的绿色信贷业务信息管理平台，让绿色金融数据报送更及时、信息数据更全面、监管考核更透明，让绿色信贷的全过程都看得见、摸得着。此外，湖州市银监局还建立了以绿色信贷投放额增长率为标准的绩效考核机制，每年都会对湖州市银行类金融机构绿色信贷投入进行绩效考核（裴育等，2018），进一步强化了监督治理效应。

截至2022年年底，该系统完成了与湖州市辖区内的全部银行与人行端

（湖州市中心支行）的对接工作，真正意义上实现了全量、实时、可靠的数据报送。同时，人民银行湖州市中心支行实现了对辖区内所有银行绿色信贷业务的精准信息统计、全面信息管理和有效业绩评价。湖州市金融办牵头构建湖州市绿色金融综合服务平台，将金融机构所需的资料和数据进行系统整合、分类归集，目前已汇集了湖州市辖所有36家银行和300余款信贷产品，协同湖州市工商、税务、环境等31个主管部门单位提供的企业信息，打破数据壁垒，降低成本的同时提升协作效率，实现了跨部门信息实时共享，有效缓解了企业的融资难题。

三、湖州绿色金融综合服务平台模式分析

（一）绿色金融综合服务平台模式类型

绿色金融服务平台集政策、中介、咨询、产品、信息服务等综合性金融服务于一体（见表7-1），涉及政府、金融机构、第三方认证机构等多方主体，打通了原本的信息壁垒。平台的架构设计确保相关参与方的信息共享，明确了各方的利益诉求，保障了金融机构等参与方与服务平台之间的黏性，能够形成长期可持续的绿色技术金融平台运作体系。

表7-1　　　　　　　　　　平台相关参与主体

平台名称	主办单位	承办单位	合作单位
湖州市"绿贷通"	金融办、市人行、市银保监局	南太湖绿金院	34家商业银行作为合作金融机构，浙江省、湖州市大数据发展管理局等
邢台市"邢易融"	邢台市地方金融监督管理局	河北省农联社邢台审计中心	15家商业银行作为合作金融机构，由承办单位联系商业银行和一些金融机构作为投资、担保机构
成都市"绿蓉通"	成都香城投资集团有限公司	成都香城绿色金融控股有限公司	25家金融机构，成都市香城中小企业融资担保有限责任公司（政府成立的政策性担保公司）等

其中,"绿贷通"作为湖州市为建设国家绿色金融改革创新试验区、推进金融领域"最多跑一次"改革而搭建的银企对接服务平台,得到市法院、市财政局、市公安局、市大数据局、市税务局、市生态环境局、市商务局等相关部门的大力支持;通过对接浙江省、湖州市大数据发展管理局及第三方的相关数据,大幅提升了银行机构授信审批的效率。

这种由政府"搭台",企业和金融机构"唱戏"的模式,减少了双方信息不对称、需求不匹配等问题,充分提高了企业融资和申请贷款的效率,在全国多地都得到了落地,并且已经取得了一定的成果。

(二)绿色金融支持企业绿色发展的作用分析

1. 绿色金融发展面对的困境

对于企业而言,绿色技术的创新与落地应用要兼顾生态资源、环境与社会后果,同时存在技术要求高、复杂程度高、研发周期长、投资回报周期长、难度大、风险大等问题,尤其是在绿色技术研发初期,需要一次性大量资金的投入,可能在未来很长一段时间无法获得回报,很多企业难以承受如此大的风险。通常情况下,绿色项目的平均投资回报率为5%—6%,与金融机构所要求的6%—10%的投资回报率之间存在明显差距(邓佳莉等,2020)。我国的绿色金融由于起步较晚,目前仍然集中于绿色信贷和绿色债券,而像绿色基金、绿色证券等新兴的金融产品还比较匮乏。

此外,绿色发展的本质是追求人与自然的和谐相处,实现高质量可持续发展,本身带有较强的公益性;而金融业以盈利为目的,资本逐利的特性难以改变。绿色金融本身还潜藏着绿色发展的公益性与金融业追求的盈利性之间的矛盾。

2. 利用金融科技推动企业绿色金融发展

绿色金融综合服务平台利用金融科技推动绿色金融发展,包括运用互联网、大数据等技术搭建绿色金融投融资服务平台,减少信息不对称,帮助企业的绿色项目与金融机构对接,助推绿色技术成果转化,实现长效利

案例三：湖州绿色金融综合服务平台案例分析

益共享。绿色金融综合服务系统借助大数据等金融科技手段，由政府"搭台"，使企业和金融机构共同发挥主观能动性来"唱戏"的模式，相较于传统的企业"求上门"的模式更具有可持续性，可以更加充分地激发企业的发展潜力，发挥金融中介服务实体经济绿色发展的实质性作用（见图7-12）。

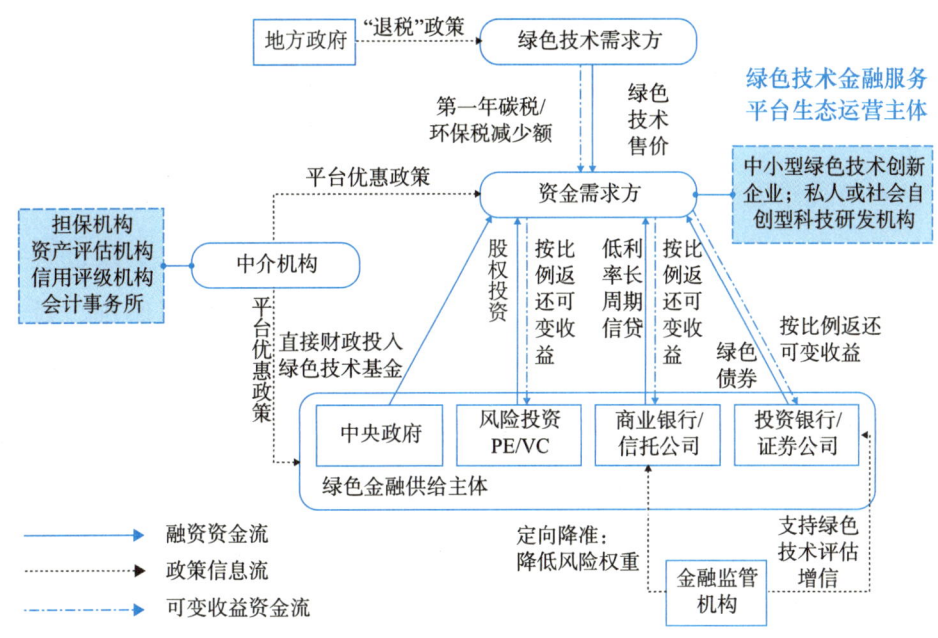

图7-12 绿色金融服务系统示意图

（三）发展问题分析

1. 绿色金融产品创新不够

为了应对环境挑战，发达国家已经在绿色保险、绿色消费信贷、绿色股权融资、绿色资产证券化等金融产品上积累了很多成功经验（马骏，2015）。而目前国内已有的绿色金融产品主要还是围绕绿色信贷、绿色债券以及碳交易等，服务对象和内容仍比较单一，金融产品缺乏流动性，对中小微企业缺乏吸引力，不能满足中小微企业的实际需求。部分省市的绿色金融产品对象以企业为主，对面向个人消费者的绿色信贷产品缺乏重视。

除此之外，绿色金融创新发展也离不开完善的服务平台。很多省份的绿色金融服务平台页面老旧、资讯过时，无法将各方资源与需求进行有效整合，亟须进一步优化和完善。

2. 绿色金融创新发展信息不对称

绿色金融创新发展的信息不对称主要表现在金融机构与企业间的信息不对称。一方面，国内绿色金融尚在起步阶段，具有相关资质的第三方评估机构数量较少，而环保企业的业务呈现范围广泛、环节复杂、信息采集困难等特点。现存的评估机构很难从根本上破解环保企业与金融机构之间的信息不对称难题。另一方面，虽然我国在2016年就开始构建绿色金融体系，但至今尚未形成统一的企业绿色信息披露法规。各地在实践过程中存在较大差异，部分行业或地区对绿色信息披露主要遵循自愿原则，对企业的监督作用十分有限。从投资绿色产业、项目和开展绿色生产活动的市场参与者的角度看，绿色信息披露提高了运营成本，导致其向社会公开披露的信息有所选择，进行信息披露的积极性不高。同时，绿色产业发展过程中存在的投资风险高、回报周期长等问题，直接导致市场主体对投资绿色产业主动性不足，"洗绿""漂绿"等现象层出不穷，使绿色经济陷入"柠檬市场"的窘境。

3. 实际融资规模与需求存在较大差距

根据湖州市绿色金融综合服务平台官网公布的数据来看，自2018年8月1日起至2021年8月1日，平台累计发布的融资需求达到了67.91亿元，但实际完成的融资金额仅为2.26亿元，占比仅为3.3%。可见金融机构对于投资绿色金融产业缺乏较高的积极性，目前的投贷模式与投资规模，与实际需求仍存在较大的差距，不能满足企业发展的实际需求。

4. 两极分化使绿色评价体系背离初衷

绿色评价体系的建立旨在引导企业向低污染、绿色经营的方向发展，它有助于低污染企业降低融资成本，鼓励企业进一步优化、巩固自身取得的绿色经营成果。但与此同时，该评价体系在客观上也使那些高污染企业融资成本增加，低污染企业与高污染企业的融资成本日益出现两极分化的态势，高污染企业发展与改革的潜力受到制约，不利于高污染企业向绿色经营的方向转型升级，这样的结果有悖于绿色评价体系建立的初衷。

四、湖州绿色金融综合服务平台发展建议

（一）扩大产品的种类以适应企业实际需求

绿色金融综合服务平台目前仅有"绿色信贷"和"绿色融资"两种绿色金融产品。其中绿色融资集中在 A 轮及以前，但是能够持续发展，存活至 A 轮以后的企业少之又少，企业的绿色发展潜力受到制约。金融机构应当积极丰富产品，增加"绿色资产证券化""绿色股权融资"等更具流动性的金融产品，提高投资方的积极性，同时也帮助小微企业更好地成长。

（二）推进第三方机构与相关地方性法规的完善

完善相关绿色评价体系，引进具有相关资质的第三方评估机构，应对复杂的绿色评估要求。同时，出台相关地方性法规，对绿色信息披露做出更加严格、具体的要求，进一步消弭企业与金融机构之间存在的信息差，用绿色政策为绿色投资与绿色发展保驾护航。

（三）扩大涵盖的金融机构的范围

目前，湖州绿色金融综合服务平台所面向的企业、银行、资本均为湖州市内的本地单位。可以在这种服务模式相对成熟后，将面向的金融机构扩展到省内的其他银行和机构，进一步扩大融资的渠道与范围，扩大融资整体规模，以满足更多企业的实际发展需要。

（四）完善绿色评价体系

在加强第三方评价机构建设的同时，建议进一步完善评价体系，将企业的资金用途也纳入贷款发放的考量标准。对高污染企业贷款用于提升企业自身的绿色发展程度的，也应当给予一定的政策优惠，鼓励其向绿色、

高质量发展的道路前进，真正做到用绿色金融来帮助企业绿色发展。

综合而言，湖州作为"绿水青山就是金山银山"理念诞生地和全国首个地市级生态文明先行示范区，应坚持绿色发展、创新发展和协调发展的道路，在长三角区域一体化发展国家战略下，积极依托绿色金融综合服务平台等独特机制融入长三角，充分利用长三角 G60 科创走廊的发展机遇，探索长三角区域高质量一体化发展的现实路径，打造长三角区域绿色发展示范引领区。

案例四： 嘉兴 LYKJ 公司 IPO 募资成效及风险分析

一、案例背景

科技创新在中国式现代化建设全局中处于核心地位，金融是中国现代化经济建设的关键内容。科技创新激活金融发展，同时金融发展也能够助力科技创新，二者相辅相成、双向赋能。打造科技金融生态，提供精准的金融支持，是催生嘉兴市经济开出"科创之花"的生命源泉。嘉兴市较早就已布局科创金融，2014 年 3 月，嘉兴市人民政府印发的《嘉兴市创建省科技金融改革创新试验区行动方案》（以下简称《行动方案》）提出，将嘉兴建设成为科技企业创业创新的活跃区、创业投资基金的集聚区、科技金融服务创新的先行区、对接多层次资本市场的示范区、长三角科技金融合作的前沿区，成为全省科技金融发展高地。在《行动方案》目标的指引下，嘉兴市用了两三年时间摸索出一套科创金融"嘉兴模式"，为入选国家科创金融改革试验区奠定了坚实的基础。2020 年 10 月 27 日，科技部等六部委联合印发了《长三角 G60 科创走廊建设方案》，进一步明确了贯穿上海市松江区，江苏省苏州市，浙江省杭州市、湖州市、嘉兴市、金华市，安徽省合肥市、芜湖市、宣城市九个城市建设"中国制造迈向中国创造的先进走廊、科技和制度创新双轮驱动的先试走廊、产城融合发展的先行走廊"的战略定位。九城市协同联动，共同打造世界级产业集群，共同打造科技创新策源地，共同打造产城融合典范，共同打造一流营商环境。

2022 年 11 月 18 日，中国人民银行等八部委印发《上海市、南京市、杭州市、合肥市、嘉兴市建设科创金融改革试验区总体方案》（以下简称

《总体方案》），明确提出"带动嘉兴市争创长三角科技成果转化高地和科创金融一体化服务基地"。在一系列政策法规的引领下，嘉兴市在科创金融方面的举措主要有以下四个方面：一是嘉兴市科技金融服务中心。嘉兴市设立了科技金融服务中心，为科技创新型企业提供融资、投资和金融支持，助力其发展壮大。二是科技创新基金。嘉兴市设立了科技创新基金，用于支持本地科技创新企业的研发、转化和市场推广等工作。三是金融科技创新园区。嘉兴市打造了金融科技创新园区，为金融科技企业提供优惠政策和创业环境，吸引和扶持金融科技创新项目。四是科创板上市支持。嘉兴市积极支持本地科技企业通过科创板上市，为其提供相关政策和服务，助力科技型企业成长和发展。

《总体方案》正式发布，建设科创金融改革试验区的五个成员中，嘉兴是唯一一个地级市。嘉兴市能在众多强市中脱颖而出，成为国家科创金融改革试验区，得益于前期在科创金融领域的不断探索。众所周知，金融服务科创企业通常有两个渠道，一是债权融资，如银行信贷、发行债券等；二是股权融资，如风险投资、创投、直接上市等。在银行信贷方面，嘉兴市各银行创新推出了投贷联动、科技积分贷、人才贷等创新型金融产品。在债券融资方面，嘉兴科技城投资发展集团有限公司（以下简称嘉科集团）2022年面向专业投资者非公开发行创新创业公司债券（第一期），发行规模4.1亿元，期限3+2年，票面利率3.40%，全场认购倍数4.12倍，得到市场投资者的充分认可。债券募集的资金主要用于支持生物医药、芯片制造、高新制造等科技创新企业发展，对推进嘉兴市深化长三角一体化战略具有深远意义。在股权融资方面，嘉兴市的高新技术企业也进行了深度探索。截至2021年11月，嘉兴市共有49家A股上市公司，总市值接近1万亿元。其中，在上交所主板上市的有26家，在深交所主板上市的有14家，在上交所科创板上市的有3家，在深交所创业板上市的有6家。

2020年9月，国家主席习近平同志宣布"碳达峰、碳中和"目标，标志着中国在应对气候变化和推动低碳发展方面迈出了重要的步伐。"双碳"

目标为水务处理行业带来了新的发展机遇。浙江LYKJ作为国内环保水处理领域的领先企业，于2021年5月成功上市。本部分以LYKJ为研究案例，探讨科创企业募资成效及IPO后可能存在的风险，并提出相应的政策建议。

二、LYKJ企业简介及募资情况概况

（一）企业简介

LYKJ成立于1999年，自成立以来一直专注于环保水务处理领域，是一家拥有自主知识产权核心技术的高新技术企业，是国内极少数能够为核能发电厂提供凝结水精处理设备的供应商。LYKJ一直秉持绿色发展理念，致力于打造环保产业链，将绿色环保技术和产品不断应用于各个领域。LYKJ在推动绿色发展方面取得了显著成果，在国内外市场上享有较高的声誉。LYKJ主要从事核能和火力发电厂、冶金、化工等工业企业及市政行业的水处理系统设备研发、设计和集成业务，同时为电力企业提供智能电站设备的研发、设计和系统集成服务。LYKJ有三大核心技术产品，分别为凝结水精处理系统设备、除盐水处理系统设备和污水处理系统设备，能够根据客户需求量身定制绿色环保解决方案，提供从技术研发到设备制造、安装调试和售后服务的一站式解决方案。LYKJ在科研能力、环保技术以及一体化服务方面均具有一定的优势。

1. 研发能力

LYKJ致力于水务处理技术研发数十载，其依靠核心技术形成的凝结水精处理设备和海水淡化处理设备均已实现进口替代。该公司拥有一支专业的研发团队，包括工程师、科学家和技术专家等，团队成员具备丰富的行业经验和专业知识，在水务处理领域具有深厚的技术功底。该公司坚持人才引进与培养并举，依靠优秀的人才打造自身的核心竞争力，截至2021年12月31日，该公司拥有研发人员61人，占员工总数的比例高达41.50%，

拥有授权专利43项，其中发明专利11项，实用新型专利32项，另有软件著作权15项。LYKJ的研发产品"核电1000MW机组凝结水精处理系统装置"于2015年被认定为"浙江省装备制造业重点领域省内首台（套）"产品，于2016年获嘉兴市科学技术一等奖，并于同年登记为"浙江省科学技术成果"，入选"浙江制造精品"名单。LYKJ的研发产品"10万吨/天热膜联产海水淡化装置"于2019年被认定为"浙江省装备制造业重点领域首台（套）"产品，并于同年入选"浙江制造精品"名单，于2020年被认定为"浙江省科学技术成果"。

LYKJ作为"高新技术企业"，曾获得"国家专精特新'小巨人'企业""浙江省隐形冠军企业""嘉兴市创新型企业"等荣誉称号，并建立了"省级高新技术企业研究开发中心"，专注于1000MW及以上的大型核能发电厂与火力发电厂的凝结水精处理系统设备、除盐水处理（含海水淡化）系统设备以及污水处理系统设备的研发、设计与集成，同时扩展其他行业水处理技术产品和发变电综合自动化产品的研发、设计与集成。

2. 领先技术

LYKJ一直秉持着绿色、环保的发展理念，致力于研发和推广各种环保技术和产品，为环保事业作出了积极贡献。自成立以来一直致力于水处理系统市场的探索，在研发及技术团队的不断摸索创新下，LYKJ以高塔法凝结水精处理和热膜耦合海水淡化核心技术为依托，在核电凝结水精处理系统设备和海水淡化系统设备两个方面实现了进口替代。公司在与股东美国LY的协力探索下，于2010年将改进后的核电机组高塔法凝结水精处理技术引入国内，并应用于中核方家山核电2×1000MW机组，随着该机组陆续于2014年和2015年投入商业运行，1000MW核电机组凝结水精处理系统设备实现了国产化，实现了凝结水精处理技术在核电领域的进口替代。

LYKJ积极配合我国核电自主化、国产化的发展战略，不断提升产品的综合竞争力，并通过持续的技术创新，不断保持了国产凝结水精处理技术的先进水平，有力地支持了我国先进核技术的发展。我国具有自主知识产权的三代核电"华龙一号"国内首堆工程及国外首堆工程的凝结水精处理系统设备均系LYKJ提供。对于我国鼓励的具有示范效应的快堆等先进核能技术的落地，LYKJ也积极配合并参与示范快堆工程的商业化应用，在该等技术领域已经处于行业先行地位。

LYKJ在海水淡化系统设备领域也成功实现了进口替代。LYKJ的热膜耦合海水淡化技术可以稳定地大规模应用于国内大型海水淡化项目，处于国内领先水平，在与国外公司占据主要份额的大型海水淡化系统设备的市场竞争中占据一席之地。《2019年全国海水利用报告》显示，由LYKJ承做的河北丰越能源科技有限公司10万吨/天海水淡化项目是截至2019年末国内115个海水淡化项目中仅有的2个利用"反渗透膜低温多效"（即热膜耦合）工艺的项目之一。上述项目的建设使得国内企业在热膜耦合新工艺运用方面实现了较大技术突破和相对国外企业的跨越发展，在10万吨/天以上的大型海水淡化工程建设方面打破了国外企业接近独占的局面，在工艺和规模两方面实现了海水淡化领域的进口替代。

3. 一体化服务优势

经过多年发展，LYKJ已经形成了集设计、采购、管理、调试等于一体的全方位的技术服务能力，具备一定的一体化服务优势。

第一，较强的研发设计能力。作为专注于从事环保水处理业务的企业，LYKJ目前已经建立了一套集环保水处理工艺系统、控制系统和电气系统的研发、设计与集成于一体的、具有自主创新能力的技术体系。同时，LYKJ拥有一支专业技术实力较强、具有持续创新能力的技术和研发团队，形成了较硬的研发设计能力。

第二，良好的采购控制能力。一套完整的大中型水处理系统设备的集成涉及数百种不同类型设备的组合与调试，原材料的选型与供给关系到整套系统的造价、质量等关键问题。经过多年的发展，通过数百个水处理项目的经验积累，LYKJ已经形成了一整套的供应链管理方案，并且与水处理系统设备的部件供应商建立了良好的合作关系。

第三，完善的项目管理能力。LYKJ建立了项目经理负责制度，由项目经理对每个项目进行分配和监督。同时，LYKJ建立了以项目为单位的快速反应机制，对客户的要求及时反馈并快速解决，为客户提供一流的服务。

第四，高效的现场服务能力。LYKJ拥有一支由资深的水处理专家、项目经理及工程调试技术人员组成的现场服务队伍，结合LYKJ自主研发的、由PLC或DCS控制全自动运行的全套水处理系统软件，能够在现场进行各个环节的安装、调试。

基于一体化的服务优势，LYKJ面向各大发电集团、大型工业企业及其下属企业，提供了数百套水处理项目的系统设计、设备集成等产品和技术服务，产品质量及服务能力得到了客户的广泛认可，形成了优良的市场美誉度和品牌知名度。

（二）股权结构

LYKJ的董事长、总经理是SWZ，副总经理、董事会秘书兼财务总监是SXE。IPO前后，SWZ均为LYKJ实控人。在IPO之前，SWZ持股比例为42.81%，深圳市中广核汇联二号新能源股权投资合伙企业（有限合伙）持股比例为6.23%，金善杭持股比例为3.68%，SXE持股比例为3.49%，海盐联海股权投资基金合伙企业（有限合伙）持股比例为3.18%。SJW、SJQ和LWT分别持有公司1.25%、1.25%、1.25%股权。其中，SJW、SJQ和LWT为SWZ的女儿。在IPO之后，SWZ持股比例为32.1%，深圳市中广核汇联二号新能源股权投资合伙企业（有限合伙）持股比例为4.68%，金善杭持股比例为2.76%，SXE持股比例为2.62%，海盐联海股权投资基金合伙企业（有限合伙）持股比例为2.39%。

（三）IPO募资情况

2021年5月13日，LYKJ首次公开发行股票并正式在上海证券交易所科创板挂牌上市，股票简称为LYKJ。保荐机构（主承销商）为中信证券股份有限公司，保荐代表人为胡ZY和李S。本次发行股票数量为2675.00万股，发行人与主承销商协商确定发行价格为9.39元/股。上市首日，LYKJ收盘价报26.00元，与发行价相比涨幅为176.89%，成交额为3.83亿元，换手率为71.16%，总市值为27.81亿元。本次募集资金总额为2.51亿元（25118.25万元），扣除发行费用后，募集资金净额为1.98亿元（19840.52万元）。LYKJ最终募集资金净额比原计划少1.61亿元（16073.42万元）。本次募集资金主要用于水处理系统集成中心及PTFE膜生产项目、研发中心建设项目和补充流动资金项目。

三、LYKJ公司IPO募资成效及风险分析

（一）LYKJ公司IPO募资成效分析

根据2021年8月24日披露的2021年半年度报告，LYKJ实现营业收入11487.82万元，同比增长587.35%；净利润为1176.55万元，同比增长247.34%。作为登录上交所后的首份"成绩单"，依靠核心技术优势、一体化服务优势和强大的市场开拓能力，LYKJ取得了营收净利双增长的良好业绩。根据2021年年度报告，LYKJ实现营业收入31640.09万元，较上年同期增长16.90%，主要系本年度除盐水系统设备收入增长所致。2021年净利润为1362.77万元，较上年同期降低69.07%，主要系公司部分项目毛利润较低所致。2022年公司实现营业收入20315.39万元，与上年同期相比下降了35.79%，主要系受不可抗力影响，下游部分客户和业主的项目进展放缓，由此公司相关项目的交付以及验收被推迟执行，本期交付项目减少所致。2022年公司实现净利润 -3632.18万元，与上年同期相比下降约366.53%，主要系公司营业收入减少所致。

LYKJIPO前后两年的主要会计数据和财务指标如表8-1所示。根据表8-1可知，2019年、2020年、2021年和2022年的净利润和每股收益呈

现逐年递减的趋势，这主要受新冠疫情及对未来经济形势放缓预期的影响。公司凝结水精处理系统设备和除盐水系统设备以国有电厂客户为主，在疫情防控停工停产的背景下，公司部分项目的交付以及验收被下游客户推迟执行，对公司的生产经营造成阶段性的不利影响。随着国内疫情管控的逐步放开，前期被下游客户推迟执行的项目将恢复正常执行，上游供应商也将全面恢复正常生产经营，公司的经营业绩也将逐步恢复正常。2019年、2020年、2021年和2022年的总资产呈现逐年递增的趋势，这主要是因为公司的业务规模不断扩大。2021年和2022年公司研发投入占营业收入的比例分别为5%和8.98%，增长了3.98个百分点，说明LYKJ较为注重技术创新。

表8-1 主要会计数据和财务指标

年份 类别	2022	2021	2020	2019
营业收入（万元）	20315	31640	27067	33329
归属于上市公司股东的净利润（万元）	-3632	1363	4406	5217
归属于上市公司股东的扣除非经常性损益的净利润（万元）	-4224	541	3617	5155
经营活动产生的现金流量净额（万元）	-6206	-2329	2441	1736
投资活动产生的现金流量净额（万元）	-5593	-7348	-2217	-1298
筹资活动产生的现金流量净额（万元）	8056	17422	200	566
归属于上市公司股东的净资产（万元）	58095	63042	41839	37962
总资产（万元）	96056	87808	72766	69565
基本每股收益（元/股）	-0.25	0.14	0.55	0.65
稀释每股收益（元/股）	-0.25	0.14	0.55	0.65
扣除非经常性损益后的基本每股收益（元/股）	-0.29	0.06	0.45	0.64
加权平均净资产收益率（%）	-6.01	2.52	11.07	14.62
扣除非经常性损益后的加权平均净资产收益率（%）	-7.00	1.00	9.09	14.45
研发投入占营业收入的比例（%）	8.98	5.00	6.59	5.11

资料来源：LYKJ公司年报。

案例四：嘉兴LYKJ公司IPO募资成效及风险分析

自成功上市以来，LYKJ一直致力于水处理领域，不断开拓多样化市场，持续加码科技创新，核心技术实现了进口替代。

1. 聚焦水处理业务

自上市以来，LYKJ深耕环保水处理领域，保持公司经营业绩稳健增长。2021年LYKJ的总营业收入中火电占比47.21%，工业占比39.44%，市政占比11.76%，核电占比1.47%。2021年上半年财报显示，LYKJ三大核心技术产品总收入为10633.38万元，占主营业务收入的比例为92.56%。2021年年度报告显示，凝结水精处理系统设备、除盐水处理系统设备和污水处理系统设备分别实现收入18441.23万元、16918.89万元和4768.75万元，三大核心技术产品总收入占主营业务收入的比例为95.58%。这体现了LYKJ关键核心技术在环保水处理市场的竞争优势与强劲的发展实力。

2017—2022年，LYKJ实现的主营业务收入分别为21304万元、30780万元、33329万元、27067万元、31640万元和20315万元。公司前期呈现较快的增长趋势，然而近三年来主营业务收入存在极大的波动，反映出主营业务项目需求具有高度的不稳定性。主营业务高度不稳定的背后，是LYKJ过度依赖大客户，业务持续性存疑的体现。

2. 开拓多样化市场

作为在环保水处理市场具有较强核心竞争力的企业，LYKJ巩固在电力、工业行业等水处理市场领先地位的同时，将氢燃料电池发动系统业务作为重点拓展板块。氢燃料电池发动机系统业务是主营环保节能业务的延伸，可推动企业市场的多元化，成为新的业务增长点。2021年公司组建了氢燃料电池业务团队，开始从事氢燃料电池发动机系统的研发、设计和集成业务，经过不懈努力该团队于2021年下半年成功研制了HYPSR-01燃料电池系统样机，并已于2022年上半年完成4台氢燃料电池发动机的交付并取得客户的验收单，实现收入371.68万元。2022年3月1日，LYKJ与浙江吉利新能源商用车集团有限公司签署了《合作意向书》，双方就共同打通燃料电池关键核心零部件产品上下游环节达成合作意向。LYKJ 在氢燃料电池发动机系统装备领域已取得 6 项发明技术专利。2022 年已完成规模化的氢燃料电池发动机系统的产线铺设，公司未来在该领域仍需要投入资金持续进行研发。

3. 加码技术创新

2020 年 9 月，国家主席习近平同志宣布"碳达峰、碳中和"目标。此后，碳达峰、碳中和概念火速升温，水务及水处理行业也迎来发展新机遇。LYKJ 紧跟国家的发展战略，加大技术攻关力度，力争把水处理领域做深做透。截至 2021 年 6 月 30 日，公司拥有 37 项授权专利，其中发明专利 9 项，实用新型专利 28 项，另有 11 项软件著作权。截至 2021 年 12 月 31 日，公司的授权专利数量已达到 43 项，其中 11 项为发明专利，32 项为实用新型专利，另有软件著作权 15 项。上市仅半年多时间，无论是授权专利还是软件著作权均实现大幅度的增加，进一步延伸了公司的核心技术体系，完善了知识产权保护体系。截至 2022 年 12 月 31 日，公司拥有 53 项授权专利，其中发明专利 18 项，实用新型专利 35 项，以及 15 项软件著作权。表 8-2 呈现了 2022 年本年度及累计获得的研发成果。

表 8-2　　　　　2022 年本年及累计获得的研发成果　　　　　单位：个

类型	本年新增		累计数量	
	申请数	获得数	申请数	获得数
发明专利	10	7	32	18
实用新型专利	2	3	37	35
外观设计专利	0	0	0	0
软件著作权	0	0	15	15
其他	0	0	5	5
合计	12	10	89	73

（二）LYKJ 公司 IPO 后风险分析

1. 市场竞争风险

随着政府对环保产业的日益重视和环保理念在全社会层面的广泛普及，公司在水处理设备及系统集成领域的主要竞争对手也在不断加强资金实力，并持续提升技术水平。尽管 LYKJ 在凝结水精处理和海水淡化等领域具备一定的技术优势和市场份额，但是未来仍面临其他参与者带来的市场竞争风险。常规除盐水和污水处理领域存在较多的市场竞争者和较低的市场集中度。因此，LYKJ 在上述领域的市场拓展等方面可能将面临较为激烈的竞争局面。

2. 客户相对集中的风险

公司的主要客户包括各大发电集团、大型工业企业集团及其下属企业。前五大客户的收入占公司营业收入的比例相对较高。公司的项目承接通过独立招标或询价的方式完成，与直接客户签订合同并展开合作。然而，我国电力、冶金、化工等行业的集团化经营管理特点导致公司对同一集团控制下的客户具有较高的集中度。如果公司主要服务的客户集团出现信用风险或经营状况发生重大变化，将对公司当年的业务、财务状况以及经营业绩造成不利影响。因此，公司需要密切关注客户集团的信用状况和经营动向，并采取适当的风险管理措施，以确保公司业务的稳定性和财务的健康发展。

3. 营运资金不足的风险

公司的主要业务为研发、设计和集成环保水处理系统。由于公司承接的项目的客户付款周期较长，从项目中标到收回质保金通常需要 2—3 年甚至更长时间。此外，在项目执行过程中，公司还需要支付投标保证金、履约保证金、预付供应商货款等费用。行业的运营特点和业务模式决定了公司需要大量的营运资金支持才能实现快速发展。同时，下游客户在环保水处理系统的招标中通常对投标供应商的资金状况和资产规模有较高的要求，因此公司需要具备强大的资金实力来满足这些要求。随着公司业务规模的增长和下游行业的拓展，为了满足客户需求，公司未来可能会更多地采用EPC（工程、采购和施工）和BOOT（建设、拥有、运营和转让）等方式承接合同。这意味着公司在建设工程等资产方面可能会进一步增加。这些业务形式对公司的资金实力提出了更高的要求。如果公司过度依赖银行贷款等融资方式，可能会在短期内提高公司的资产负债比率。如果公司面临资金储备不足的情况，将对公司快速扩大经营规模和提升经营业绩产生一定程度的不利影响。因此，公司需要合理规划和管理资金，确保具备足够的资金实力来支持业务发展和经营绩效的提升。

4. 新业务开展风险

相比主营环保水处理业务，氢燃料电池发动系统业务是与之不同的行业，在技术路径、研发、生产及销售等各方面均无明显的相关性和协同性。新业务在技术上并无明显优势，若研发完成的产品未受到市场广泛认可，或资金投入超过预期且未能获得内外部融资支持，或国家在该领域的政策出现重大调整，公司开展氢燃料电池发动机系统业务可能面临经营不达预期的风险，可能对公司的经营业绩和现金流带来不利影响。可见，当前LYKJ在氢燃料电池系统领域仍存在研发成果不及预期、研发失败的风险。

5. 宏观环境风险

一方面，公司的环保水处理业务通常是作为电厂、冶金厂、化工厂等主体建设项目的一部分，因此项目的交付与业主的主体建设情况息息相关。由于公司的下游行业与国家宏观经济政策及产业政策关联紧密，产业链具有较强的自下而上的政策传导性，国家宏观经济形势的变化或产业政策导向的调整都将对公司未来的经营产生影响。如果下游客户由于国家宏观调控或业主方自身原因导致项目停建、缓建，其他工程未能按计划推进，将导致配套的水处理系统无法按时交付验收等情况出现，这都会对公司的经营稳定性产生不利影响。另一方面，国家的产业规划和补贴政策促进了氢燃料电池发动机系统业务的快速发展。然而，如果新能源相关的产业政策发生根本性转变，或行业发展规划发生实质性改变，又或相关补贴出现退坡，都将引起氢燃料电池汽车行业市场的波动，进而可能对公司的业务开展和生产经营带来不利影响。因此，公司需要密切关注产业政策动向，灵活应对市场变化，以确保该业务的稳定发展。

四、科技创新企业 IPO 募资建议

（一）加快高新技术企业直接融资，助力企业科技创新

政府可以采取多种措施来促进高新技术企业的直接融资。一是简化融资流程，如为高新技术企业上市开辟绿色通道，加强各政府部门之间的协同配合，为拟上市科创企业"急事急办""特事特办"，简化审批手续，帮助企业解决上市过程中的难题。二是降低融资成本。如提供税收优惠政策和财务支持，建立科技创新基金和风险投资基金，以及促进股权众筹和创业板市场的发展等。此外，加强与金融机构的合作也是推动高新技术企业直接融资的关键。政府可以引导银行和其他金融机构增加对高新技术企业的信贷支持，建立科技创新保险和担保机制，降低金融机构对高新技术企业的风险认知，从而提高其融资机会。

通过加快高新技术企业的直接融资，相关部门机构能够为这些企业提供更多的资金支持和发展空间，同时让企业节省时间和精力，集中力量抓生产、抓管理、抓创新，进一步激发其科技创新潜力，推动经济转型升级，促进社会进步和可持续发展。

（二）拓宽科技创新企业融资渠道，支持企业做大做强

为了支持科技创新企业的发展，需要拓宽其融资渠道，使其能够获得更多的资金支持，从而实现做大做强的目标。以下是一些可行的举措：一是引导和支持科技创新企业走向资本市场。政府可以鼓励和支持科技创新企业上市，包括在证券交易所设立科创板等专门的板块，为这些企业提供

更便利的融资渠道和更灵活的融资方式。二是建立风险投资基金和科技创新基金。政府可以设立专门的风险投资基金和科技创新基金，为科技创新企业提供风险投资和股权投资支持，帮助它们获得更多的资金和资源。三是加强与金融机构的合作。政府可以推动银行和其他金融机构与科技创新企业建立更紧密的合作关系，提供专门的创新型贷款产品和服务，降低融资门槛和成本，减少企业融资的风险和难度。如针对科创型企业"前期亏损、后续高成长"的特点，应积极推出各种"科创贷"等特色产品，以精准滴灌为科创型企业纾困解难。针对科创型企业缺乏传统抵押物的特点，应不断丰富担保方式，如提供知识产权、股权、应收账款、动产等多种类型的质押贷款。四是建立科技创新保险和担保机制。政府可以建立科技创新保险和担保机制，为金融机构和投资者提供一定的风险保障，降低对科技创新企业的风险认知，增加它们的融资机会。五是推动众筹和天使投资。政府可以促进股权众筹和天使投资的发展，为科技创新企业提供更广泛的融资渠道，吸引更多的个人和机构投资者参与到科技创新项目中来。

通过拓宽科创型企业的融资方式，可以解决企业融资贵、融资难的问题，支持企业做大做强，促进科技创新和经济发展的良性循环。政府、金融机构和投资者等各方应积极合作，为科技创新企业创造更好的融资环境和条件。

（三）多元化经营降低对大客户过度依赖的风险

科创型企业属于掌握关键核心技术、创新能力较突出、科技成果转化能力较强的技术创新型企业。尽管科创型企业成长性、吸引力凸显，社会形象良好，但也存在大客户集中度过高的问题，严重影响客户的稳定性和业务的可持续性，使企业抗风险能力较差。为了降低对大客户过度依赖的风险，本案例提出几点建议：

一是拓展市场和客户群体。积极寻找新的市场机会，扩大业务范围，开拓新的客户群体。多元化的客户群体能够降低企业对某一特定客户的依赖程度，这可以通过市场调研、产品创新和市场推广等方式实现。

二是发展新产品和服务。不断推出新产品和服务，满足不同客户的需求。通过持续的研发和创新，提供多样化的产品组合，减少对某一产品或服务的过度依赖。

三是建立合作伙伴关系。与其他企业建立合作伙伴关系，共同开展业务拓展。通过合作伙伴的支持，可以分享资源、共同开拓市场，降低对单一客户的依赖。

四是多元化业务领域。进一步扩大业务领域，涉足不同行业或领域。通过拓展不同的业务领域，可以分散风险，减少对某一特定行业或领域的过度依赖。

五是加强客户关系管理。积极管理现有客户关系，提供优质的产品和服务，增加客户黏性，降低客户流失率。同时，不断寻找新的客户，并与他们建立良好的合作关系，确保客户资源的多元化。

通过多元化产业布局、多元化产品结构、多元化市场开拓等，分散经营风险，降低因主要客户出现经营变动或主要客户流失而潜藏的风险，增加经营的稳定性和灵活性。这样不仅可以降低单一客户的风险，还能够获得更多的市场机会，促进企业的长期发展。

案例五：基于产业生态平台的数字供应链金融服务案例研究——"HSH"供应链金融服务

一、案例背景

近年来，云计算、大数据、物联网、区块链、人工智能等新技术不断取得突破进展，大量金融科技公司陆续涌现，为银行等金融机构、核心企业、物流公司等从事供应链金融业务的主体提供了新的视角和新的助力，银行、供应链参与者以及平台的构建者以互联网技术深度介入创新，构建供应链金融服务平台，银行与供应链参与者共同合作提供融资服务。为了加强金融精准服务供应链产业链完整稳定、切实为中小企业提供融资服务，中国人民银行会同工业和信息化部、司法部、商务部、国资委、国家市场监督管理总局、银保监会、外汇局等 8 个部门于 2020 年 9 月 22 日发布了《关于规范发展供应链金融、支持供应链产业链稳定循环和优化升级的意见》（以下简称《意见》）。《意见》从准确把握供应链金融的内涵和发展方向、稳步推进供应链金融规范发展和创新、加强供应链金融配套基础设施建设、完善供应链金融政策支持体系、防范供应链金融风险、严格对供应链金融的监管约束等六个方面，提出了 23 条政策要求和措施。《意见》还第一次明确了鼓励企业加强供应链管理的数字化建设，推进供应链金融行业的发展。

《意见》提出，供应链金融是指从供应链产业链整体出发，运用金融科技手段，整合物流、资金流、信息流等信息，在真实交易背景下，构建供应链中占主导地位的核心企业与上下游企业一体化的金融供给体系和风险

案例五：基于产业生态平台的数字供应链金融服务案例研究——"HSH"供应链金融服务

评估体系，提供系统性的金融解决方案，以快速响应产业链上企业的结算、融资、财务管理等综合需求，降低企业成本，提升产业链各方价值。

中小企业是中国经济的重要组成部分，截至2020年中国约有3800万家中小企业，占中国企业总数的98%以上，在2019年对全国国内生产总值的贡献率超过60%，而2019年仅约30%的社会融资分配给中小企业。为应对激烈的市场竞争，巩固和壮大产业链条，许多供应链核心企业依托自身在产业链中的核心地位开始尝试开展以自身为主导的供应链金融模式，为上下游小微企业提供商业信用、外部融资担保等服务。同时，银行业从供应链产业链整体出发，提供系统性的金融解决方案，以快速响应企业融资需求，部分商业银行也开始建立自己的网上商城，并充分利用资金优势开展供应链金融服务，而科技在其中发挥着关键性的作用。随着大数据、云计算、物联网和区块链技术的发展，供应链金融的风控能力进一步得到提升，业务的综合成本也在降低，改善了中小微企业融资可得性，提升了中小微企业的融资能力，从而进一步扩大了供应链金融的市场规模。根据中商产业研究院的研究数据，供应链资产余额从2016年的16.7万亿元增加到2020年的24.9万亿元，年均复合增长率为10.5%。

供应链金融以其与实体经济深度融合基础上的强大赋能作用、对小微企业的高度友好优势，成为金融供给侧结构性改革和推动产业升级的重要抓手。尤其新冠疫情发生以来，中小企业的脆弱性上升，金融科技赋能的供应链金融在解决中小微企业融资难、融资贵等重要问题上发挥了关键作用，但更深层次的渗透仍然存在诸多挑战。截至2021年4月末，全国小微企业贷款余额45.94万亿元，其中普惠型小微企业贷款余额16.9万亿元，同比增速31.8%；有贷款余额的户数达到2796.01万户之多，同比增加550.66万户。与2017年底相比，普惠型小微企业贷款余额、贷款户数都增长了1.2倍左右。但从小微企业、个体工商户等市场主体的感受来看，融资难，尤其是信用贷款难、首贷难的问题依然不容忽视。

2021年7月30日召开的中共中央政治局会议提出，要强化科技创新和产业链供应链韧性，加强基础研究，推动应用研究，开展补链强链专项行动。随着互联网、大数据及人工智能等技术的快速发展，银行利用物联网、大数据、人工智能、区块链、5G等数字技术进一步发展了产业链供应链金融，在提高产业链供应链金融服务的线上化水平和效率的同时，还可以更好地控制风险；一些供应链核心企业积极提升产业数字化水平，并采用金融科技手段构建起互联网供应链金融服务模式，进而在自身细分产业领域内为小微客户群体提供高效的融资服务，通过金融与供应链的紧密结合，优化供应链中的资金流动，降低融资成本，提高供应链中企业的资金可得性与供应链整体绩效。

产业互联网的浪潮为供应链金融开创新模式提供了更为广阔的空间，不仅传统银行和产业巨头视其为"必争之地"，蚂蚁金服、国美金融、京东金融等互联网金融巨头也将之摆在重中之重的位置，供应链金融生态圈正在慢慢形成，供应链金融开始走向数字化、智慧化，业务模式趋向去中心、实时、定制、小额，产品则以数据质押为主，借助于物联网、人工智能、大数据、区块链等技术，实现了供应链和营销链全程信息集成和共享，同时提升服务能力和效率。

化工塑料制品是世界应用最广泛的物品，涉及工业生产及居民日常生活的方方面面，化工产业也是我国国民经济的重要组成部分，但化工产业链条较为冗长且塑料化工行业上下游议价能力不对称。塑料制品分销商涉及的行业较为广泛，企业众多，我国有关塑料制品的分销商超过四十万家，行业竞争激烈，产品利润透明，长尾效应明显。在这超过四十多万家的企业中，中小微企业占据比例超八成，且绝大多数的中小微企业面临融资难、融资贵、资金周转不开等各种各样的问题。在传统的商业借贷中，中小企业处于弱势群体地位，由于规模小、相关制度不完善、财务系统混乱等问题很难直接从商业银行获得贷款，进而限制了其与大型企业的合作以及自身的拓展完善。而供应链金融是以核心企业为主导，把握整条供应链的每个环节，同时为供应链上的中小企业提供一定程度的担保工作，但这种担保

案例五：基于产业生态平台的数字供应链金融服务案例研究——"HSH"供应链金融服务

并不是简单的抵押与质押的形式，是以实际的交易记录、实体货物作为银行担保，由核心企业作为纽带，帮助中小企业获得短期周转资金。

针对大量塑料中小微企业长期面临的融资难、融资贵、融资慢等痛点，HSH 最早与众邦银行建立供应链金融合作关系，并先后与锡商银行、上海农商银行等商业银行建立联系，HSH 借助 AI、大数据及基于行业交易特点的风控模型等互联网技术与银行对接，发展供应链金融模式，实现"互联网＋产业＋金融"三位一体，推动产融结合，为塑料行业中小微企业推出供应链金融产品，成为帮助中小微企业融资的新途径。

二、数字供应链金融服务主要模式分析

根据不同的客户需求，在平台大数据＋全面风控系统下，HSH 和众邦银行联手开发了"助塑贷""邦信贷""酷 E 融"等供应链金融产品，以满足平台不同客户的个性需求。2020 年，HSH 系统升级为数字化智能供应链系统，为客户提供更智能、更人性化的使用体验和更高效的供应链服务，推动化工行业的数字化发展。借助基于化塑行业的数字化智能供应链系统和"倚天"大数据风控平台，HSH 实现风险管控的同时为塑料行业中小微企业提供个性化的供应链金融服务。

（一）"助塑贷"

2018 年 HSH 就开始与众邦银行合作为平台客户提供供应链金融服务，以数字技术实现平台数据与银行系统之间的自动交互，摸索出专为塑料行业小微企业量身定制的供应链金融服务产品——"助塑贷"。

"普惠小微，助力经营"是"助塑贷"产品开发推出的初衷。"助塑贷"帮助小微企业采购原料，申领资金简便快捷，通过线上操作获得银行授信后即可快速放款，缓解生产型企业资金需求紧张和融资困难问题，确保中小微企业生产加工正常运转。

"助塑贷"的融资服务对象是 HSH 平台上的贸易商和生产型企业，授

信期限为1年，单笔期限为2个月，授信额度50万元，按日计息，日息最低为0.02%。该供应链金融服务属于信用类，无须抵押、线上申请、手续便捷，大大缓解了中小微企业由于缺乏抵押而难以融资的困难。

（二）"邦信贷"

"邦信贷"是HSH与众邦银行联手推出的第一款供应链金融产品，融资服务对象是HSH平台上的贸易商和生产型企业，授信期限为1年，单笔期限为2个月，最高授信额度500万元。"邦信贷"是服务于化塑行业中小微企业的一款企业信用贷款，无须抵押、无担保、线上申请、随借随还。

"邦信贷"从2018年开始设计推出，到2021年累计服务客户96家，累计用款超过3亿元，融资客户主要分布在浙江省及江苏省。由于"邦信贷"授信所需的资料及要求比助塑贷融资授信门槛高，因此使用这款供应链金融产品的客户规模不大，但客户相对成熟、稳定，三年里该服务未出现一笔坏账，是表现非常优秀的一款供应链金融产品。

（三）"酷e融"

"酷e融"是HSH与众邦银行联手推出的面向塑化行业大型贸易商和工厂的一款供应链金融产品，该产品主要基于行业大贸易商和制造企业需求，由于其库存货物流动性强，货物品类多，该产品可根据其需要动态地对库存在押品进行置换，通过货值管理云仓库监管，授信期限为1年，单笔期限为6个月，最高授信额度3000万，随借随还、按日计息。

"酷e融"不仅解决了上游贸易商或工厂的客户囤货占用资金问题，还可通过平台帮助客户销售订单，还可以对接下游客户采购原料，一举三得。因融资的资金量大，相应的监管要求高，目前主要是行业内的几家大型的贸易商在使用这款供应链金融产品。

（四）"助厂贷"

"助厂贷"是2021年HSH联手卓尔云仓、众邦银行针对中型塑料颗粒制造工厂提供的一款供应链金融服务产品。该产品以代采模式帮助工厂代理采购原料货物，并将货物放到仓库进行监管，工厂根据实际需要支付款项并提货。

"助厂贷"以"平台＋云仓＋银行"的服务模式，助力工厂在确保原材料供应充足的情况下降低采购成本，主要表现在以下四个方面：一是帮助工厂锁定上游原材料的价格，保持全年的原材料供应价格稳定；二是可以减少流通环节的成本，从上游原料生产厂家直发到客户工厂，省去中间集散库的装卸以及集散库到厂库的二次运输成本，免去中间库的转货权和仓储费；三是充分发挥供应链服务对下游工厂的价值提升作用，提高原料质量检验的及时性；四是缩短工厂客户的采购流程，减少生产计划的不确定性，使原材料能以准确的数量、在正确的地点、以合适的时间、用最小的成本实现供应充足。

借助于"助厂贷"产品，HSH 可以深度介入到塑料产业链上下游，通过科技手段在中小型工厂中实现原料及成品的相关数据线上化，形成工厂至行业的数据链条，打造塑料制造行业的数字贸易平台。该产品未来还将以地区为核心，以客户为中心，以点带面，继续为中小微型工厂提供资金、检测、物流、仓储服务。

（五）"小塑白条"

2022 年 5 月 9 日，HSH 携手商业银行联合打造针对贸易流通企业的供应链金融产品"小塑白条"正式上线，为塑料原料贸易商提供价廉质优的代采服务，同时客户有机会获得先收货后付款额度。客户享受从采购到配送"一站式"服务体验，从容应对市场价格波动，解决资金周转问题。

"小塑白条"为塑料原料贸易商提供了真正可用的备用金，资金来源正规，无资金陷阱，无临时收费问题。只需成为注册会员即享受服务：单户最高 500 万元定制授信方案；定向代采，代采费用低至每日万分之二（即 1

万元只需 2 元）；代采货物最高 50% 可先货后款，费用低至 8 元/吨，资金用途更灵活；更多增值服务（如 HSH 平台免费寄售帮卖、原料库存随时变现、先货后款额度实时提高、累计积分、兑换更多优惠利率等）。

"小塑白条"将塑化贸易与金融服务深度融合，搭建金融+生态的落地场景，助力塑化企业经营，这对数字供应链金融发展具有极高的推广意义和实践价值。接下来，HSH 与银行将继续深化合作，用定制化供应链金融产品赋能产业，为塑料行业企业提供更多更优质、更便捷、更智能的供应链金融服务。

（六）"邦收贷"

HSH 推出的"邦收贷"产品，旨在帮助小微企业解决资金周转难题，同时促进环保产业的发展。"邦收贷"产品的主要特点包括以下五点：（1）环保导向。"邦收贷"产品只向符合国家和地方环保产业政策要求的企业提供贷款，确保贷款资金的环保用途和环境效益。（2）审批快。"邦收贷"产品采用线上审批方式，申请流程简单，审核速度快，大幅缩短了贷款获批的时间。（3）期限灵活。"邦收贷"产品的期限灵活，根据借款人需求可以灵活选择期限，最短为 3 个月，最长可达 3 年。（4）效率高。"邦收贷"产品最高可贷款额度高达 500 万元，可以满足小微企业的多种融资需求，同时 HSH 还提供定期还款、灵活还款等还款方式，让企业更加便捷地进行资金管理。（5）低利率。"邦收贷"产品的利率相对较低，不仅能够帮助企业解决资金周转问题，还可以降低企业的融资成本。总的来说，"邦收贷"是一种绿色金融产品，针对环保产业和小微企业的需求而开发。通过"邦收贷"产品，环保产业可以获得更多的融资和支持，进一步促进环保产业的发展，同时也帮助小微企业解决融资难题，促进经济可持续发展。

（七）"邦采贷"

"邦采贷"也是 HSH 推出的绿色金融产品，旨在为化工企业提供贸易融资服务。具体而言，"邦采贷"是一种基于供应链金融模式的融资产品，

案例五：基于产业生态平台的数字供应链金融服务案例研究——"HSH"供应链金融服务

为化工企业提供短期融资支持，以应对其在采购原材料时的资金压力。该产品的资金来自银行、金融机构等合作伙伴，通过 HSH 的平台向企业提供贷款，以实现融资的目的。此外，"邦采贷"也与 HSH 的废物回收业务相结合，通过为企业提供废物回收和再利用解决方案，帮助企业实现资源的最大化利用，从而实现环境保护和经济效益的双重目标。总的来说，"邦采贷"是 HSH 在绿色金融领域的一次探索，旨在为企业提供可持续的融资解决方案，促进绿色经济的发展。

三、数字供应链金融服务企业发展的实现途径分析

目前，HSH 借助大数据＋云计算技术，通过"HSH 中台系统"、嵌入式服务的 SaaS 工具、APP 及小程序等技术服务，不断提升化塑的交易效率，实现通过链接让化塑交易降本增效，从而构建高效透明的数字化供应链网络。HSH 运用区块链技术及大数据构建"智慧交易、供应链金融对接、智能云仓＋物流、信息技术"等服务，技术业务双轮驱动为企业降本增效。实现产业链上中下游的数据连通，帮助传统企业拥抱数字化、智能化的便捷服务，打造诚信服务体系，让平台更好地服务于行业。

（一）"助塑贷"供应链金融服务流程和解决方案

"助塑贷"供应链金融服务流程主要分为注册—申领—授信—用信—还款这五个步骤。首先，有融资需求的小微企业在 HSH 开发的"助塑贷"APP 上注册会员，上传公司营业执照和法人身份证，提供公司生产经营信息、法人信息、开票信息等；其次，企业通过"助塑贷"APP 提交授信申请；HSH 把企业授信申请及信用评级等相关信息通过系统实时提交合作银行；再次，合作银行对企业授信申请等资料进行额度审批，确认放款额度；最后，在客户授权后，银行放款到受监管的企业银行账户。如图 9-1 所示，当客户还款给银行后，如仍需要资金，在还款后只需要一个工作日就可以进入下一个融资用款周期。

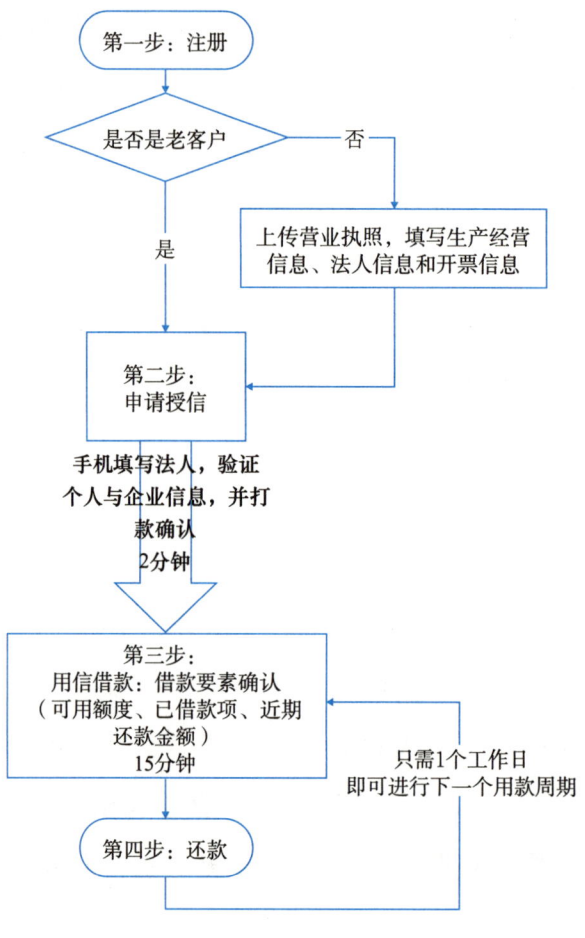

图 9-1 "助塑贷"服务流程

"助塑贷 2.0"已实现全程数字化，最快一分钟就能完成授信全流程，相对于通过中小企业直接向银行申请贷款，银行要求贷款企业提供大量证明材料，以及贷款审批过程中反复打回需要贷款企业不断补充资料，"助塑贷"大大提高了供应链上下游企业的融资效率。

当前，"助塑贷"还在不断升级完善、简化申请流程中，以完善便捷的金融服务，进一步推动化塑产业做大做强。通过与银行多年合作孕育出的信息共享、服务协同能力，HSH 建立了一个由企业、产业互联网平台、金融机构互利共赢的产融生态圈，消除信息不对称，实现了资金和资产的精准匹配，得以让"助塑贷"之类的供应链金融产品成功赋能塑料企业不断

案例五：基于产业生态平台的数字供应链金融服务案例研究——"HSH"供应链金融服务

向前发展。

"助塑贷"之所以能实现快速授信放款是基于 HSH 的智能风控系统。智能风控系统按照规则自动判断，完全剔除了人为干扰因素，真正对每一个客户进行精准画像。从客户准入、资料收集开始，HSH 通过读取平台交易数据和外部数据，引入智能风控系统对客户风险进行分类分级把控。同时可以做到实时监控、及时预警和风险提示。将客户分级之后，HSH 运用核心技术不仅可以与金融机构数据对接，而且可以与自身智能风控系统结合实现后台同步，做到"互联网 + 产业 + 金融"三位一体。

（二）数字供应链金融服务企业的途径分析

HSH 积极应用先进的信息技术，采用大数据、云计算、区块链等技术打造化塑领域集新型供应链、仓储、物流等配套于一体的数智科技服务体系，链接产业链参与者相互赋能，实现整个产业数字化的系统链接，使银行端、产业链上下游客户互联互通，以数字化科技更好地服务产业客户，并利用区块链技术推动平台、金融机构、供应商、采购商、仓储物流部门共同构成联盟链，以区块链不可篡改、不可追溯的特性，降低传统金融机构对行业信用覆盖的难度，利用大数据对各类信用信息和数据进行精准识别和分析，使供应链金融风险降至更低。

基于母公司卓尔智联庞大的交易生态圈积累的数据资源和先进的技术研发能力，HSH 平台搭建了"代采锁价 + 厂库监管"服务体系。其中，物流合作方卓尔云仓是卓尔智联旗下智能仓储平台，通过 RFID 溯源、视频安防系统、AI 智能识别、电子围栏、行车定位系统、温湿度检测系统等工具，对仓储的进出货、安防、人员等进行全程可视化、智能化、信息化管理，保障原材料的质量监管；众邦银行是国内首家互联网交易银行，也是卓尔智联生态圈重要的成员企业，在提供雄厚资金支持的同时，借助"倚天"大数据风控平台、"洞见"客户行为预知系统等手段，为"助塑贷"等供应链金融服务构筑完备的风控体系，如图 9 - 2 所示。

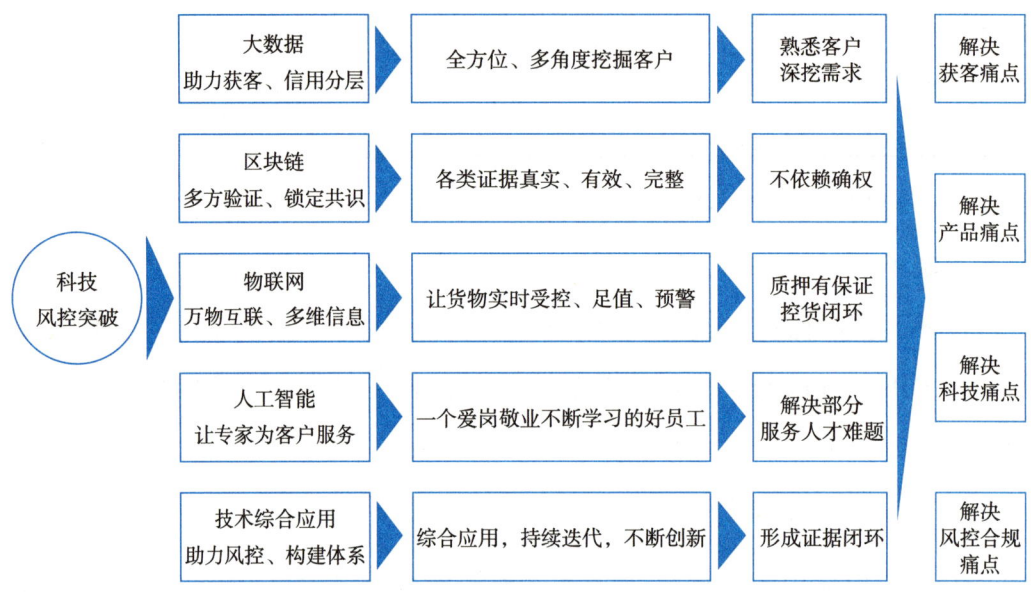

图 9-2　HSH 供应链金融数字化实现途径

借助"HSH——基于化塑行业数字化智能供应链系统",HSH 可做到实现风险管控的同时为塑料行业中小微企业提供个性化的供应链金融服务,利用智能卓云仓为中小企业增信。卓尔智联拥有先进的数字化、智能化的仓储、物流。HSH 依托母公司的卓云仓,以真实的结构化数据作为基础,为客户核定基础授信额度,并通过发票、订单、仓储、货物等手段,24 小时全流程线上化为塑料中小微企业提供供应链金融服务。第三方物流仓储让银行可以随时随地掌握商品情况,为中小企业增信。

(三)数字供应链金融深化企业价值的路径分析

HSH 深耕化工行业供应链金融,将产业链与金融服务深度融合,搭建"金融+生态"的商业落地场景,逐渐成长为此领域的标杆性企业。HSH 充分利用数据价值,设计开发实施供应链金融服务,提升了对小微实体企业供应链的金融扶持力度,一方面贴合了国家为解决小微企业融资难、融资贵的政策,另一方面夯实了市场地位,进一步抢占市场份额。"助塑贷"上线 1 年,便有 2000 余家塑料制品企业申请,近 800 家小微企业通过授信,授信金额达 3 亿元,累计发放贷款 2.8 亿元。

案例五：基于产业生态平台的数字供应链金融服务案例研究——"HSH"供应链金融服务

HSH 利用大数据技术挖掘数据信息服务价值，在产业链上进行垂直细分式深度挖掘，为有资金需求的企业提供精准服务，为产业链上下游客户提供切实可行、高效便捷的供应链服务，客户黏性不断提高。当下，HSH 公司与银行合作开发的供应链金融服务走在了行业前面，不过由于 HSH 打造产业平台生态建设处于发展期，目前该公司营业额过 200 亿元，供应链金融服务收入预计占营收的 8% 左右，现阶段占比并不高，但却是打通供应链上下游服务中不可或缺的重要环节，HSH 将持续完善和创新供应链各环节的链接，以精准服务更多的供应链上下游中小微企业融资需要。

四、数字供应链金融服务改进建议

全球各行各业目前致力于培育数字繁荣和供应链金融，促使上下游高度整合、数字化的供应链金融逐步成为全球供应链金融发展的新模式和新方向。新冠疫情的大流行改变了各行业的消费模式。从原材料采购到最终消费者供应，价值链在过去两年中一直被打乱。然而，企业持续转变运营方式，在动态变化的环境中不断适应技术革命。新型的、丰富的数据使更多金融机构能与供应链上下游高度合作，应用先进的技术和分析方法，更好地了解买家和供应商网络，利用这些数据识别新的客户，并提供定制化金融解决方案。同时，数字化使资金提供方对生态系统中的风险有更好的理解，从而精准地为供应链金融产品定价。

（一）同步进行惠普+个性化定制供应链金融服务

建议在大力推动普惠金融产品的同时，针对特定的客户群体开发适用的供应链金融产品；与金融机构深度合作，开发个性化、可定制的适用不同客户的数字化金融服务。同时，通过与第三方金融机构、银行的深入合作，HSH 以自身平台大数据作为切入口，深挖内在客户物流与供应链金融服务需求，利用物流仓储与供应链金融服务管理体系，为化工行业上下游客户提供更全面有效的供应链金融服务，同时也为企业量身定制出供应链金融方案。HSH 与众邦银行的合作经验显示，一方面双方通力合作，另一方面银行也在产品开发时深入平台，走访行业客户，前期选代表性客户完善服务流程，同时 HSH 升级系统，将原有交易数据及风控模型与银行共享，这些都促成了 HSH 平台供应链金融服务的良好运行。

（二）合规是供应链金融服务创新的前提

实现供应链金融可持续发展，需要平衡服务与风险之间的关系。HSH 在与银行等金融机构开展合作时，首先要符合国家的金融监管政策和制度，在此基础上，再探讨金融机构、产业平台、融资企业三方共赢的合作模式。HSH 开展供应链金融服务时，合规性是其基石，此外，还需要不断探索如何通过大数据等数字化技术的深入应用，实现产业平台和金融机构紧密协作，有效地识别管理中小微企业，有针对性地提供金融服务，有效服务于有竞争力的中小微企业，让这些企业能够以较低的资金成本从事研究和生产经营，防范资金以服务中小微企业的名义，又以理财投资的形式被抽回，虚假实现中小微企业融资服务目标，以保障中小微企业持续健康发展。

（三）不断完善产业平台的数字信用模型

产业平台相对于传统以银行为主导的供应链金融模式的优势在于大数据下的信用评估体系以及风险定价能力的增强。在传统的供应链金融模式下，在没有实时数据和信用评级支撑时，银行难以识别供应链上下游中小微企业信用情况、难以掌握生产经营真实情况，这直接导致银行对申请贷款的中小微企业的信用评估难、评估成本高、审批效率低，因此提高对中小微企业贷款风险的把控能力非常重要。

HSH 平台上沉淀了交易频次颇高的贸易往来数据，在风控环节，依靠平台交易往来所形成的大数据优势，可以执行审核借款企业资质、核查贸易背景真实性、明晰客户资金流、有效监管质押货物等流程。第三方金融机构、银行可通过大数据信用评价系统对 HSH 提供的交易明细数据进行严格审核，并反复验证客户的交易订单、结算、付款等海量记录，识别数据

案例五：基于产业生态平台的数字供应链金融服务案例研究——"HSH"供应链金融服务

真伪，做出信用评价，实时风险预警、预测，从而实现全过程风险控制。产业平台企业建立的数字信用模型是作为银行授信及放款的补充依据，更利于规范及操作，为后续以数字化处理授信及放款的申请、审核打下基础。目前，HSH依据不同类型客户的业务和资金需求，与银行对接设计供应链金融服务应用场景，为不同的客户、不同需求（提交资料、审核周期、银行要求等方面）设计开发不同的授信流程样本，再通过技术架构、数据处理达成各方协同，逐步提升供应链金融数字化授信管理水平，使数字化、便捷、个性化定制供应链金融服务成为可能。

（四）持续投入以人工智能和区块链为代表的新兴技术研发应用提升供应链金融的效率

供应链金融具有优化和发展供应链的能动作用，供应链金融的发展一定是金融科技助推的产物，通过行之有效的互联网技术，金融服务实体的效率大为提高。未来供应链金融发展中备受关注的新兴技术主要是人工智能、区块链和物联网等技术。HSH重视数据价值发现和大数据应用，以海量交易数据为基础，广泛应用互联网、大数据、区块链、人工智能等技术，解决客户在信息及时性、商品交易效率提升和交易风险防控等方面的问题，同时引入金融机构参与交易过程，为客户解决生产经营流动资金短缺的问题，对塑料行业中小微企业赋能起到了关键作用。2020年，HSH系统升级为数字化智能供应链系统，为供应链下游的中小微企业客户提供更智能、更人性化的使用体验和更高效的供应链金融服务，为国内供应链金融与实体经济的结合探索出很多具有可行性的实践经验，推动了化工行业的数字化发展。

案例六：金融创新支持企业科创发展案例研究
——合肥"XT科创通"投贷联动产品

一、案例背景

科技类企业具有轻资产、研发阶段投资占比大、风险高等特点，仅依靠银行贷款和资本市场的股权融资渠道进行融资很难解决科技类企业在创新过程中面临的融资难问题。事实上，国内外分别实施了一系列措施来支持科创企业发展。国外金融机构通过各种创新方式和支持计划，为科技类企业提供资金和资源支持，促进其发展和创新能力的提升。例如，美国硅谷银行通过整合银行贷款、并购资本、上市融资和风险投资等资金支持形式，为特定领域的高科技企业提供贷款、投资和定制化服务，有效解决了高科技企业融资难、融资贵、融资慢等问题。法国巴黎银行推出了金融科技加速器计划，通过提供办公空间、技术支持、导师指导、融资、合作伙伴以及专业知识等资源和支持，促进金融科技初创公司的发展，旨在加速其业务增长和产品开发，为巴黎银行带来更多创新和竞争优势。

国内金融支持科技创新的政策和金融服务也在不断完善，为科技类企业的快速发展提供了有力支持。从政策支持角度看，政府高度重视科技创新并将其视为推动经济发展变革的第一生产力，通过推动要素市场化配置综合改革试点，鼓励金融机构开发与中小微企业需求相匹配的信用产品，加强科技创新资源的优化配置，以实现创新资源的协同配置。监管部门发布一系列指导意见和政策，鼓励银行业金融机构加大对科创企业的支持力度，推动投贷联动业务试点、双创债券发行等金融创新举措。此外，地方

案例六：金融创新支持企业科创发展案例研究——合肥"XT科创通"投贷联动产品

政府也积极采取措施，如加强对民营企业和科技类企业的金融服务、推进科技创新中心建设、加快金融支持长三角一体化发展等。从金融服务角度看，金融机构在支持实体经济方面发挥着重要作用，例如科创板的设立和北京证券交易所的成立，为科技企业提供了融资和上市的机会，同时金融机构还通过多种融资方式帮助科创企业解决融资难、融资贵等问题，包括股债联动模式、投贷保联动等创新服务模式。通过尝试投贷联动、股债联动、发行创新创业金融债券、贷款贴息和抵押补充贷款的方式，为科创企业的融资提供了有利条件，同时也缓解了企业融资难、融资成本高的问题。

合肥作为"江淮首郡"，拥有着综合性国家科学中心与众多实力雄厚的高等院校，是国家级科技创新型城市的典型示范。为了深化创新驱动发展，着力打造科技创新城市，以点带面全方位系统化推进创新战略，合肥市发布了多项科技创新发展规划，大力支持资金流向科技型企业，吸引了大量高层次人才创新创业和科技类企业扎根发展。然而，在科技类企业初创期，由于其具有资产规模较小、风险较高等不利因素，导致该类中小企业向银行类金融机构借贷很困难，因此急需要控制财务成本，获得较为灵活的股权融资。投贷联动的出现在一定程度上解决了这一问题，不仅控制了贷款风险，而且能够扩大债权人的收益，同时为存在融资困境的企业提供新的融资渠道。合肥市大力支持推进投贷联动试点，促进各类金融产品的改革，改进服务模式，扶持各类小贷公司、担保机构及创投基金，进而扶持中小科创企业的发展。良好的政策导向为中小型科创企业的生存和发展提供了可靠保障，为企业提供了多种融资渠道，有效缓解了融资难和融资贵的问题，帮助企业专注于技术创新，投贷联动业务也得到了推广。

合肥XT科技小额贷款有限公司作为省内开展投贷联动业务第一家持牌的金融机构，拥有丰富的资源组合，同时依托"创新高地"发挥科技金融强大的号召力，持续增强自身的竞争优势。XT科贷深入开展投贷联动业务的决心和勇气，配合国家政策，聚焦科创型中小企业，专注于为中小企业解决融资难、融资贵问题。XT科贷创新性地开发了"信贷投放＋股权投资"的业务模式,切实为科创型中小企业解决融资困境,该业务模式也得到业内专家和学者的广泛认同。

二、合肥 XT 科创投贷联动产品概述

(一)合肥 XT 科贷公司概述

合肥 XT 科创全称为合肥 XT 科技小额贷款有限公司,是由合肥 XT 金融控股发起,瑶海区国有资产经营有限公司与合肥恒汇公司联合设立。XT 科贷的注册资本为 5 亿元,2020 年底净资产规模超过 6 亿元,各项指标均属于安徽省小贷公司上游位置。设立该公司的目的是以国有资本为引领,塑造小额贷款行业的制度和规范,从根本上解决中小企业融资难问题,推动本区域中小科创企业健康良性发展。

XT 科贷的主发起人——合肥 XT 金融控股(集团)有限公司,是经国资委授权经营的国有资产,主体信用评级为 AAA,总资产超过 500 亿元,实力雄厚。此外,XT 金融控股公司业务范围广泛,涉及金融行业、旅游行业等 18 个子领域,直接或间接参股 29 个公司,着力协助政府打造和建设区域金融体系,发展普惠金融和科技金融等六大板块,累计提供资金超过 6000 亿元,支持中小微企业超过 4000 家,控股股东的客户资源和目标市场清晰明确,且具有较强的市场号召力,这为 XT 科贷提供了广阔的目标市场。因此,围绕 XT 金融产业链的上下游,XT 科贷能够获得大量优质忠诚的客户,同时能够打开普惠金融市场中科技金融的细分市场,实现协同效应。自 2013 年成立以来,XT 科贷已累计为超过 500 家科创型企业提供了信贷服务,收获了一大批优质的科创型企业客户,如星宇化学、中水三立、优旦科技等。

(二) XT 科贷公司投贷联动业务现状

XT 科贷自从 2013 年成立以来,花费数年精力专注于开拓金融界的新领域——"科技金融",历经数年磨砺已取得了显著成果,其成套的产品及配

案例六：金融创新支持企业科创发展案例研究——合肥"XT科创通"投贷联动产品

套的服务体系已初具规模。截至2022年10月，公司科技类贷款产品已累计面向91户科技类企业投放超1.15亿元科技金融类产品，其中多家为省市"专精特新"企业。XT科贷公司开展的一系列合作，为投资联动业务夯实了根基。

为了积极响应国家对科技创新的号召，XT科贷将目标市场定为高新技术企业，以高科技产业为纽带，向新型农业和新型能源等业务板块拓展，将中小型科创企业作为重点关注和扶持的客户。与传统企业相比，科创型中小企业有两个明显的特征：第一是轻资产，科创型企业以"人"为中心，属于智力密集型，无法提供金融机构认可的合格抵押品；第二是没有规范的财务报表，或者说现行的会计方法、资产评估制度、财务制度不能有效反映企业的潜力和特征。为更好地服务科创企业，XT科贷探索出一条投贷联动认股权贷款的新模式，该模式的主要特点是对企业盈利指标没有硬性要求、无须强担保，仅需企业授予金融机构一定金额的认股权，就能为科创企业筹集资金，解决燃眉之急。在对科创企业进行深入调研和分析基础上，XT科贷推出了"高新贷""科创通"等面向科创企业的产品，产品具有"利率低、额度高、综合信用、灵活担保"等特点。XT科贷在提供融资过程中，注重对科创企业创新投入、创新能力（发明专利数量）、核心团队情况、风投公司股价评估、经营规模及成长性等多维度的综合考察评判，全力为优质企业提供融资支持，已先后支持了中恒微半导体、新境界科技、中科智存、途辉自动化装备、景电子等公司的发展。

（三）"高新贷"投贷联动业务分析

XT科贷的服务企业安徽省一一通信息科技有限公司于2010年在合肥市成立，注册资本金1175万元，是一家国家火炬计划高新技术企业，专业从事智能物流分拣系统规划设计、设备研发制造、工程安装调试、系统集成和提供智能物料解决方案，在智能分拣及物联网物流领域处于行业领先水平。2016年该公司仓储分拣工程技术研发部被认定为合肥市仓储分拣工程技术研究中心。经过多年积累，该公司已拥有行业多项发明专利，并形成了具有技术竞争力的产品，但在获得"XT高新贷"资金支持以前，由于缺少资金，公司经营局面始终无法打开。

2016年，通过合肥国家高新技术产业开发区的引荐，XT科贷与该公司进行洽谈。在第一轮协商中，根据安徽省一一通信息科技有限公司的发展特点，XT科贷拟将该公司设为投贷联动业务对象，为目标企业量身定制了一款投贷联动业务产品——"XT高新贷"，并对目标企业开展进一步的尽职调查。尽职调查分为三个步骤：（1）根据线上资源通过人行征信系统进行征信查询；（2）接入企查查、天眼查和裁定网等多家第三方互联网金融机构，全方位收集目标企业的贷前信息，从而进行风险评估；（3）派专门人员深入企业进行调研。在尽职调查之后，XT科贷投贷联动业务部向公司高层报告结果，经过公司高层的多次开会，最终确定先行将80万元注入目标投资公司，这是投贷联动业务的第一步。第二步，在第一轮投放贷款结束后，由于安徽省一一通信息科技有限公司发展势头良好，在2016年底又获得合肥高新科技创业投资有限公司股权融资，因此不久后XT科贷又在第二轮投放了120万元的贷款额度。第三步，随着XT科贷继续与其展开深入合作，又追加了100万元，同时保留了认股选择权，以期未来上市或被收购时行使认股选择权。

在获得贷款后的三年内，公司的年销售收入从200多万增长到1400多万元，增幅接近600%，目前业务已遍及北京、广东、山东等多个省市，并收到美国、印度等国外客户以及一些高新创投公司抛出的合作橄榄枝。

三、投贷联动产品模式分析

（一）"高新贷"投贷联动业务模式

XT科贷在开展"高新贷"投贷联动业务时，主要采用贷款先行和择机投资两种模式相结合的业务模式。贷款先行模式是XT科贷在初期采用的一种策略，即先进行贷款投放。这种方式使目标公司能够以更低的成本进行融资，同时 XT 科贷也获得了将债权投资转换为股权投资的权利。XT 科贷的贷款投放周期约为 3 年，在此期间以贷款形式为企业提供资金支持，并实时跟进贷款企业的生产经营情况。当目标企业成功上市或受到风投基金的青睐且发展势头良好时，XT 科贷再考虑进行追加投资。择机认股模式适用于项目发展到成熟阶段，目标企业展现出良好的发展势头，并有可能上市或以高价被收购。此时，XT 科贷可以行使早期购买的认股选择权，以期望获得更大的收益并获得风险补偿。

（二）投贷联动业务模式类型

投贷联动是一种以商业银行为主、将股权和债权相结合的融资服务方式。投贷联动业务的实质是基于风险与收益之间关系而产生的一种金融创新，通过股权和债权相结合的融资服务方式，向初创型企业提供资金支持。投贷联动为中小科技企业提供了新的融资渠道，发挥了商业银行等金融机构的客户优势和资金优势，缓解了中小企业因"轻资产、高风险"特点导致的融资难、融资贵等问题。因此，投贷联动有助于提高银行的风险忍耐度，提高银行在中小科技企业融资中的参与程度，从而拓宽了银行融资渠道。目前投贷联动主要包含三种业务模式：

一是外部联动。商业银行与投资机构联合对科创企业进行融资，商业银行进行"贷"，投资机构进行"投"，信息、收益、风险共享，这种联动模式比较松散，能够扬长避短，但是该种模式可能会产生权益和边界不清晰。其方式主要包括与集团控股的子公司、外部风投、对创投机构授信间接投资、成立产业基金等进行联动。例如，上海农商银行于 2021 年 7 月推出"鑫动能 2.0"服务方案，并与六家基金公司签署"投贷联动"战略合作协议，同时特设投贷联动业务决策委员会。根据科创企业不同的生命周期，为企业匹配不同的金融产品，如与投资机构共同为初创期科创企业提供投贷联动等股债综合支持，为成长期企业匹配浦江之光产品，为扩张期企业匹配科创集合债等产品。目前，上海农商银行为科创企业贷款超 430 亿元。

二是内部联动。商业银行利用自有资金发放贷款给企业，以获得企业一定比例的认股权，即"贷款+认股权"。相较于外部联动模式，这种联动仅涉及商业银行和企业，联动更加紧密，从而防止企业的股权被稀释，且认股权对商业银行进行了风险补偿。例如，中国建设银行在对有融资需求的科创企业进行投贷联动投资时，以股权投资为切入点，通过先贷后投、先投后贷、配备顾问咨询、认股期权、"股权+"等方式对企业进行融资。2018 年，建设银行与国家发展改革委共同设立战略性新兴产业发展基金，是全国首支由商业银行作为基金管理人的国家级发展基金。建设银行子公司对该基金出资 53 亿元，其他部分由地方政府、保险公司、大型企业等共同出资。建设银行为基金托管人，建信（宁波）投资管理有限责任公司为基金管理人，重点关注战略性新兴产业，进行创业投资、股权投资、代理创业投资企业等业务。

三是选择联动。商业银行在提供贷款的同时，与被投资企业签订协议，约定持有该企业一定的收益权，并在特定条件下转让，实现收益，该模式在设立投资子公司的商业银行中使用最多。2021 年 4 月，浦发银行推出升级版的"上市贷"和"认股选择权+科创含权贷"，为高成长性的科创企业提供股权与债权相结合的融资方式。浦发银行目前已形成"股、债、贷"一体化的科创金融生态圈服务模式，通过"融资、融智、融技和投资"跟进科创企业的整个生命周期。如通过信贷支持、项目贷款、股权直投和股贷联动等方式助力广州康希诺生物于 2020 年在科创板上市，类似还有海尔生物、百奥泰生物等制药类企业。

（三）投贷联动模式发展问题分析

第一，科创企业从商业银行获得的融资占比较小，且融资规模较小。商业银行通常把资金的安全性和流动性放在首位，风险偏好保守，且考虑

案例六：金融创新支持企业科创发展案例研究——合肥"XT科创通"投贷联动产品

到科创企业早期风险高、收益小、研发周期长、产品研发成功的概率不确定等问题，在科创企业最需要资金支持的早期，商业银行介入较少，一定程度上限制了科创企业的融资。另外，商业银行对风险的容忍度非常低，只有对科创企业风险可控或可承受时才进行投贷联动，从而将一部分风险较大但未来成长性较高的优质科创企业排除在外。

第二，投贷联动涉及商业银行、证券公司、基金公司抑或是其他风投机构，这些机构对科创企业权益边界理解不清晰，甚至可能存在分歧，尤其是没有成立投资子公司的商业银行表现得更加明显。通过第三方机构代持科创企业股权的商业银行，当自身权益受到损害时通过法律途径解决问题较为困难，因此面临合规风险。

第三，科创融资成本较高。考虑到科创企业产品存在研发风险，商业银行会通过投贷联动提高贷款利率以获得风险溢价或是通过投贷联动提高收益报酬率，从而使科创企业融资成本和财务风险增加，这在一定程度上限制了企业的技术研发投入。

第四，部分商业银行通过第三方企业代持科创企业的股权，由于分红方式存在监管的合规风险，在一定程度上造成科创企业融资的溢价，形成财务困境。

第五，虽然投贷联动服务于企业的全生命周期并给予了全过程的规划指导，但在实际运行时，融资方考虑到自身的资金安全，可能在企业某个特定时期介入，并未全链条跟进，更未对企业提供长远规划，使得部分科创企业的创新项目未能持续进行。

第六，科创企业的知识产权抵押品有着时效性和专业性，此类抵押品需要专业评估机构进行评估，变现能力较弱，商业银行在处置方面比较困难。当前，浦发硅谷银行为国内科创企业提供贷款、风险管理等服务，培养科创产品和技术评估方面的专业人才，在企业周期跟进方面做得相对较好，为多家医疗健康、双碳绿色与智能制造、企业服务、半导体集成电路技术、人工智能与大数据，以及新消费等科技创新领域的企业提供了资金支持。

第七，信息披露质量有待进一步提高。当前科创企业披露的信息集中在研发进度、融资和会计等方面，多是"报喜不报忧"，但是有关研发风险的信息披露较少，甚至需要投资方去挖掘、判断，在一定程度上存在隐匿坏消息的动机，增加了投资风险。另外，科创企业专业技术性强，商业银行中熟悉科创企业技术和科创金融服务的专业人才不足，难以获得企业研发技术和研发潜力的相关数据，在高新技术的评估和前瞻性预判方面较弱，不能正确地评估企业的持续创新能力和未来成长性，增加了信贷风险，而且商业银行之间对企业创新评估没有统一的标准，也提高了政府监督的难度。

四、金融创新支持企业科创发展建议

（一）创新投贷联动模式

当前投贷联动的主体以"商业银行＋科创企业"居多，商业银行的风险容忍度较低，使得科创企业融资难、融资贵。建议提高商业银行与证券、信托、风投等金融机构的深度合作，丰富融资主体，可考虑在现有投贷基础上引入债权或股权，提高股债联动的适用范围，拓宽企业的融资渠道，允许各个投资主体享有科创企业的股权和期权，将原来单一的债券关系变成债权和股权关系，进一步降低科创企业的贷款难度以及融资成本。各个投资主体也可利用自身信息优势，为科创企业提供全过程的跟进服务，以满足科创企业不同生命周期的融资需求，为其上市或转板提供资金支持。另外，在进行投贷联动和股债联动前，建议各个投资主体厘清权责界限，明确投资和收益比例，规范投资行为，降低摩擦成本。

在具体操作上，一是提高商业银行自有资金对科创企业的贷款比例，适当延长科创企业的贷款期限，减轻科创企业短期财务压力。同时，丰富偿还方式，偿还方式不仅限于现金流式的银行存款，还可考虑增加如控权转换条件、调整控制权等，减少企业现金流短缺的压力。二是扩大科创企业抵押贷款的抵押品种类，除固定资产、股权债券类产品外，也可适当增加高新技术、知识产权等无形资产的抵押。三是以国有银行和股份制银行为主的商业银行剥离科创业务和传统业务，成立专门分行或是子公司，为科创企业提供更加专业化的贷款和金融创新服务。

同时，建议扩大区域内的金融机构合作。以上海为例，可将金融机构的合作范围扩大到长三角区域，探索区域内金融机构的同业之间、跨业之间的联合授信、联合贷款等业务，既能满足科创企业研发融资较大的资金需求，又能减少单一地区、单一机构的资金流动性风险。

（二）多方合作加强科创企业风险监控

针对科创企业风险高、披露不足的信息不对称问题，一是督促科创企业提高信息披露的质量，扩大信息披露的内容；二是加强与上海数据中心、上海数据交易所的合作，提高信息透明度，从而提高科创企业技术的定价效率、增强利益相关方的互信、保护利益相关方的权益，进而促进科创企业融资。同时，考虑到科创企业经营风险大的问题，也可以通过员工持股降低相关利益方的风险来解决。这样既可以增加员工参与的积极性，又可以扩大融资渠道，降低商业银行风险。

对于政府等监管部门来说，建议设定科学的监管制度和激励政策，如给予优质的科创企业税收政策倾斜、贷款优惠等。另外，考虑到科创企业的产品和技术在市场上具有一定的先进性和独特性，但监管和核算未能与科创企业的发展同步，建议监管机构与时俱进，利用大数据平台和数字技术监管，着重培养金融创新人才的专业知识和服务技能，从而提高政府机构的监管能力，减少科创企业的道德风险。

围绕高新技术企业的技术特征和行业特征，建议构建统一的科技创新评价体系，对企业的创新能力、经营状况和未来发展潜力进行综合评估。一是对研发技术强、成长性好和融资风险低的企业，发展"资金"加持

"技术"的模式；二是提高对科创企业技术的科学评估，降低金融机构和中介机构对企业技术的评估成本，提高科创企业的抵押质量以及融资能力。

（三）建设专业化人才梯队

投贷联动业务的开展范围广泛，这对银行前、中、后台人员的专业水平提出了较高要求。虽然银行内部拥有丰富的金融、财务和法律专业人才，但在理解相关行业以及把握其发展趋势方面仍存在一定不足。因此，银行在开展投贷联动业务时，必须根据具体行业的规律和特点，加强组织机构和专业人才梯队的建设。

首先，银行可以通过调整机构设置来打造更加专业和高效的产品线。这包括设立专门的部门或团队，以负责特定行业的投贷联动业务。通过精准的机构设置，银行能够更好地了解和适应各行业的特殊需求，提供更加个性化和专业化的服务。

其次，银行需要通过内部培养和外部招聘相结合的方式，组建一支多元化的团队，将财务专家、法律专家和行业专家集合在一起。通过内部培训，银行可以培养现有员工的行业理解和专业技能，使其适应投贷联动业务的需求。通过外部招聘，银行可以吸纳具备相关行业经验和专业知识的人才，为投贷联动业务注入新鲜的思维和创新的能量。

尤其需要强调的是，针对具体的投资方向，银行应组建行业高端专家团队，使其充实于实践之中。这些行业高端专家拥有丰富的行业经验和深入的行业洞察力，能够为银行提供准确的行业分析和发展趋势预测。他们的参与将有助于银行更好地了解各行业的特点和挑战，提供更有针对性的投贷联动方案，实现更高的风险控制和投资回报。

通过加强组织机构和专业人才梯队的建设，银行能够提升自身在投贷联动业务中的竞争力和专业水平。这将为银行提供更好的机会来把握市场动向，满足客户多元化的需求，并实现长期可持续的发展。

（四）提供全方位金融服务

开展投贷联动业务对银行而言，需要完成由传统信贷业务中的债权人

案例六：金融创新支持企业科创发展案例研究——合肥"XT科创通"投贷联动产品

角色向投贷联动业务中的投资人角色的转变。这一转变要求银行加强客户综合服务能力建设，以满足客户在融资过程中的多元化需求。除了提供融资支持外，银行还应向客户提供涵盖战略制定、上下游业务整合、财务规范、法律咨询、税务筹划、上市辅导、定向增发、并购重组、债券发行、私人银行以及资产管理等全投资周期金融服务。

通过提供这样的多元化服务，银行能够保证被投资企业实现其未来的成长预期。战略制定帮助企业明确发展方向和目标，上下游业务整合提供协同效应和竞争优势的实现，财务规范确保企业运作合规和资金管理的高效，法律咨询提供法律风险管理和合同审查等支持，税务筹划帮助企业进行合理的税务规划和优化，上市辅导提供上市准备和投资者关系管理的支持，定向增发和债券发行为企业提供了多样化的融资渠道，并购重组则为企业拓展市场和整合资源创造机会。此外，私人银行和资产管理服务则能够为客户提供个性化的财富管理和资产配置建议，进一步提升投资回报和风险控制的效果。

通过加强客户综合服务能力的建设，银行不仅能够满足客户的多元化需求，同时也能保证自身获得具有高附加值的投资收益。银行在投贷联动业务中发挥投资人的角色，能够通过提供多元化的金融服务，实现对被投资企业的全方位支持，从而确保企业能够实现未来的成长预期。与此同时，银行也能够获得投资回报的提升，并在投资周期中获得更高的附加价值，实现自身的长期可持续发展。因此，银行在开展投贷联动业务时，必须加强客户综合服务能力建设，提供全方位的金融支持，以确保双方的共同利益，实现可持续发展。

案例七：科创板与金融服务科技创新企业的典型案例研究

一、政策背景

经过30年的迅猛发展，中国资本市场取得了令人瞩目的成就。但核准制下，优质企业上市难，同时"炒新""炒概念""炒壳"等异象频现。从审批制到核准制，我国政府仍担负着企业上市的实质性判断的重担，市场化定价体系尚未成熟，注册制改革势在必行。国际上，发达市场普遍实行注册制。在注册制下，政府部门推行宽进严出的"形式性审核"；发行企业需要及时、充分、准确地披露信息，以供投资者进行客观决策。相反，核准制遵循"实质管理原则"。即由证监会判断拟上市公司的质量，确定其是否符合发行要求。行政干预扭曲了资源配置方式，导致市场定价效率不足，这是实务界亟待解决的问题，也是学界关注的焦点。

在新冠疫情等事件冲击下，国际形势日趋复杂，新一轮科技革命和产业变革正加速推进。这使得科技创新成为我国应对百年未遇之大变局的关键。2018年11月5日，首届中国国际进口博览会开幕，国家主席习近平在开幕式上宣布"在上海证券交易所设立科创板并试点注册制"。科创板上市公司主要围绕新一代信息技术、高端装备、新材料、新能源、节能环保以及生物医药等高新技术领域，凸显了其科创属性。2019年3月2日，证监会、上交所联合发布了科创板注册制制度规则和业务指引文件（以下简称科创板正式稿）。2019年7月22日，科创板首批25家企业正式上市。同年12月28日，十三届全国人大常委会第十五次会议通过新修订的证券法，明确将全面推行注册制。随着相关工作快速推进,注册制改革给 A 股市场带来了怎样的变化?"炒壳""炒新""炒概念"等现象是否得到抑制?市场定价效率是否显著提升?已成为人们热议的话题。本部分基于金融服务科创企业的角度,试图通过研究科创板企业 IPO 的经典案例,探讨科创板制度下金融服务科技创新企业的渠道,这将有利于金融支持科创的相关实践和顶层设计优化等。

金融可以通过间接融资和直接融资为科创企业提供重要的外部资金融资渠道,进而实现金融资本的优化配置。金融的发展不仅会显著促进高科技行业的企业技术创新(Hsu 等,2014),金融发展带来的充足银行资金和风险资本等金融支持还有利于缓解研发创新活动的融资约束,提高研发投入和创新效率(钱水土和张宇,2017;Giebel 和 Kraft,2019),提高高技术产业的创新效率(陈姗,2019)。有关科技与金融政策效果的研究也开始逐渐受到学术界关注,成为热门的研究话题。总体来看,当前的研究多局限于从资本市场、资源配置等内部机制的角度探讨金融促进科创的作用。而聚焦科创板,关注重点产业和科创企业发展的案例研究尚需深入。事实上,部分学者已经开始聚焦科创板企业的相关研究。例如,薛爽和王禹(2022)基于科创板 IPO 公司多轮审核问询回复函,从"质"和"量"两个维度分别构建指标度量回复函的信息披露质量,考察其对 IPO 定价效率的影响,研究证实了问询制度提高了科创板企业的定价效率。金融支持科创企业创新形式发展迅速,同时科创板等可以为重点产业和科创企业发展提供新的融资路径。本部分将基于科创板与金融服务科技创新企业视角,研究科创板 IPO 典型案例的形成机制和作用机制,为进一步通过金融创新促进科技企业的发展提供一定的经验证据。

二、科创板视角下金融服务科技创新的现状

(一)金融服务科技创新的理论基础

科技创新是一项长期活动,本身具有投入成本高、发展培养慢、技术

风险高、更新换代快的特点。投入成本高意味着科技创新需要大量的资金支持,耗费较多的人力、财力、物力;发展培养慢意味着科技创新不能在短时间内取得实质性进展,不能将投入资源快速转化为产出,实现资金的收回和盈利;技术风险高意味着技术创新在设计、研发和应用方面都存在着高度不确定性,一旦研发失败,投入者将承担较大的损失;更新换代快意味着随着同行业技术的不断创新,之前投入大量资源所取得的成果将会被取代,导致企业丧失原有的竞争优势。由此可见,科技创新的每个阶段都需要充足且连续的资金作为支持,维持活动的正常进行。

金融发展可以通过两种渠道影响科技创新。第一,金融可以通过一系列金融工具、金融制度、金融政策与金融服务的系统性、创新性安排为科技创新提供资金上的支持。第二,企业金融生命周期假说认为不同生命周期的企业融资来源不同;Foster 于 1986 年提出技术生命周期理论,根据技术进步率随时间推移发生的变化,可以将技术生命周期划分为导入期、生长期、成熟期和停滞期四个阶段。在科技创新所处的不同阶段中,技术创新的战略目标和总体风险各不相同。综合以上两种观点,企业在其本身和技术的不同阶段所愿意选取的融资方式和融资渠道也不尽相同。因此,在满足科技创新资金需求的同时,还需根据生命周期理论,将科技创新的不同发展阶段与特定的融资方式相匹配,实现风险与收益的统一。

(二) 金融服务科技创新的政策现状

从国际看来,当今世界正经历百年未有之大变局。新冠疫情影响广泛而深远;逆全球化、单边主义、保护主义思潮暗流涌动,创新已经成为世界主要国家发展战略的重心。从国内来看,我国已进入经济高质量发展阶段,这要求我们必须强化创新能力、实现科技自立自强。对于金融行业来说,金融服务科技创新不仅仅是时代需要,更是金融业实现自身发展的重大机遇。近年来,从中央到地方对金融服务科技创新的重视力度不断加强。

相关部门也出台了一系列法律法规和政策，以疏通企业科技创新融资的渠道，完善金融服务科技创新体系，提升金融服务科技创新的能力。

1. 国家层面政策

表11-1列示了部分金融支持科技创新的国家层面相关政策。例如，2018年11月5日，习近平总书记在首届中国国际进口博览会开幕式上发表题为《共建创新包容的开放型世界经济》的主旨演讲，指出"支持上海国际金融中心和科技创新中心建设，不断完善资本市场基础制度"，"将支持长江三角洲区域一体化发展并上升为国家战略，着力落实新发展理念，构建现代化经济体系"。另外，金融机构也加大对科技创新企业的创业投资、银行信贷、上市融资等多方式全链条金融支持力度，进一步提升金融服务实体经济的精准性和有效性。

表11-1　　　　国家层面有关金融支持科技创新政策汇总

签发日期	文件标题	发布主体	主要内容及特色
2019-3-2	《科创板首次公开发行股票注册管理办法（试行）》《科创板上市公司持续监管办法（试行）》	中国证券监督管理委员会	科创板在上市条件、上市审核及注册、定价机制、交易机制和持续监督等方面享受更加优惠的待遇
2021-11-26	《关于银行业保险业支持高水平科技自立自强的指导意见》	中国银保监会	要统筹推动直接融资与间接融资相互补充，政策性金融与商业性金融共同发力，充分考虑银行、保险、非银行金融机构优势和特点，调动科技金融服务积极性。要完善科技金融服务体系，发挥开发性、政策性金融作用，推动商业银行科技金融服务提质增效，强化科技保险保障，发挥非银行金融机构特色优势

续表

签发日期	文件标题	发布主体	主要内容及特色
2022-4-19	《"十四五"时期完善金融支持创新体系工作方案》《关于完善科技激励机制的若干意见》	中央全面深化改革委员会	加快推进金融支持创新体系建设，要聚焦关键核心技术攻关、科技成果转化、科技型和创新型中小企业、高新技术企业等重点领域，深化金融供给侧结构性改革，推进科技信贷服务能力建设，强化开发性、政策性金融机构在职责范围内服务科技创新作用
2022-4-28	《中国人民银行设立科技创新再贷款 引导金融机构加大对科技创新的支持力度》	中国人民银行	科技创新再贷款额度为2000亿元，利率1.75%，期限1年，可展期两次，发放对象包括21家金融机构，按照金融机构发放符合要求的科技企业贷款本金60%提供资金支持

2. 地方层面政策

北京、上海作为科创板受理企业量数一数二的地区，近些年也相继出台了各种政策以加强对当地科创企业的金融扶持（见表11-2）。

表11-2　　　　北京、上海有关金融支持科技创新政策汇总

签发日期	文件标题	发布主体	主要内容及特色
2022-6-25	《关于对科技创新企业给予全链条金融支持的若干措施》	北京市地方金融监督管理局等六部门	通过建立七大机制28项措施，加大对科技创新企业的全链条金融支持机制，打造多层次、专业化、特色化的科技金融体系，从而有力支撑北京国际科技创新中心建设
2019-9-20	高新技术企业贷款授信服务方案	上海市科学技术委员会、中国人民银行上海总部	重点支持首贷及中小微型的高新技术企业，为其提供低息或信用贷款，并在建立专门的绿色审计、优化服务方式等方面支撑和优化高新技术企业信贷环境

续表

签发日期	文件标题	发布主体	主要内容及特色
2022-1-15	《上海市推进科技创新中心建设条例》	上海市第十五届人民代表大会第三次会议	该条例被称为国内第一部科创中心建设的"基本法",以地方性法规方式构建有竞争力的法治环境,全力保障上海科创中心建设。条例充分体现了"上海特色",将"金融环境建设""知识产权保护"等重要环节独立成章

北京市地方金融监督管理局会同北京市科学技术委员会、中关村科技园区管理委员会、中国人民银行营业管理部、中国银行保险监督管理委员会北京监管局、中国证券监督管理委员会北京监管局和北京市海淀区人民政府联合印发《关于对科技创新企业给予全链条金融支持的若干措施》(以下简称《若干措施》),建立对科技创新企业的全链条金融支持机制,打造多层次、专业化、特色化的科技金融体系,有力支撑北京国际科技创新中心建设。《若干措施》围绕科技创新企业实际需求,深化科创金融政银企对接机制,针对科技创新企业融资的痛点难点问题,鼓励和引导金融机构提供覆盖科技创新企业创业投资、银行信贷、上市融资等全链条的金融服务,加大政府投资基金引导作用,增强政府性融资担保机构服务能力,支持企业获得知识产权质押贷款、科技保险等服务,着力从政策机制层面引导和支持科技创新企业发展。同时,《若干措施》强调引导社会资本投早、投小,建立私募、创投等被投资企业的服务机制,发挥金融支持企业开展关键技术创新攻关的作用,不断提升企业创新实力和核心竞争力。

上海市第十五届人民代表大会第三次会议通过的《上海市推进科技创新中心建设条例》(以下简称《条例》)从法律层面确定了科技创新中心建设的基本框架,为相关配套制度的制定和实施提供依据,加快形成制度保障体系。《条例》着力将"最宽松的创新环境、最普惠公平的扶持政策、最有力的保障措施"的理念体现在制度设计中,具有鲜明的改革和创新导向,以"创新主体建设、创新能力建设、创新承载区建设、创新环境建设"为逻辑主线，充分发挥市场对各类创新要素配置的导向作用，有效发挥政府在协调创新活动、整合创新资源、衔接创新环节等方面的积极作用，最大限度激发全社会创新活力与动力。同时，《条例》与"科创22条""科改25条"以及其他配套政策，构建起了门类齐全、工具多样的科技创新政策法规体系。

（三）金融支持科技创新的路径分析

1. 政策性金融

政策性金融是一种特殊性资金融通行为。它是以国家信用为基础，为贯彻和配合国家特定的经济和社会发展政策而实施的。政策性金融严格按照国家法规，给予限定的业务范围、经营对象优惠。它可以通过政府的宏观调控，改善市场资源配置效率低等市场失灵的情况。

由于科技创新本身具有投入成本高、发展培养慢、技术风险高、更新换代快的特点，并且在金融市场上，由于科创企业点多面广，企业资产质量和经营管理水平参差不齐，市场风险大。因此，市场中的潜在资金提供者在与科创企业的交易过程中，普遍面临着严重的信息不对称问题。特别是在金融体系不健全、金融市场不发达、社会信用体系不完善的情况下，这种信息不对称的问题尤为严重。由于信息不对称的普遍存在，使得潜在的资金提供者与科创企业的交易不仅成本高，而且风险大。因此，对于科创企业而言，单纯依靠市场的力量很难获得其本身科技创新所需要的资金，这严重阻碍了企业的科技创新动力。

面对市场资源配置效率低的状况，政府作为市场经济的主体，可以通过一系列的经济行为和行政行为对经济运行状况和经济运行关系进行调节和干预，弥补市场缺陷。就技术创新而言，政府可以通过出台相关政策、法律法规，例如，通过中国人民银行设置相关政策性金融工具，通过三大政策性银行提供政策性贷款，通过建立政府投资引导基金等方式给企业科技创新提供相应的资金支持，鼓励、支持并引导企业进行科技创新。

案例七：科创板与金融服务科技创新企业的典型案例研究

政府政策可以从两个方面影响企业创新活动。一方面，企业可以从上述的各种政府活动中获得税收减免、政府补助、优惠贷款、政府投资等直接的好处，从而补充商业性投融资活动的不足，满足科技创新的资金需求。另一方面，这些新的优惠金融政策具有较强的溢出效应。政策性金融介入特定的行业或项目，往往向外界传达一个信号：国家要大力支持和发展这些产业。此时，市场中的商业性金融机构跟进，不仅可以获得国家有关优惠政策上的支持，而且有了国家信用作为背书还可以降低投资风险，获得更高的收益。

一般而言，这种政策的溢出效应，对于一些新兴领域以及初创型的产业来说更为明显。在产业或企业形成的初期，企业很难获得外部资金，主要依靠自有资金进行科技创新。而自有资金是远远不够的。此时政府作为领头羊，对这些领域和产业进行肯定和支持，向市场传达政府扶持的意向，进而极大地增强市场的信心，吸引市场中的商业性金融机构进行投资。当市场中有足够的商业性资本时，政府再逐渐松开"有形的手"，充分发挥市场的作用。此时，政府转而再扶持其他新兴产业。如此循环往复，形成政策性金融对于市场资本的引领作用和诱导机制。

2. 金融信贷

金融信贷是资金需求方从金融机构获得的担保或无担保贷款。以商业银行为代表的信贷部门根据其内在的风险偏好，为科技创新提供资金支持。商业银行在我国金融体系中扮演着十分重要的角色（见图11-1）。数据显示，在我国有53.49%的小微企业愿意通过商业银行贷款渠道，解决企业所需生产经营流动资金短缺的问题，商业银行已经成为解决小微企业融资需求的主力军。相关数据显示[①]，相较于其他发达国家，中国科创企业融资成功率偏低。被调研企业获得信用贷款比例仅为18%。科创企业预计下一笔融资来源主要是战略投资者（22%），来自银行贷款的比例预计仅占3%。

---

① 数据来源：硅谷银行：《2020中国科创企业展望报告》。

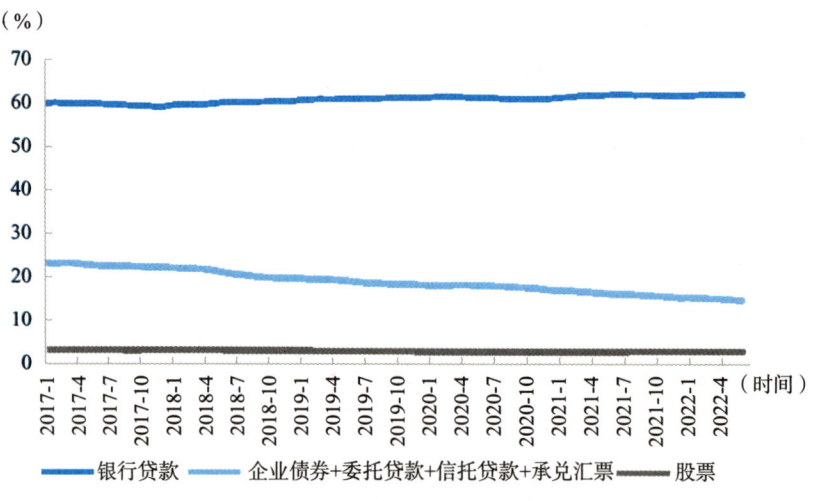

图 11-1 中国社会融资结构

资料来源：万得信息网（Wind）、海通证券研究所。

科技型企业的特殊属性使其具有"两面性"。一方面，国家"大众创业，万众创新"的政策催生了一大批科技型小微企业。企业逐渐发展壮大，其融资需求也不断提高，同时随着技术的更新迭代，企业需要资金进行技术的改进升级。因此，科创型企业有迫切的融资需求。另一方面，相较于传统企业，科创型企业的主要业务聚焦于高新技术的创新，涉及技术品种多、技术性高、专业性强，其研发能力、发展潜力都具有较大的不确定性。而且科创型企业本身以无形资产为主，价值难以准确衡量，具有轻资产的特征，没有足够的固定资产可供抵押。尤其在当今无形资产登记、评估、交易市场发展相对滞后的情况下，知识产权质押等融资业务十分困难。对于银行而言，由于科技型企业具有风险与收益非对称性、资金需求量大且频繁、发展前景模糊等特点，往往达不到银行授信的准入门槛，于是出现商业银行"惜贷""慎贷"的情况，使企业融资遇到巨大障碍。科技型企业作为技术创新的重要主体，是发展高新技术，培育科技型大中型企业或企业集团的孵化器。企业创新投入往往需要大量资金，单纯依靠自有资金与银行贷款等传统融资方式很可能无法及时有效地解决资金需求。其巨大的融资需求与商业银行"惜贷""慎贷"的行为产生冲突，也是现有科创型企业融资的悖论。

一般而言，金融信贷主要是在企业成熟时期发挥更大的作用。商业银行在进行经营管理时，往往遵循"三性原则"，即安全性、流动性和营利性，并将安全性放在首位。因此，商业银行更愿意将贷款发放给那些规模较大、资金雄厚、信誉高、有大量固定资产可供抵押的大中型企业。初创期和成长期的科创企业，研发投入大、固定资产少、风险系数高，此时商业银行往往不愿提供贷款。而在成熟期，科创企业盈利稳定，现金流量充裕，各类资产增加，更容易吸引银行资金。

3. 资本市场融资

资本市场通常是指进行中长期（一年以上）资金（或资产）借贷融通活动的市场，是金融市场的重要组成部分。根据所有权性质划分，资本市场融资可以分为股权性融资和债权性融资，其中股权性融资的方式主要有风险投资、私募股权、首次公开发行等；债券性融资主要有公司债券、企业债券、银行贷款和中期票据等。

尽管资本市场融资渠道众多，但是科创型企业仍然面临着融资难度大、融资成本高的问题。首先，从股权性融资来看，一方面，科创型企业往往难以达到主板上市的条件，因此公开发行股票募集资金的可能性较低；另一方面，即便科创型企业通过新三板等创新板块上市，由于这些板块的资本市场活跃程度较低，科创型企业也难以及时获得充足的资金。其次，从债券性融资来看，我国《证券法》《公司法》对于企业发行债券做出了严格的规定。一般的科创型企业很难满足其发行条件。一般只有大型或国有企业具备发行债券的资格。

近几年，我国不断完善资本市场，推出创业板、科创板等交易市场，引导市场资本向技术资本转变，发挥资本市场在科技创新中的枢纽作用。同时，科创型企业也需要制定与资本市场相匹配的战略规划，才能更好地促进企业的创新发展。

总体而言，由于科技型企业存在经营风险大、研发周期长、无形资产比重高等特征，企业创新很可能受到融资约束的影响，尤其是初创期与成长期的科技型企业融资问题更为严重。融资约束成了企业提高技术创新能力的"拦路石"。同时，科技型企业具有明显的"始于成本、成于成本"的特点，需要资本市场通过对各种创新要素的引领，形成全面、系统的投融资服务，推动科技企业茁壮成长。

（四）金融机构服务科技创新现状

1. 科创板服务科技创新现状

2019年6月13日，科创板正式开板。7月22日，科创板首批公司正式上市。如今，科创板已经实施3年有余。3年以来，科创板成绩斐然（见图11-2）。

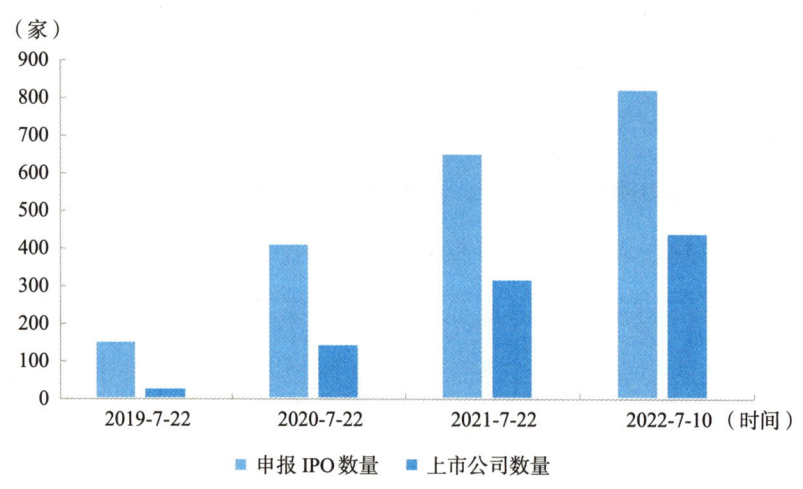

图 11-2 近三年科创板 IPO 申报及上市情况

资料来源：第一财经，截至 2022 年 7 月 10 日。

第一，科创板企业上市规模不断攀升，为科创企业股权融资助力。截至 2022 年 7 月 15 日，科创板上市公司共有 437 家。新一代信息技术、生物医药、高端装备制造企业数量最多，分别有 162 家、92 家和 76 家，占上市公司总数量的 76%（见图 11-3 和图 11-4）。

案例七：科创板与金融服务科技创新企业的典型案例研究

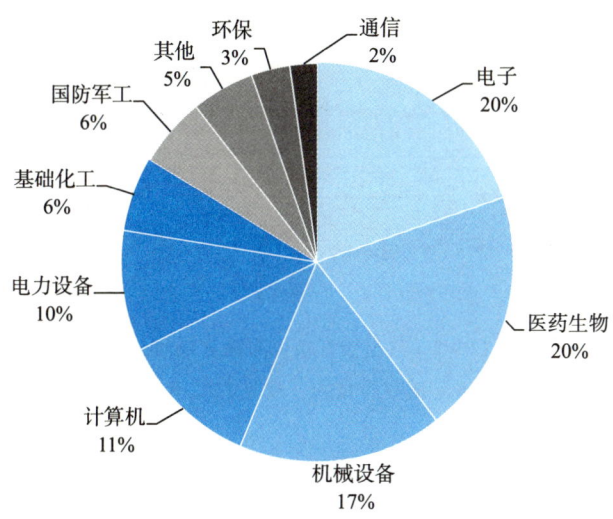

图 11-3　科创板开板以来 IPO 数量行业分布

资料来源：万得信息网、海通证券研究所，截至 2022 年 7 月 22 日。

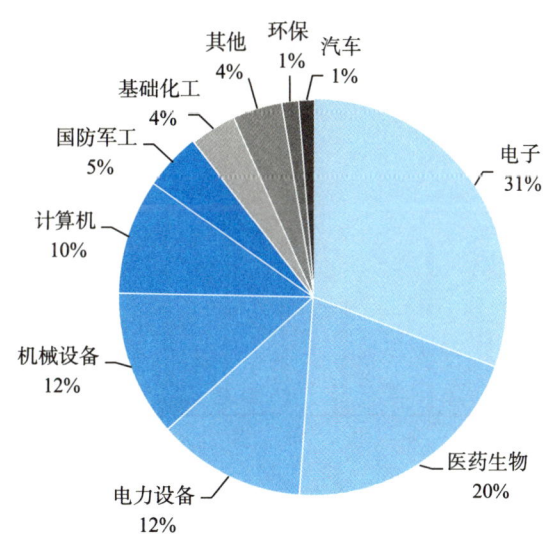

图 11-4　科创板开板以来 IPO 募资总额分布

资料来源：万得信息网、海通证券研究所，截至 2022 年 7 月 22 日。

第二，科创板融资融券规模稳步上升。3 年来，科创板融资融券规模稳步上升，2019 年 7 月 22 日为 20.71 亿元，2022 年 7 月 29 日上升至 851.76 亿元，增长 40 倍。其中，2020 年 4—8 月和 2021 年 3—8 月为两个增长高峰，增长率分别为 250.63% 和 76.64%（见图 11-5）。

183

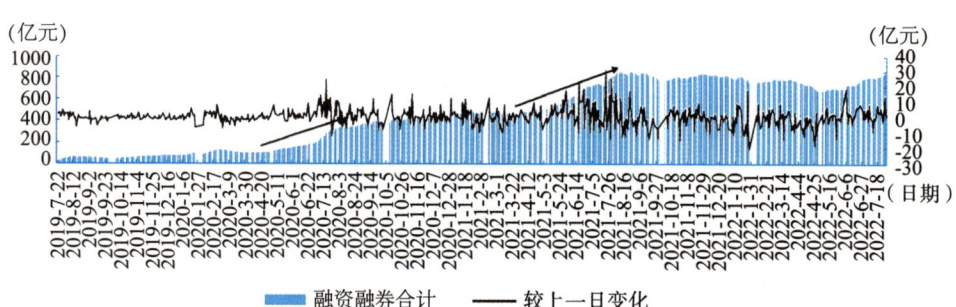

图 11-5　科创板开板以来融资融券规模

资料来源：万得信息网、中国银河证券研究所，截至 2022 年 7 月 18 日。

第三，科创板基金品类不断丰富。2019 年 4 月，7 只首批科创板基金成立。之后科技创新基金、科创主题基金、"科创板基金"、科创板 50ETF 基金相继问世（见图 11-6）。截至 2022 年 7 月 22 日，科创板基金达 77 只，自成立以来，平均收益率 32.21%。其中有 52 只实现正收益，占比 67.53%，有 11 只产品收益率超过 100%。

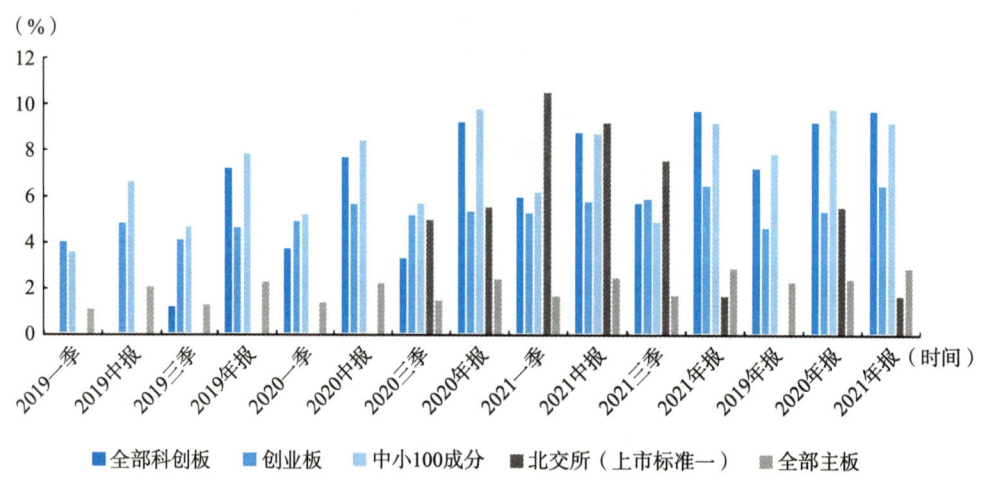

图 11-6　各板块基金投资占比

资料来源：万得信息网、中国银河证券研究所。

2. 其他金融机构服务科技创新现状

商业银行主要功能在于提供科技信贷，负责贷前的项目筛选、推出科技贷款、实行投贷联动和贷后的管理风险。例如，科技部火炬中心与工商银行联合开展"十百千万"专项行动，为企业创新能力提供支持。

案例七：科创板与金融服务科技创新企业的典型案例研究

政策性银行积极响应国家政策，进一步加大对科技创新的支持力度。2021年，国家开发银行共计发放700亿元专项贷款以支持国家重大科技创新任务、关键核心技术攻关、前沿性基础研究和应用研究。

各类保险机构通过开展科技保险为企业的科技创新提供"安全防护网"。科创型企业涉及技术品种多、技术性高、专业性强，在技术研发、成果转化和最终销售环节都面临着很大的不确定性。而保险机构可以对这种不确定性导致的财产损失、利润损失或科研经费损失等给予保险理赔。

PE和VC在科创企业的成长过程中也扮演着不可或缺的角色。自注册制试点至2021年末，超过八成的科创板上市公司曾获得过PE和VC的资金支持[①]。截至2022年5月末，私募股权投资基金存续规模达到10.84万亿元；创业投资基金存续规模达到2.56万亿元。

总体而言，在整个金融市场中，无论是各种金融中介机构还是PE、VC，都发挥着合理配置金融资本的作用，这有效地缓解了科创企业融资难、融资贵的问题。

三、科创板IPO重要案例分析

本部分将基于国内外视角，构建和分析科创板制度下金融服务重点产业和科创企业发展的典型案例，尤其是针对新一代信息技术、高端装备、新材料、新能源、节能环保以及生物医药等高新技术领域，研究重要企业在融资过程中获得的金融服务和相关模式。

在以往企业上市融资过程中，企业利润是作为重要的上市标准之一。只有企业利润达到一定的规模，才具备相应的上市资格。而对科创板而言，企业上市标准有很大的不同，尤其没有将企业利润作为必要的上市条件。因此，科创板的设立也为那些暂时处于亏损状态的科创企业提供了一定的融资机会。本文将科创板自设立以来首个尚未盈利的IPO过会企业——ZJ

---

① 数据来源：中国证券投资基金业协会。

公司为对象，试图分析其在融资过程中获得的相关金融服务。

（一）公司简介

ZJ 公司成立于 2009 年，位于江苏省昆山国家高新区，主要经营活动为研发和生产肿瘤、出血及血液疾病、免疫炎症性疾病和肝胆疾病等领域具有自主知识产权、安全、有效、患者可负担的创新药物。

（二）发行人选择的具体上市标准

为进行创新药物的研发和生产，ZJ 公司需要投入大量的资金。在其申请上市进行融资时，多项新药研发尚处于临床试验阶段，并无药品销售收入，因此在上市的前几年，ZJ 公司连续亏损 3 年，累计亏损达到 10 亿元并且没有任何营业收入。ZJ 公司的研发投入、管理费用与净利润对比如图 11-7 所示。

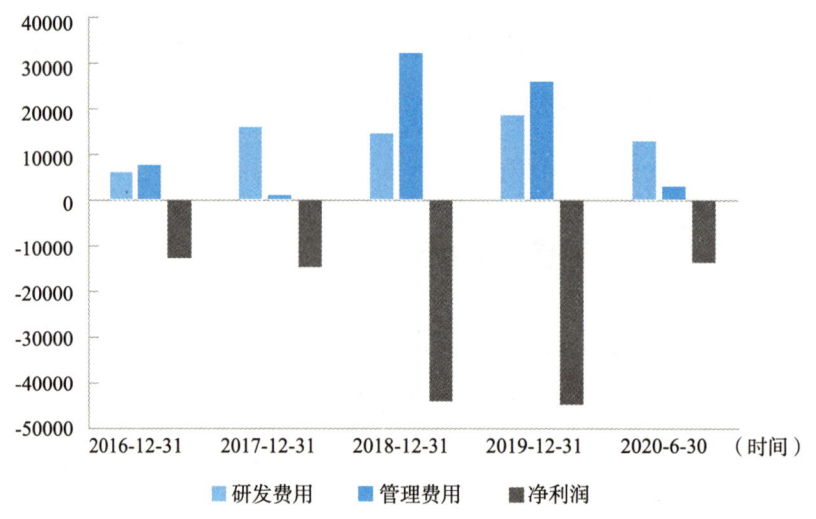

图 11-7 ZJ 公司的研发投入、管理费用与净利润对比

资料来源：根据万得信息网数据整理。

ZJ 公司选择的上市标准为《上海证券交易所科创板股票上市规则》第 2.1.2 条第五项[①]。ZJ 公司上市公告书显示其 IPO 发行价格为 33.76 元/股，

---

① 即"预计市值不低于人民币 40 亿元，主要业务或产品需经国家有关部门批准，市场空间大，目前已取得阶段性成果。医药行业企业需至少有一项核心产品获准开展二期临床试验，其他符合科创板定位的企业需具备明显的技术优势并满足相应条件"。

市值约为 81.02 亿元。截至 2019 年 12 月 9 日,发行人的产品管线 29 项在研项目,其中 4 个在研药品处于 II／III 期临床试验阶段。

(三) ZJ 公司主要融资历程

根据 ZJ 公司《首次公开发行股票并在科创板上市招股说明书》,ZJ 公司报告期内的历次股本变动情况如下(见表 11 – 3):(1) 2016 年 4 月,宁波泽奥向公司增资 21.0965 万美元;(2) 2016 年 8 月,深创投、昆山红土、中小企业基金、弘润盈科、上海健本、宁波璞石、杭州弘印向公司增资 43.8802 万美元;(3) 2017 年 8 月,分享投资、邕兴投资、北极光创投、ALPHA、上海创源垣向公司增资 19.3092 万美元;(4) 2018 年 1 月,民生人寿向公司增资 16.7346 万美元;(5) 2018 年 5 月,新余诺明、新余诺吉向公司增资 6.6938 万美元;(6) 2018 年 11 月,盛泽琪向公司增资 40.7691 万美元;(7) 2018 年 12 月,宁波璟晨向公司增资 11.5559 万美元;(8) 2018 年 12 月,新余善金、德丰嘉润、厦门嘉亨、东吴创新、燕园康泰、东方创业、燕园姚商向公司增资 19.5293 万美元;(9) 2020 年 1 月 23 日,ZJ 公司在上海证券交易所科创板正式上市,发行股票 60000000 股,募集资金净额为 190822.08 万元。

表 11 – 3　　　　　　　　ZJ 公司融资历史回顾

序号	披露日期	交易金额	融资轮次	投资方
1	2016 – 4 – 29	未披露	种子轮	盈富泰克
2	2016 – 8 – 29	未披露	天使轮	深创投、国中创投、才金资本、小核酸研究所
3	2017 – 8 – 1	数千万元	A 轮	北极光创投、分享投资、盈科资本、创源 InnoSpring、昆高新集团
4	2018 – 1 – 15	4 亿元	B 轮	深创投、北极光创投、分享投资、民生保险、中青金融

续表

序号	披露日期	交易金额	融资轮次	投资方
5	2018-5-17	未披露	股权融资	邕兴投资
6	2018-12-26	未披露	战略融资	燕创资本、东吴创新资本、赛复资本、德屹资本、燕园创投、杭州诺准、上海丞玺、元禾重元、善金资本
7	2020-2-23	20.26亿元	IPO	科创板 IPO

资料来源：天眼查。

（四）金融服务 ZJ 公司上市的模式分析

1. 融资服务

从上述 ZJ 公司的历次融资过程来看，涉及的投资者众多，其背后代表的经济成分也各不相同。其中最多的投资方当属私募股权投资和风险投资等专业金融资本，如昆山红土、中小企业基金、弘润盈科等。深创投和盈富泰克作为国有企业，对 ZJ 公司的股权投资体现了国有资本对于科创企业的支持。此外，民生人寿保险股份有限公司体现了保险资金也作为风险投资资本的来源。ZJ 公司 IPO 报告期初股权结构如图 11-8 所示，截至招股说明书签署日的公司股权结构图如图 11-9 所示。

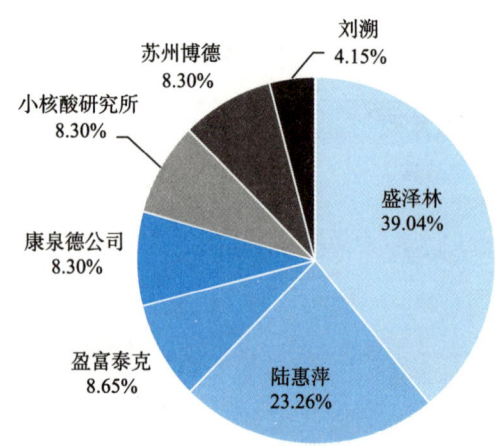

图 11-8 ZJ 公司 IPO 报告期初股权结构

资料来源：ZJ 公司招股说明书。

案例七：科创板与金融服务科技创新企业的典型案例研究

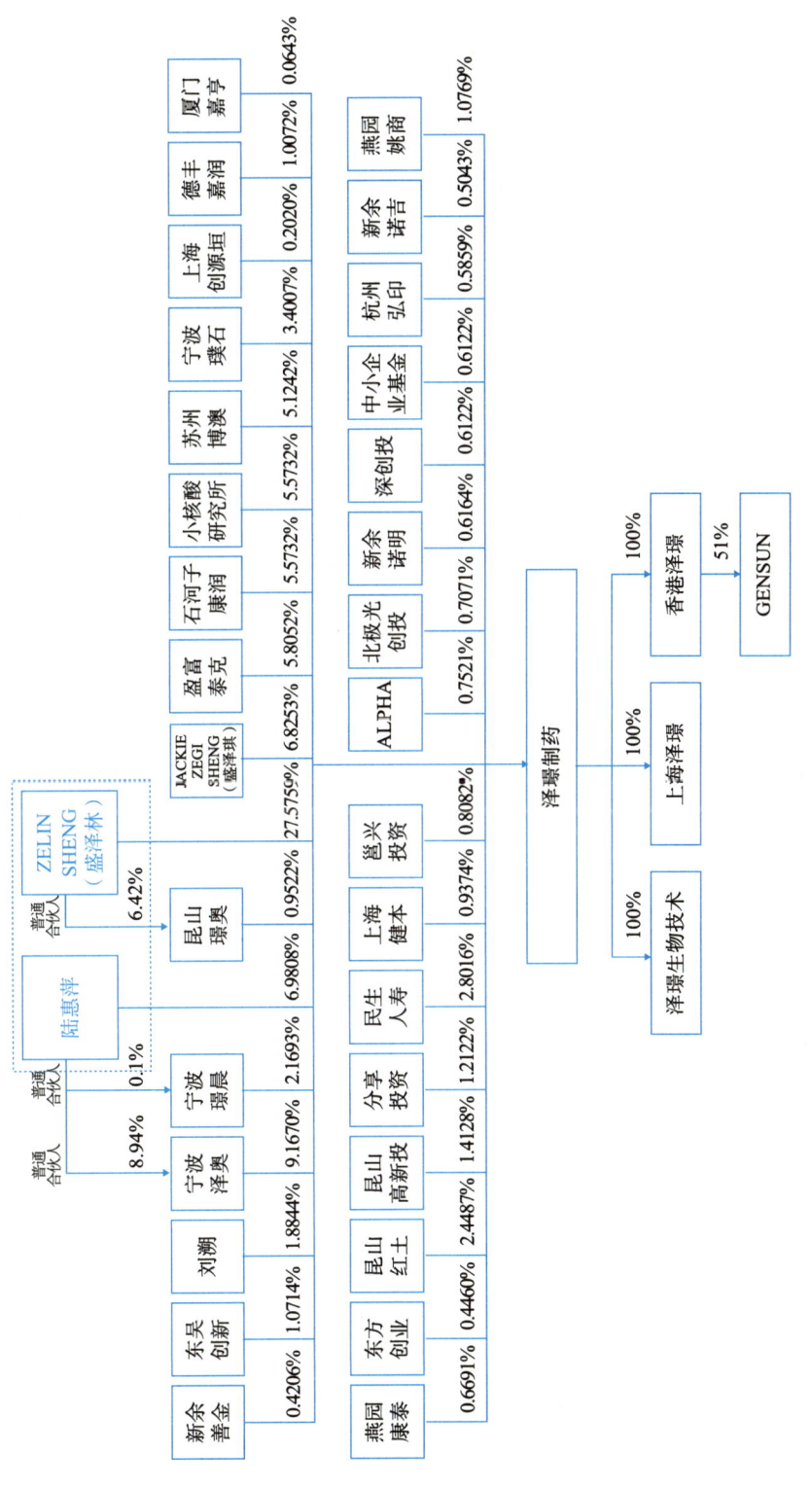

图 11-9　ZJ 公司股权结构图（截至招股说明书签署日）

资料来源：ZJ 公司招股说明书。

2. 保荐人子公司跟投机制

根据交易所相关办法规定，在科创板 IPO 可以配售给战略投资者，且战略投资者在一年内不允许卖出相关公司的战略配售股票。目前而言，注册制下 A 股首发战略配售参与者以大型产业资本、保荐机构跟投子公司、发行人高管及核心员工设立的资管产品计划为主，其余金融机构参与程度相对有限。

而在 IPO 业务中，投资者与发行人之间的信息不对称会带来一系列的逆向选择和道德风险问题。保荐机构的相关子公司跟投，在限售期内不允许卖出相关公司的股票。这可以督促保荐机构在筛选项目时更加小心谨慎，在对发行人进行上市服务时更加勤勉尽职，从而提升上市公司的质量，维护投资者利益。

中金公司依据《上海证券交易所科创板股票发行与承销业务指引》第十八条规定最终确定本次跟投 180 万股，占本次发行股票总数量的 3%，跟投金额为 6076.8 万元，战略投资者仅为主承销商中金公司依法设立的相关子公司中国中金财富证券有限公司。本次跟投获配股票的限售期为 24 个月。

3. 股权激励安排

截至 ZJ 公司上市公告签署日，发行人核心技术人员、首席科学官盛泽琪直接持有发行人 12285540 股股份。发行人员工通过设立宁波泽奥、宁波璟晨及昆山璟奥员工持股平台间接持有发行人 22119300 股。股权激励安排如图 11-10 所示。有关持股人员按照科创板拟上市企业上市前员工持股"闭环原则"及"上市前期权激励计划"的有关规定，做出股份锁定的承诺。

4. 中介机构提供的金融服务

根据法律规定，企业在 IPO 过程中需要聘请法定的中介机构为发行人提供相关上市相关的服务，如证券公司、会计师事务所、律师事务所等。他们各司其职、相互配合，共同致力于发行人的成功上市。

案例七：科创板与金融服务科技创新企业的典型案例研究

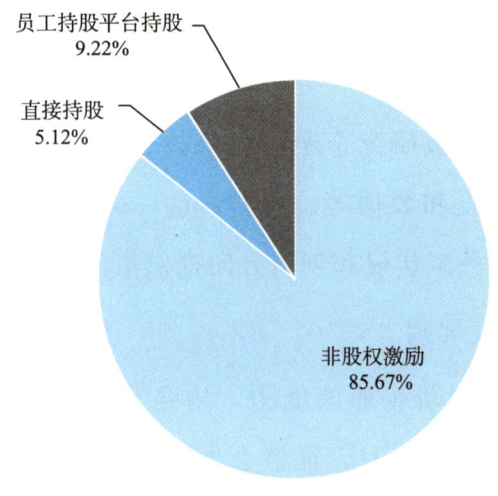

图 11-10 （非）股权激励持股比例

资料来源：ZJ 公司招股说明书。

总而言之，回望 ZJ 公司从发起设立到科创板成功 IPO 的整个历程，金融资本在其发展壮大过程中扮演了不可或缺的角色。风险投资和天使投资为 ZJ 公司的初期发展投来橄榄枝；国有企业和保险行业作为补充也为其研究开发注入了大量的资金；股权激励安排为其留住高科技人才，调动员工积极性提供了重要保障；IPO 融资为其进一步扩大研发生产打下坚实的基础。正是这些金融资本和金融机构相互配合，相互补充，才使得 ZJ 公司逐渐成为科创板的一枝独秀（见表 11-4）。

表 11-4　　　　　　　　　ZJ 公司 IPO 有关的中介机构

保荐人	中国国际金融股份有限公司	主承销商	中国国际金融股份有限公司
发行人律师	北京市君合律师事务所	联席主承销商	东吴证券股份有限公司
审计机构	信永中和会计师事务所（特殊普通合伙）	评估机构	中和资产评估有限公司
保荐人（主承销商）律师	上海市方达（北京）律师事务所	保荐人（主承销商）会计师	立信会计师事务所（特殊普通合伙）

资料来源：《苏州 ZJ 公司招股说明书》。

四、金融支持企业科创板 IPO 的重要模式研究

本部分将基于科创板研究金融服务科技创新的模式，分析主要的业务模式、实例流程、制度和数据等。同时，这一部分研究也将对相关参与主体和参与对象获得实务型建议和创新方向提供借鉴。

（一）特殊的制度规则

为提升服务科技创新企业的能力、增强市场包容性、强化市场功能，科创板应运而生。2019 年 1 月，证监会发布《关于在上海证券交易所设立科创板并试点注册制的实施意见》。3 月 1 日，证监会发布科创板注册管理办法，上海证券交易所发布涉及科创板股票发行、上市、交易、信息披露等环节的 6 项主要业务规则。作为新设独立的板块，科创板对企业上市的要求和特点以及运作流程和机制与之前的主板市场大不相同。

1. 企业上市要求

科创板挂牌对象应当符合科创板定位，面向世界科技前沿、经济主战场、国家重大需求。优先支持符合国家战略，拥有关键核心技术，科技创新能力突出，主要依靠核心技术开展生产经营，具有稳定商业模式、市场认可度高、社会形象良好，具有较强成长性的企业。很显然，科创板市场定位的系列关键词，包括世界前沿、国家战略、关键核心技术、创新能力突出等，它与深交所创业板是互补与竞合关系，创业板挂牌对象主要是普通创新企业，市值偏中小型；科创板挂牌对象则主要是高端创新企业，市值偏大中型，二者在市场定位上是互补的，但有交集，有重叠，有竞争。

同时，科创板首次打破现行 A 股 IPO 标准"必须盈利"的法则，强调市值与营收高成长对创新企业的重要性，允许高科技亏损企业上市。这既是 A 股市场提升 IPO 包容性的重大改革，更是中国资本市场适应新经济时代创新企业发展要求的重大变革。

各市场企业上市标准对比如表 11-5 所示。

案例七：科创板与金融服务科技创新企业的典型案例研究

表 11-5　　各市场企业上市标准对比

类型	主板	中小板	创业板	新三板	科创板
市场类型	场内市场	场内市场	场内市场	场外市场	场内市场
公司类型	大型成熟企业	中型企业	高成长性、创新性企业、中小企业	非上市企业	成长型科创企业
上市制度	核准制	核准制	核准制	注册制	注册制，上交所负责审核，证监会决定是否注册
存续期	3年	3年	3年	2年	3年
盈利要求	最近3个会计年度连续盈利，且累计净利润>3000万元，或营业收入累计>3亿元	最近3个会计年度连续盈利，且累计净利润>3000万元，或营业收入累计>3亿元	最近2年连续盈利，累计净利润≥1000万元，或最近1年盈利，最近1年营业收入>5000万元	最近两个完整会计年度的营业收入累计不低于1000万元；因研发周期较长导致营业收入少于1000万元，但最近一期末净资产不少于3000万元的除外	允许符合科创板定位的、尚未盈利或存在累计为弥补亏损的企业上市，按照市值指定5套标准： （一）预计市值≥10亿元，最近两年净利润均为正且累计净利润不低于人民币5000万元或最近一年净利润为正且营业收入不低于人民币1亿元 （二）预计市值≥15亿元，最近一年营业收入不低于人民币2亿元且最近三年累计研发投入占最近三年累计营业收入的比例不低于15% （三）预计市值≥20亿元。最近一年营业收入不低于人民币3亿元，且最近三年经营活动产生的现金流量净额累计不低于人民币1亿元 （四）预计市值≥30亿元，且最近一年营业收入不低于人民币3亿元 （五）预计市值≥40亿元，主要业务或产品需经国家有关部门批准，市场空间大，目前已取得阶段性成果。医药行业企业需至少有一项核心产品获准开展二期临床试验，其他符合科创板定位的企业需具备明显的技术优势并满足相应条件

2. 注册制改革

就科创板注册制而言，上市审核的主体主要有股票发行人、上海证券交易所和证监会。发行人委托保荐人通过上交所的上市审核系统递交上市申请材料；上交所针对股票发行人提出问题，发行人需要对上述问题作出答复。在一次或多次的问询与答复中，发行人不断进行信息的披露与完善。科创板则再将 IPO 审核周期大幅缩短为 4 个月内，即 5 个工作日内上交所作出是否受理决定 +3 个月内上交所做出是否同意股票公开发行并上市的审核意见 +20 个工作日内证监会作出是否同意注册决定。

此外，科创板全面实施询价定价制度，并且打破了许多主板市场的传统制度，如 23 倍市盈率的上限、上市后前五个交易日的涨跌幅限制，以及将之后交易日的涨跌幅限制提升至 20%。信息披露方面，在原来真实性、准确性、完整性的基础上，补充了"充分性、一致性、可理解性"的新要求。核准制认为，股票发行权由政府授予，须经过政府证券主管机构的实质审核，并获得核准后才能发行股票，本质上属于以行政权力来决定和支配股票发行；而注册制则认为，股票发行权为发行申请人依法自然取得，政府证券主管机构仅对发行申请人进行形式审核，只要发行申请人依法进行申报和信息披露，经确认后即取得股票发行权，至于发行能否成功则由市场来决定，本质上属于市场化发行。

3. 双重股权

双重股权结构又称为同股不同权，是指公司中股权结构有两类或者多类不同投票权的架构设定。在科创板设立之前，我国一直以来实施的是同股同权的股权结构制度。许多想实施双重股权结构的企业最终选择去境外上市，如阿里巴巴、京东和小米等。

2019 年证监会和上交所分别发布了《关于在上海证券交易所设立科创板并试点注册制的实施意见》和《上海证券交易所科创板股票上市规则》，双层股权结构制度正式进入我国证券市场。《公司法》提出"国务院可以对公司发行本法规定以外的其他种类的股份，另行做出规定"，于是新设立的科创板才允许同股不同权。如今科创板企业实施双重股权结构，不仅可以满足不同股东的异质性需求，又可以满足科创企业融资发展需要，从而实现企业的长远发展。

4. 股权激励

科创型企业高度依赖创始人和核心技术人员，因此制定合理的股权激励机制有利于吸引和保留企业内部高级技术人员，维持企业的创新能力和研发能力。此外，根据委托代理理论，委托人和代理人之间存在着利益冲突。实施合理的股权激励机制，有利于减少代理人损害委托人利益的行为，实现委托人和代理人的利益趋同，从而实现股东价值最大化。

根据《证券法》《首次公开发行股票并上市管理办法》等政策的规定，A股企业上市前的股权激励受到一定的限制。如上市前后股权激励计划的延续性和受激励股东不超过200人等。

在科创板中，《上海证券交易所科创板股票上市规则》及《上海证券交易所科创板股票发行上市审核问答》为科创板企业股权激励及员工持股提供了重要指导。该文件进一步"提高"了有效期内股权激励总额；进一步"扩大"了激励对象范围；设置了"更加灵活"的授予价格机制；新增"需适度延长"锁定期的适用情况以及实施了"更便捷灵活"的股份登记机制。

（二）金融支持企业科创板 IPO 的重要模式

1. 全生命周期融资服务

企业生命周期理论将企业的发展周期分为四个阶段。在不同的发展阶段，企业所面临的融资问题也各不相同。针对企业不同阶段融资来源的变化进行研究，韦斯顿和布里格姆提出了企业金融生命周期假说。该理论认为：初创期的企业业务模式还不成熟，内部流程尚不规范，因此很难获得外部筹资，此时主要依靠企业内部资金；成长期的企业业务发展迅速，单纯依靠企业内部资金无法满足其发展需求，此时企业会寻求外部融资；成熟期的企业收入较为稳定，并且业务流程和信息披露较为完善，企业会倾向于在公开的证券市场发行有价证券。

因此，为了更好地支持科创企业发展，各方金融资本应当针对科创企业具体的生命周期提供与之相吻合的金融服务。在初创期，企业的信用风险较高，往往难以获得债权融资。此时，企业可以减少收益分配，积累内部资金。同时也可以采用吸引私募股权和风险投资，以及非公开发行股票获得融资。在企业成长期，由于内部资金不足，企业可以适度举债获得外部资金，如增加银行借款、发行公司债券，也可以选择继续增发股票，获得股权资本。在企业成熟期，企业利润相对稳定，且具有较强的融资能力。此时，企业具备公开发行有价证券和债券的能力，申请贷款也会获得一定的优惠，因此可以通过发行有价证券或者增加银行贷款进行融资。在企业的衰退期，企业会保持较高的负债率，此时可以依靠前期积累的企业规模和资产进行抵押获取贷款。

2. "专精特新"行业金融服务

"专精特新"即指具备专业化、精细化、特色化、新颖化四大特点的企业。2019 年以来，美国加紧对我国高科技领域的制裁和打压。2020 年 5 月 15 日，美国商务部出台新规，试图切断对华为的芯片供应。应对美国实施的这种"卡脖子"的行为，提高原始创新能力，发展"专精特新"企业刻不容缓。

在国家战略的支持下，"专精特新"正成为中小企业的重要发展方向。但随着其发展壮大，其融资需求也发生新的变化，如资金需求规模增大、渴望中长期资金等。因此助推"专精特新"企业持续健康发展，也需要金融的大力支持。首先，多层次的资本市场，尤其是科创板，为"专精特新"企业提供了重要的融资平台。数据显示，截至 2022 年 1 月 16 日，在沪深两市上市的"专精特新"企业共 345 家，其中主板 90 家，创业板 146 家，科创板 109 家，北交所 17 家。其次，银行贷款、私募基金、供应链金融、融资租赁等传统金融模式也在一定程度上缓解了"专精特新"企业的融资难题。此外，金融发展还可以通过其他较为新型的金融模式为其发展助力，如由地方政府牵头，中小企业通过形成信用联盟实现信用聚集，发行中小企业集合债券；将企业的债权出售给保理商获得保理融资；通过融资担保和知识产权质押等方式获得贷款等。

3. IPO 上市服务系统

在企业 IPO 过程中，通常聘用的证券服务机构有证券公司、会计和律师事务所。此外还有提供资产评估、资信评级、财务顾问、信息技术系统服务的机构。证券公司在企业上市过程中主要负责证券发行的承销业务，与发行人共同组织路演、询价和定价工作，对发行人进行财务尽职调查、估值分析等。会计师事务所主要围绕发行人的财务和税务问题展开工作，如设置合理的财务制度，评价上市的成本与代价。律师事务主要负责根据发行人的要求进行改制重组，设立股份企业，对发行人进行法律尽职调查，根据经济法的相关要求协助企业编制并签署《发起人协议》和《公司章程》等。资产评估事务所负责在上市过程中对以实物、知识产权、土地使用权等非货币资产出资设立公司进行评估作价，核实资产。其他证券服务机构也按照自身专业能力，以及相关业务规则为证券交易及相关活动提供服务。

（三）金融机构服务创新

1. 金融科技保险

高新技术企业在研发设计、成果转化、批量生产、市场销售等创新过程中往往蕴藏着许多科技风险。金融科技保险就是保险公司针对技术活动开发者的科技风险，提供保险产品对其风险进行保障，并对损失给予补偿。金融科技保险可以减轻科创型企业在创新过程中的损失程度，同时能够实现风险的规避和转移，分散科创企业的创新风险，进而提升企业的创新积极性和能力。进一步地，当科创企业的技术风险得到保障时，又会吸引更多的投资者前来投资，为企业发展提供资金。

2021年，杭州出台《萧山区促进科技金融深度融合实施办法》，对科技企业自主投保的科技保险，给予50%的保费资助，单个企业当年度资助金额最高不超过10万元。可享受资助的科技保险一共涉及8个险种，其中比较典型的有科技成果转化费用损失保险。即在满足一定的条件下，若发生参保有关项目失败的情况，保险人将按照保险合同的约定负责赔偿一定的费用损失。2022年7月，经银保监会、上海市人民政府共同研究，决定在中国（上海）自由贸易试验区临港新片区建设科技保险创新引领区。若实验成功，预计未来将会将此模式逐渐推广，为科创企业创新助力。

2. 科创板做市商

2022年9月16日，证监会批复了8家券商的科创板做市商资格。引入做市商制度具有十分重要的作用。首先，做市商可以提高市场的流动性和吸引力。相对于主板市场，创业板企业规模较小，风险也较高，可能会影响部分投资者的积极性。若没有做市商，交易的买卖双方必须同时出现交易才能顺利进行。因此引入做市商可以减少买卖双方匹配的时间，从而提高市场流动性。其次，做市商可以稳定市场，促进市场平稳运行。在股票市场暴涨暴跌时，做市商可以参与做市，遏制过度的投机，充当市场的稳定器。再次，做市商具有价格发现的功能，提高股票定价效率。做市商一般具有较好的估值分析和价值判断能力，在综合分析市场所有参与者的信息以及权衡自身的风险、收益基础上形成报价。最后，投资者在做市商报价基础上进行交易，并反过来影响做市商的报价，由此促进证券价格向其实际价值靠拢。

（四）其他金融市场服务创新

1. 新三板企业转板

新三板市场设立的主要目的是给中小企业提供融资交易的服务平台。但新三板存在股票流动性差、融资能力差、信息披露不健全等缺点，因而许多企业纷纷寻求转板。与此同时，国家也从政策层面推动新三板企业向更高层次的资本市场转板。而对于那些尚未满足主板上市条件的企业而言，科创板似乎是另外一个选择。

2021年2月26日，沪深交易所和全国股转公司发布新三板向交易所市场转板上市的规定①。新三板转板并不涉及新股发行，因此无须履行传统的注册程序。转板审核时限两个月，同意转板上市决定有效期缩短至6个月。

2. 红筹企业回归科创板

红筹企业是指在境外注册，在境内从事主要经营活动的企业。随着国内融资环境的不断优化，资本市场不断成熟，以及科创板注册制的实施，许多红筹企业陆续启动回归计划。

2018年3月，证监会出台《关于开展创新企业境内发行股票或存托凭证若干意见》。此政策的落实为国内诸多红筹企业实现A股顺利上市打开了一扇门。2019年3月《科创板上市规则》表明科创板可以接纳红筹企业，符合科创板相关规则规定的红筹企业可以保留红筹架构发行存托凭证或股票。这将会吸引越来越多的红筹企业回归中国资本市场，并为那些寻求A股上市融资的红筹企业提供了宝贵的机会。

3. "小额快速"融资

2020年7月3日，证监会发布《科创板上市公司证券发行注册管理办法（试行）》，允许符合规定的企业自行决定是否进行"小额快速"融资②。这意味着科创企业"小额快速"融资程序更加简洁，基本1个月内就能够走完融资的流程。这对于科创型企业，尤其是处于创业期和成长期的企业，能够有效解决其融资难、融资贵的问题。

---

① 规定显示，转板公司应当在新三板精选层连续挂牌一年以上，并满足股东人数不低于1000人、董事会审议转板上市相关事宜决议公告日前六十个交易日内累计成交量不低于1000万股等条件。同时，分别满足科创板和创业板的上市标准。

② 该规定显示，运营规范的科创板上市公司，年度股东大会可以根据公司章程规定，授权董事会以简易程序向特定对象发行股票。但其融资总额不得超过3亿元且不超过最近一年末净资产20%。

五、科创板支持金融服务科技创新生态体系的建议

本部分基于科创板战略定位、政策特点和创新实践，围绕案例分析和模式研究等，对科创板支持重点产业和科创企业发展生态体系提供政策建议。

（一）完善顶层设计，构建完善的金融服务科技体系

近年来，政府逐渐重视科技创新，也出台了一系列优惠政策。这虽然起到了一定的作用，但是由于相关支持机制不健全，支持科创企业发展的金融政策及优惠等配套条件不完备，中国科技创新企业仍普遍面临融资难和融资贵的问题。因此，需要从全局和战略高度引导金融资源向科技领域倾斜。如加大开发性、政策性金融支持力度，加快发展专业化科创金融机构，重点争取设立科创金融专营银行，完善相关资本投资的进入和退出机制和全覆盖的信用担保制度。从而实现政策性金融、金融信贷、风险投资和资本市场服务的有效分工和协同发展，最终构建形成体系健全、结构合理、保障有力的金融服务体系。

（二）构建"全生命周期"金融服务链条

从企业生命周期的角度来看，相同的企业在不同的生命周期，技术风险和经营状况各不相同。所以在不同的阶段，其融资需求的规模及渠道也不尽相同。因此，一方面各金融服务供给方应该聚焦企业成长壮大的不同阶段，密切关注企业所需的金融服务，提供个性化、有针对性的服务，而不应当一刀切地将标准化的金融服务产品推销给各资金需求方。另一方面，应当推动各种融资渠道的进入和退出机制，实现各种金融资源的有效对接和联动，以满足企业在不同阶段的融资需求，努力打造"创新创业投资＋信贷服务创新＋科创担保增信＋知识产权和科技保险服务＋上市发债融资"全链条、全周期的科技金融服务体系，确保科技创新资金链条与金融资本链条有机结合。

（三）化解金融信贷内在矛盾

首先，由于当前无形资产的评估和交易市场发展尚不完善，科创企业虽拥有大量无形资产，但其实很难将其作为担保进行金融信贷。针对这一问题，相关政府部门应当推动知识产权定价和质押，助力科创企业获得更多的银行授信额度。

其次，应当完善科创企业担保政策。一方面，可参考北京科技信贷担保政策，如投贷保联动、"瞪羚计划""见贷即保"，将科技信贷与风险投资相结合，利用风险投资对科创企业进行担保，为科创企业发放信用贷款，到期可优先转化为风险投资股权，增加风险投资长期稳定资本来源，以解决科创企业无资产抵押的困难。另一方面，应鼓励设立专业科技型担保公司，推广"银行+科技担保公司+专利权反担保"的混合担保模式。

最后，创新"投贷联动"的新模式。除了市场性的金融机构，还可以让政府参与。由政府牵头推荐科创企业，商业金融机构据此发放贷款，政府利用超额风险补偿资金池弥补风险。由此促进银行与政府、股权投资机构紧密合作，构建联动机制，形成贷投联动合力，实现政府和市场的有效结合。

（四）充分利用科学技术打造信息服务平台

第一，可以利用信息技术简化科创企业融资的申请流程，简化申请手续，提高申请效率，防止科创企业因流程烦琐望而却步。第二，可以打造共建共享的信息服务中心，将所有的科创企业信息进行收集整理和共享，降低金融机构与科创企业之间的信息不对称问题，提高资源配置效率。第三，可以利用大数据、区块链等信息技术赋能金融机构，提高金融机构收集信息、识别风险和量化风险的能力，有效降低金融机构提供金融服务的风险。

（五）充分吸收社会其他资金

除了传统融资途径以外，社会上有许多闲置或其他尚未充分利用的资金资源，如民间资本、保险资金、养老基金等，这些资金可以进一步为科创企业提供金融支持。例如，保险资本和养老基金等遵循价值投资的原则，可以提供长期的资金保障，对促进科技创新具有引领作用。因此，可以在保证资金安全的前提下，适当吸收保险资金和养老基金，以加大对科创企业的支持力度。但吸引民间资本参与，必须完善相关法律法规，规范民间资本在有关集资、分配和退出等方面的行为。

案例八： 长三角 G60 科创走廊专项案例

从国际上来看，当今世界百年未有之大变局加速演进，新冠疫情影响深远而广泛，逆全球化、单边主义、保护主义思潮暗流涌动，创新成为国际战略博弈的主要战场。从国内范围看，当前我国已进入经济高质量发展阶段，对强化创新能力、实现科技自立自强提出了更为迫切的要求。对于金融行业来说，金融服务科技创新不仅仅是时代需要，更是金融业实现自身发展的重大机遇。长三角 G60 科创走廊为强化金融政策支撑，深化落实央行金融支持 G60 先进制造业发展"15+1"条政策，先后搭建上交所资本市场服务 G60 基地，建立科创板企业"精准辅导+科创属性+联合推荐"机制。为强化全方位综合金融赋能，长三角 G60 科创走廊成立 G60 金融服务联盟，上线 G60 综合金融服务平台和长三角 G60 科创走廊科技金融服务站，建设 G60 产融结合高质量发展示范园区，推出 G60 科创贷、双创债等满足科技创新融资需求。同时，长三角 G60 科创走廊高科技产业链和相关企业通过金融服务精准对接科创板等特色金融服务平台。为强化企业培育上市服务，长三角 G60 科创走廊联席办牵头构建了债权、股权、基金、上市联动的金融综合服务生态，为科创型企业提供全产业链、全牌照、全生命周期金融服务。

科技创新是一项长期活动，本身具有投入成本高、发展培养慢、技术风险高、更新换代快的特点。投入成本高意味着科技创新需要大量的资金支持，耗费较多的人力、财力、物力；发展培养慢意味着科研创新不能在短时间内取得实质性的进展，不能将投入资源快速转化为产出，实现资金的收回和盈利；技术风险高意味着技术创新在设计、研发和应用方面都存在着高度不确定性，一旦研发失败，投入者将承担较大的损失；更新换代快意味着随着同行业技术的不断创新，之前投入大量资源所取得的成果将会被取代，导致企业丧失原有的竞争优势。可见，科技创新的每个阶段都需要充足且连续的资金作为支持，维持活动的正常进行。同样的，产业发展需要大量的资金投入，包括企业的初始启动资金、扩大生产规模的资金、研发创新的资金等，金融机构通过提供贷款、股权融资、债券发行等方式，为企业提供资金供给和融资支持，帮助其实现发展目标；此外，金融机构还可以为产业发展提供创新型金融产品和服务，支持企业进行技术创新和研发活动；提供风险管理工具和保险产品，帮助企业降低风险和应对不确定性；提供国际贸易融资、跨境支付结算、外汇管理等服务，支持企业开展国际贸易和对外投资；提供金融产品和服务，促进资源配置的有效性和市场的运作；提供支付和结算功能，降低交易成本，促进产业链的协同发展。总之，金融支持产业发展对于经济的健康发展和产业的创新能力至关重要。

金融促进科技开发、成果转化和高新技术产业发展的实现，可以通过政府、企业、市场、社会中介机构等各种向科学与技术创新活动提供融资资源的主体，提供一系列金融工具、金融制度、金融政策与金融服务的系统性、创新性安排，这一金融行为是国家科技创新体系和金融体系的重要组成部分。参考技术生命周期理论，根据技术进步率随时间推移发生的变化，可以将技术生命周期划分为导入期、生长期、成熟期和停滞期四个阶段。在科技创新所处的不同阶段中，技术创新的战略目标和总体风险各不相同，所以企业所愿意选取的融资方式和融资渠道也不尽相同。因此，在满足科技创新资金需求的同时，还需根据技术生命周期理论，将科技创新的不同发展阶段与特定的融资方式相匹配，实现风险与收益的统一。近年来，我国不断完善资本市场，推出创业板、科创板等引导市场资本向技术资本转变，发挥资本市场在科技创新中的枢纽作用，推动市场机制下的国家创新战略发展。在此背景下长三角G60科创走廊也推出了一系列"金融服务科创+产业"的金融产品，如产业融资方面的"双创债""产权质押融资"等产品；产业基金方面的"人工智能产业基金""科技成果转化基金"

等产品。本章对这些金融服务科创+产业的重点运作案例进行研究，对于打造更好的"科创+产业+金融"科产城融合的创新生态，推动长三角G60科创走廊高质量一体化发展具有重要意义。

一、长三角G60综合金融服务平台案例

（一）长三角G60金融服务平台的服务范围

长三角G60科创走廊金融服务中心位于上海临港松江科技城31号楼底楼，与上海证券交易所资本市场服务长三角G60科创走廊基地合署办公，于2019年12月10日正式启用，2020年9月加挂"上海市中小企业政策性担保基金服务长三角G60科创走廊基地"牌子。根据2019年2月15日上海证券交易所与长三角G60科创走廊签订的战略合作协议，主要承担政策宣讲、科创板上市培育、企业路演、项目推介、产融对接、专业培训、联合研究等方面职责，同时承担长三角G60科创走廊金融服务联盟秘书处职责，负责运营长三角G60科创走廊综合金融服务平台。

截至目前，G60综合金融服务平台已实现6个城市线上平台共联，授信融资总额1.9万亿元，同时成立长三角G60科创走廊金融服务联盟，涵盖银行、券商、基金、保险、会所、律所等430多家专业金融机构，并开展产融结合高质量发展示范园区建设，支持企业做大做强，尽快走向资本市场蓝海。G60综合金融服务平台主要融资规模如图12-1所示。

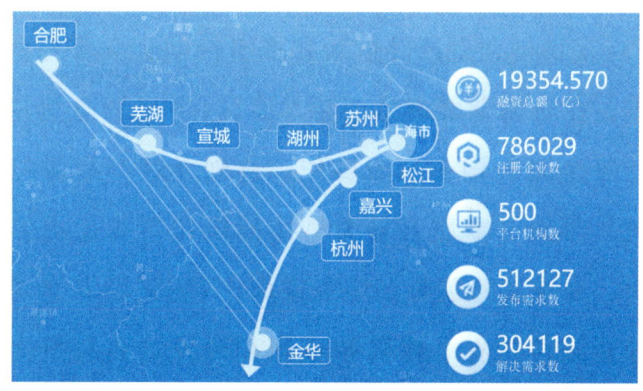

图12-1 长三角G60科创走廊金融服务平台融资服务

长三角 G60 科创走廊金融服务联盟的组织框架如图 12-2 所示。

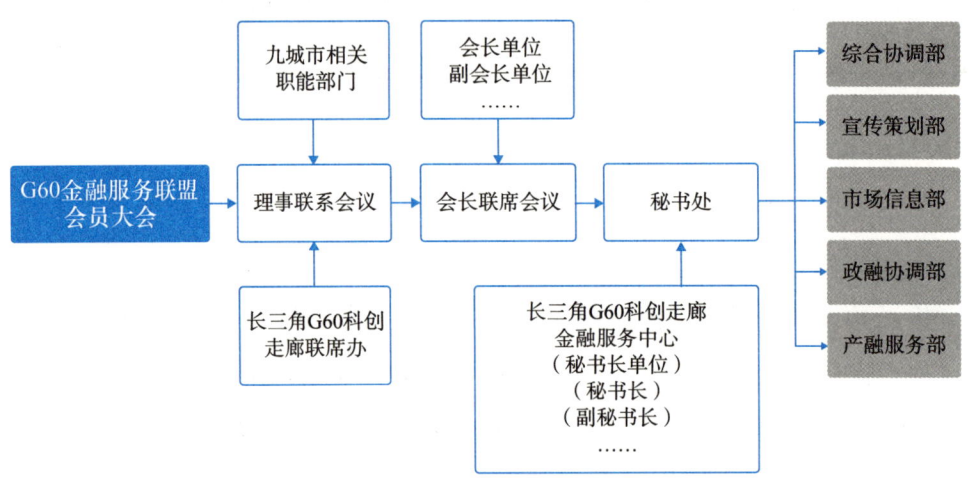

图 12-2　长三角 G60 科创走廊金融服务联盟框架图

（二）G60 金融服务中心的服务定位

2022 年，中国人民银行、财政部、银保监会、证监会等八部门印发《上海市、南京市、杭州市、合肥市、嘉兴市建设科创金融改革试验区总体方案》（以下简称《方案》），推进上述各市科创金融改革，加大金融支持创新力度。《方案》提出，通过 5 年左右时间将上海市、南京市、杭州市、合肥市、嘉兴市科创金融改革试验区打造成为科创金融合作示范区、产品业务创新集聚区、改革政策先行先试区、金融生态建设样板区、产城深度融合领先区。

《方案》重点在科创金融产品创新和推进科创金融服务两方面提出了具体的要求。首先，在科创金融产品创新方面，《方案》认为应该围绕科创金融业务，让银行等金融机构在区域协作、科创金融产品供给、跨境投融资等方面进行优化、创新，本质上是为科技创新和产业化提供全生命周期的金融服务。其次，在推进科创金融服务方面，《方案》认为应该加强科技赋能金融发展，让金融机构在金融科技应用和开发方面有更多的投入，促进金融与科技深入、可持续地发展。

(三) G60 金融服务中心的实践案例

G60 金融服务中心的一个重点任务就是实现金融支持科创,助力科创走廊实现持续的科技创新。上海银行便抓住长三角 G60 科创走廊建设的创新机遇,重点瞄准"卡脖子"的工程和颠覆性技术,在总行、分行中均成立了科创专班,为科创企业提供金融助力。上海银行还主动了解处于产能爬坡期的科创企业的金融需求,针对这些企业的需求制订个性化的融资方案,并授信 1 亿元的资金额度用于弥补流动资金的缺口。

上海银行作为长三角 G60 科创走廊金融服务联盟的成员之一,一直以来都以国家的战略决策部署为准则落实工作要求。2020 年起,上海银行成立上海银行长三角一体化业务推进委员会,负责上海银行长三角一体化业务的总体规划与发展策略制定。此后,上海银行一直依托科创走廊沿线的资源积极服务科创企业,在实践中积极研究各地科创企业的相关政策,结合政策为科创企业探索出产品、服务、渠道、机制等各方面的金融产品。围绕客户需求不断创新产品,陆续推出了"双创 e 贷""银税保""科创投联贷"等创新产品,并且与临港集团设立了"上银临港科创金融示范区",与张江集团共建科创金融生态圈,打造银园合作的集约化服务模式。

(四) 长三角 G60 科创走廊综合金融服务中心案例分析

长三角 G60 科创走廊综合金融服务平台发展目标明确,即通过整合集团优势资源,实现"投资、融资、保荐、研究"与财富管理协同联动,为长三角 G60 科创走廊区域内不同行业、不同阶段科创企业,提供全生命周期的综合金融服务,通过赋能实体企业推动产业结构升级,促进数字技术与制造业加速融合,助推长三角区域科创产业发展壮大。此外,长三角 G60 科创走廊综合金融服务平台还推出了"G60 科创贷"、批次包等专属科技金融产品,试点跨区域联合授信,这些举措切合了我国正在推动的金融业更好地服务实体经济,促进金融资源更多地流向实体经济领域,同时为 G60 科创企业的创新发展提供了有效助力。

然而，金融服务中心仍存在着一些不足。一是创业环境和政策限制在不同地区间的差异，给金融服务中心的发展带来了限制。金融服务中心不论是在平台机构数、融资总额数还是发布需求数方面都存在地区差异，苏州、湖州、嘉兴名列前茅，而金华、芜湖、宣城等地可能由于创业环境不够成熟、政策支持不够完善，限制了金融服务中心的作用发挥。二是缺乏整合和协同，由于长三角地区涉及多个城市和行政区域，金融服务中心的运作需要协调和整合各方资源。在实际操作中，可能存在资源整合不足、信息共享不畅等问题，限制了金融服务中心的效果。因此，为了进一步提升长三角G60科创走廊金融服务中心的效果，需要加强政府支持，提供更多的资金支持和政策激励。同时，还需要加强与创业生态系统中其他机构和资源的协同，形成更加完善的创业生态链条，以促进科技创新和创业的持续发展。

二、长三角G60科创走廊人工智能产业基金案例

（一）人工智能产业基金的服务对象

长三角G60科创走廊人工智能产业基金是一种旨在支持和促进人工智能产业发展的投资基金。该基金主要面向长三角G60科创走廊内的人工智能企业和创新项目，为其提供资金和资源支持，助力其快速发展壮大。该基金的投资范围涵盖了人工智能技术领域的各个方面，包括智能制造、智慧城市、智能医疗、智能交通等多个领域。同时，该基金注重对人才的引进和培养，为人工智能产业培养和输送高端人才。

此外，该基金还与政府、科研机构、行业协会等多个合作伙伴建立了紧密的合作关系，以实现资源共享和互惠互利。同时，该基金还通过举办论坛、峰会、比赛等多种形式，促进人工智能技术的交流和合作，打造一个有利于人工智能产业创新和发展的生态系统。

（二）人工智能产业基金的发展现状

我国人工智能领域年投资2000亿元，同时平均单笔投资额持续增长，

案例八：长三角G60科创走廊专项案例

在资本投入方面，政府基金占据主导作用，投资主要分布在长三角地区。2018年9月17日，长三角G60科创走廊人工智能产业基金在世界人工智能大会上成立，在上海松江签约落户。长三角G60科创走廊人工智能产业基金是上海国和投资、松江区创投、国方股份、市信息投资、海欣集团、国泰君安、浙江中梁和习爵投资合作签署的基金项目，以长三角G60科创走廊作为产业腹地，立足上海、面向长三角。基金目标总规模为100亿元，分期设立，主要投资于人工智能及相关产业链项目，包括基础层芯片、传感器、算法和应用层智能家居、智能驾驶和智能医疗等领域企业。

长三角G60科创走廊人工智能产业基金的基金管理人是上海国和现代服务业股权投资管理有限公司，该公司由上海市政府金融控股平台上海国际集团发起设立。基金初期的意向投资者包括松江区创业投资引导基金、达晶电子、海欣集团、国泰君安母基金、国方母基金、上海产业转型升级投资基金、中梁投资、习爵投资等。长三角G60科创走廊人工智能产业基金旨在推进区域产业链、创新链、价值链布局一体化发展，促进区域内人工智能产业产融结合，实现产业资源要素有效配置和区域间流动，助推"中国制造"向"中国创造"的转变。

长三角G60科创走廊人工智能产业基金和松江人工智能产业发展、洞泾人工智能产业基地的发展形成了"产业+基金+基地"的新模式。2017年，洞泾人工智能产业基地获批科技部国家火炬人工智能特色产业基地，成为首个国家级人工智能特色产业基地，长三角G60科创走廊人工智能产业基金随之成立。目前，松江无论是在本体制造，还是系统集成等领域，都集聚了一批在全国乃至全球处于领先地位的优秀企业，已初步形成从上游核心零部件制造，到中游本体制造，再到下游系统集成服务的人工智能完整产业链。同时，松江"人工智能+"发展态势迅猛，在"人工智能+工业"领域吸引了海尔（COSMOPlat平台）、用友网络（精智工业互联网平台）、明匠智能（IOT平台）、宏力达信息技术、赛摩科技等工业互联网企业，已形成产业支撑体系，与之相关的企业有近200家，为松江区人工智能产业发展的突破提供了有力保障。

（三）人工智能产业基金案例分析

产业基金提升了松江区的创新创业集聚效应，吸引了一批优秀的创新创业投资机构、众创空间、项目及相关人才，促进了传统制造业转型升级和现代制造业发展。长三角G60科创走廊人工智能产业基金引入产业投资人，与其在募、投、管、退环节开展紧密合作；同时基金以长三角G60科创走廊为产业基地，基金和基地互为项目来源、互为产业配套，形成良性互动。通过这种"产业+基金+基地"的新模式，长三角G60科创走廊九城市人工智能相关项目间可形成业务、股权或其他形式上的合作，项目与产业园区、各产业园区之间亦可形成互动，实现各城市间资源的有效配置，有助于推动长三角高质量一体化发展。总之，长三角G60科创走廊人工智能产业基金是一个非常重要的资金支持平台，为人工智能企业和创新项目提供了关键的资金和资源支持，促进了人工智能产业的快速发展和壮大。

人工智能产业基金也存在一定局限性。一方面，由于人工智能领域的发展具有高度的技术复杂性和专业性，基金在支持项目过程中需要具备相关行业的专业知识和技术，以确保对项目的有效指导，这为基金在多产业中的推广带来了难度。另一方面，基金在选择投资项目时可能面临评估和选择的难题，确定具有潜力和可行性的项目是一项挑战，需要精确的评估和筛选机制。为解决这些难题，长三角G60科创走廊人工智能产业基金在未来可以做出以下改进：一是拓展合作伙伴、加强资源整合。与其他行业的企业、科研机构和创新平台建立合作伙伴关系，通过共享资源、优势互补，促进人工智能技术在其他行业的应用和推广。二是制定定制化方案。针对不同行业的需求和特点，制定定制化的资金支持方案和创业支持政策，确保基金的支持能够与行业的发展需求相契合。三是加强宣传和推广。通过举办行业峰会、研讨会和推广活动，向其他行业的企业以及创业者介绍基金的优势和支持政策，提高基金的知名度和影响力。四是成立行业专家顾问团队。聘请行业内的专家和权威人士组成专家顾问团队，为其他行业的创业项目提供专业的指导和咨询服务。五是搭建交流平台。建立行业交流平台，促进不同行业之间的合作和经验分享，通过组织行业对接活动和项目路演，提供机会让其他行业的创业者与基金对接。通过以上措施，可以扩大长三角G60科创走廊人工智能产业基金的影响力和覆盖范围，将其成功经验推广到其他行业中去，促进更多行业的创新创业和人工智能技术的应用。

三、长三角G60科创走廊科技成果转化基金案例

（一）科技成果转化基金的性质

2022年6月13日，长三角G60科创走廊科技成果转化基金已在中国证券投资基金业协会成功备案，目前该基金的工作正在稳步推进。长三角G60科创走廊科技成果转化基金是在科技部的指导下，由长三角G60科创走廊联席办牵头，会同九城市人民政府共同出资，并引入社会资本联合发起设立的专项基金。不同于其他基金，长三角G60科创走廊科技成果转化基金兼顾盈利性和公益性。该基金50%的份额将重点投向九城市的科创中早期项目，用金融服务助力企业发展和产业联动，让金融服务能够更好赋能产业集群，为一体化产业链的打造提供助力。科技成果基金是加快打造"中国制造迈向中国创造的先进科技和制度创新双轮驱动的先试走廊、产城融合发展的先行走廊"的重要举措。

（二）科技成果转化基金的规模与服务范围

长三角G60科创走廊科技成果转化基金总规模100亿元，首期规模20亿元，松江区认缴出资3亿元，嘉兴市、杭州市、金华市、苏州市、湖州市、宣城市、芜湖市、合肥市各认缴出资1亿元，海通证券认缴出资5.1亿元，国家科技成果转化引导基金在基金成立后以增资形式出资。基金管理人为海富产业投资基金管理有限公司，基金托管银行为上海浦东发展银行。

长三角 G60 科创走廊科技成果转化基金是长三角首支承接国家战略任务、九城市政府共同出资、撬动社会资本出资的跨区域科技成果转化基金，是金融供给一体化的一种探索尝试，有利于推动产业集群一体化布局和科技创新共同体建设，也是推动科创企业蝶变发展、加速走向资本蓝海的重要机遇。

该基金将作为支持区域协同创新、融合发展的重要载体和抓手，将重点支持人工智能、集成电路、高端装备、新材料、新能源汽车、新能源、生物医药等七大先进制造业的重大项目，聚焦产业链、创新链、价值链的一体化布局，推动长三角 G60 科创走廊九城市优势产业发展。基金重点投资长三角 G60 科创走廊先进制造业和战略性新兴产业的科技成果转化，以融促产、产融结合，服务实体经济，勇当产业和科技创新的开路先锋，助力长三角 G60 科创走廊建设和长三角一体化发展。目前，九城市首批 500 多家拟投项目库已经建立，其中早中期项目 320 余家，中后期项目 200 余家。

（三）科技成果转化基金的重大成效

为加快推进长三角 G60 科创走廊科技成果转化基金的运行，提高项目对接效率，积极发挥基金效用，搭建政府、企业、投资机构合作交流平台，长三角 G60 科创走廊科技成果转化基金拟投项目首场路演活动于 2022 年 7 月 29 日举行。汇禾医疗、睿速创生、韦睿医疗等 11 家基金项目库企业进行路演，海通证券、国泰君安、海富产业基金、中国投资协会、上海临港控股、赛领资本、朗盛投资集团、复鼎投资、盛世投资、金斧子投资、道理投资、中信银行、浦发银行、广发银行、江苏银行、毕马威、普华永道、锦天城、云城融资租赁等 30 多家 G60 金融服务联盟成员代表参加路演。截至目前，基金管理团队已多次赴九城市对基金重点拟投项目进行实地摸排考察，实地查看企业 50 多家，已有 14 家企业进入尽调或拟启动尽调环节，集中分布在生物医药、集成电路、高端装备、新材料、人工智能、新能源汽车和新能源等先进制造业领域。

（四）长三角 G60 科创走廊科技成果转化基金案例分析

长三角 G60 科创走廊科技成果转化基金的成立，是长三角 G60 科创走廊金融服务实体经济、推动高质量发展的又一新举措。该基金成立以来已经投资了一批高质量的科技创新项目，项目涉及新材料、生物医药等多个领域；推动了科技成果的转移和转化，为科技企业提供资金和资源支持；基金的投资和支持为长三角地区的科技创新和产业创新注入了活力，带动了区域经济的发展。总之，长三角 G60 科创走廊成果转化基金的建立对于推动科技成果转化、加强区域协同发展、促进创新创业和提升地方经济竞争力具有重要的意义和启示。它为科技创新和创业提供了更好的支持和机会，有助于推动区域经济的转型升级和可持续发展。

同时，科技成果转化基金也存在一定局限性。一是资金规模有限，科技成果转化需要大量的投资和资金支持，而科技成果转化基金的资金规模仍在扩充阶段，规模有限，这可能导致无法满足所有项目的资金需求，限制了一些潜力项目的发展机会。二是技术评估和选择困难，科技成果转化涉及复杂的技术评估和选择过程，基金在评估项目可行性、商业化潜力等方面专业度不够高，从而影响了项目的选择和支持。三是产业对接不足，科技成果转化需要与产业进行紧密对接，将技术成果与市场需求相结合，然而基金在与产业进行有效对接的专业性、多样性上较为欠缺，导致科技成果的商业化进程受到限制。四是缺乏全方位支持，科技成果转化过程中，除了资金支持外，还需要提供技术咨询、市场推广、创业辅导等全方位支持，科技成果基金在这些方面的能力和资源可能有限，无法满足项目的全面需求。

为克服这些局限，科技成果转化基金可以做出以下改进：一是推动政策支持，积极与政府部门沟通合作，争取更多的政策支持和资金扶持，制定更加优惠的税收政策、创业补贴和奖励机制，鼓励更多科技成果的转化和创新创业。二是强化技术评估和选择机制，建立科学、客观的技术评估和选择机制，引入专业的评估团队和专家，确保项目的选择和支持具有准确性和可行性。三是加强产业对接，与产业界建立更紧密的合作关系，了解市场需求，促进技术成果与产业的有效对接，可以通过组织产业对接活动、搭建交流平台等方式加强产业对接。四是提供多元支持手段，除了资金支持外，进一步提供技术咨询、市场推广、创业辅导等全方位的支持服务，帮助项目实现商业化和市场化。五是加强合作网络建设，与其他创投机构、科研机构、企业等建立合作伙伴关系，共享资源、整合优势，形成合力，为企业提供更多支持和资源。通过持续改进和创新，长三角G60科创走廊科技成果转化基金可以不断提升其效能，推动科技成果的转化和创新创业，为区域经济发展注入更多的活力和动力。

四、长三角G60科创走廊"双创债"案例

（一）"双创债"的提出背景

为提升科技创新和产业发展活力，支持企业创新创业，长三角G60科创走廊九城市金融主管部门还积极推动"双创债"发行。2020年2月，中国人民银行等五部门发布的《关于进一步加快推进上海国际金融中心建设和金融支持长三角一体化发展的意见》（以下简称《30条意见》），明确提出"推动长三角G60科创走廊相关机构在银行间债券市场、交易所债券市场发行创业投资基金类债券、双创债务融资工具、双创金融债券和创新创业公司债"（以下简称"双创债"）。作为一种新型融资工具，"双创债"具有融资成本低、灵活性强等特点。目前发行"双创债"的公司以新三板为主，流程包括董事会预案—股东大会批准—交易所审核—发行。

2020年9月，上海科技创业投资（集团）有限公司公开发行创新创业公司债券，成为国内首个支持长三角G60科创走廊建设的双创公司债。到目前为止，该企业投资了杉德巍康、泰坦科技、中信博新能源、贝生医疗、

腾瑞制药等企业，涉及信息、生物化工等多个行业，其中泰坦科技、中信博新能源均在 2020 年在上海证券交易所上市。到 2021 年 7 月底，长三角 G60 科创走廊九城市合计注册"双创债"31 单，共有 21 家企业参与，总金额达到 181.1 亿元，形式有担保增信、发放奖励和财政补贴等，部分政府也给予了财政支持。从企业质押品形式看，除传统质押品外，也有将知识产品作为质押品，苏州 JQ 新材料发行的"G20JQ"公司债采用该企业的 6 项专利权进行质押增信。另外，苏州元禾控股股份有限公司发行的科技创新公司债券为全国首批科创债。

国家对符合国家产业政策导向的新型债券品种予以一定支持，对成功发行"双创债"的企业，给予 2% 以内、最高 100 万元的补贴。长三角 G60 科创走廊各城市也都给予了"双创债"不同程度的政策支持，例如，松江对本区内成功发行"双创债"的企业，按实际发行费用（包含审计费、律师费、注册费、承销商费用等"双创债"发行中涉及的费用）的 80%，给予最高不超过 150 万元的一次性补贴，并且给予企业实际提款金额 0.5% 的贴息；对支持企业发行"双创债"的金融机构可给予实际融资规模 1%，最高不超过 30 万元的奖励。杭州高新区鼓励区内科技型中小企业发行公司"双创债"，对超出当年基准利率的发行成本给预期融资规模 1%—3% 的补贴，次发债补贴金额不超过 200 万元。对成功发行"双创债"的企业，苏州市政府根据实际融资规模给予 2%、不超过 100 万元的财政补贴。苏州市政府对主承销商，按实际融资规模给予 1% 以内、不超过 30 万元的奖励，在一定程度上也促使保荐机构等中介机构尽职履责，提高"看门人"鉴定报告质量的能力。

（二）"双创债"的优势

首先，创新创业类债券为企业提供了资金支持。企业发行债券，为企业研发募集资金，且债券性质有别于股权融资，股东的持股比例不会下降，不会稀释企业的控制权。另外，这类债券发行的目的是支持创新创业和技术研发，国家目前也在鼓励创新，该类债券利率较低，减少了企业的财务困境和违约风险，降低了融资成本，同时也优化了资本市场的资源配置功能。以发行了首支"双创债"的上海 XY 半导体材料股份有限公司为例，该企业以集成电路的材料供应为主要业务，是一家以自主研发为主的高新技术企业。此次发行的"双创债"拓展了传统的以银行贷款和股权融资为主的融资方式，并获得了松江区政府给予的发行费用补贴。

其次，创新创业债券对企业未来上市有助推作用。目前发行创新创业债券的企业多为新三板创新层的优质企业，达到发债要求且成功发债的企业一定程度上说明该企业拥有较强的经济实力、合理的经营战略和公司治理能力，其债券的募集资金用于研发，从而更有利于该企业拥有核心专利技术，提高企业未来的成长性，促进企业未来上市。

再次，创新创业债募集资金的用途广泛。相较于商业银行的专项贷款，科创企业通过发行创新创业债募集到的资金用途较为广泛，不仅可用于研发核心技术，也可以用于偿还企业的负债、补充流动资金，还可用到企业的经营管理中，使用更加灵活。

最后，创新创业债的审核周期较短。创新创业债实行"专人对接、专项审核"（即报即审）政策。从董事会预案到债券的成功发行，多数企业的审核流程在三个月以内，部分企业在一个月以内，如龙腾医疗等，提高了募集资金的效率。

（三）"双创债"的成功案例

2020 年 5 月 28 日，东吴证券承销的苏州 JQ 新材料有限公司创新创业公司债"绿色创新创业疫情防控债"在上交所成功发行，成为国内首单知识产权质押"双创债"，成功创设全国首单知识产权质押双创债信用保护合约。该债券发行规模 2000 万元，票面利率 4.95%，引用了发行人拥有的六项专利权进行质押增信，并由主承券商通过市场化的信用保护工具提供了信用保护合约。本次债券募集资金将主要用于 JQ 新材环保型 PUR 热熔胶

（防护服基布原料）生产所需营运资金的补充及相关有息负债的偿还。这对JQ新材打通资本市场道路、拓宽融资渠道、改善融资结构具有重要意义。本次债券的成功发行解决了JQ新材因加快防疫产品生产、扩大相关业务规模而不断加剧的流动资金需求，为保障防疫生产提供实实在在的金融助力。

同时，本次债券的发行提升了JQ新材在公开市场的知名度与认可度。JQ新材在创新业务实施中得到了国家知识产权局、苏州市地方金融监督管理局、苏州工业园区科技局、苏州工业园区企业服务中心等行政部门的专业支持，也得到了东吴证券、苏州银行、普华永道等专业机构的鼎力支持。充分的资金保障和政府企业的专业支持，可以帮助JQ新材加速推进高性能环保型胶黏剂的研发创新，不断提升核心技术，持续优化管理，扩大产能，积极融入新基建战略部署下的产业链条，抓住市场机遇，做精做强。以无形资产质押作为增信手段的债券尝试也将为今后中小科创企业融资模式多样化发展、推进知识产权证券化提供有益的借鉴。

（四）"双创债"案例总结

长三角G60科创走廊"科创债""绿色债"发行以来，致力于推动九城市间、金融机构和企业间的深度合作，随着相关债券的持续发行，"双创债"已经成为九城市金融机构与企业之间的重要载体，同时基于其金融一体化的特性促进了产业集群及科创共同体建设的具体行动，为"三先走廊"的建设带来了有效助力。这些成效也得到了人民银行上海总部、银行间市场交易商协会、上海证券交易所的支持与肯定，在未来的发展中还需要强化金融对G60的综合赋能作用。精准把握"科创债""绿色债"政策趋势和创新产品动向，将重要信息传递到位，为企业后续发债工作服务到位。

同时，长三角G60"双创债"也面临着与我国推行的创新创业金融债类似的困境。第一，"双创债"对发行企业要求较高，这与初创或是孵化期内的企业经营状况不匹配。另外，对债权人和投资人来说，创业类或科创类的企业收益和现金流均不稳定、投资风险高，使科创企业融资较为困难，这在一定程度上将未来前景发展较好的企业拒之门外。仅通过财务指标判断科创企业类似"一刀切",未能抓住科创企业融资的核心特征,也未考虑到科创企业未来的成长潜力。第二,发行双创金融债需要提供担保,目前跨区域的异地担保受限。另外,当前发行债券的担保质押品比较单一,尤其对于轻资产的科创类企业来说,用易变现的资产抵押或担保可能达不到发债要求,而如知识产权的定价比较困难,对科创企业来说,研发和专利技术等知识产权类占比较大,使得该类企业难以获得发债资格。另外,知识产权的定价具有专业性,市场定价难度大,难以发挥市场的自由交易和公允价值特征,在一定程度上也限制了将知识产权和研发技术等转化为抵押品,目前关于知识产权作为质押品以及知识产权的定价机制需要进一步完善。第三,与双创金融债、双创公司债等有关的规章制度还不够完善。当科创企业无法兑现债券时,其违约风险可能使担保企业、债券持有人的利益难以得到保障,也可能使科创企业项目快速终结,增加了财务风险。第四,相较于普通债,目前"双创债"的发行规模较小,相匹配的激励政策还不完善,使得企业发债积极性、债权人购买债券以及承销商承销的积极性相对较低,反过来也限制了"双创债"的发行。

面对"双创债"存在的困境,可以采取以下措施进行完善,从而加速"双创债"的推广。一是优化发行要求。针对初创或孵化期内的企业,可以在发行要求上进行适度调整,考虑其经营状况和现金流的特点,适当引入其他评估指标,如技术创新能力、市场竞争力、团队实力等,综合评估科创企业的发展潜力。二是采用多样化的担保方式。通过创新担保方式,如引入第三方担保机构、探索知识产权质押等方式,提供更多选择给科创企业,降低其融资的担保门槛。此外,可以以长三角G60科创走廊金融服务中心为平台,积极推动建立跨区域的异地担保机制,使得科创企业能够跨地区获得融资支持。三是完善知识产权质押机制。加强知识产权的定价和评估机制,确保知识产权能够成为有效的质押物,推动建立公开、透明、公正的市场定价机制,使得知识产权能够更好地作为质押品,为科创企业提供融资渠道。四是完善监管机制。加强对"双创债"的监管，确保债券发行和兑付的安全性。建立完善的违约风险防范机制，保护债券持有人和担保企业的利益，同时也给予科创企业适当的容错空间，以避免过度的财务风险对项目的终结产生过大影响。五是完善激励政策。针对"双创债"发行规模较小的问题，可以探索出台相应的激励政策，如提供税收优惠、发放奖励补贴等，以吸引更多企业发行"双创债"，激发市场活力，同时适度降低承销商的发行成本，增加其参与的积极性。综上所述，通过优化发行要求、多样化担保方式、完善知识产权质押机制、完善监管机制和完善激励政策等手段，可以在一定程度上克服"双创债"面临的困境，提高科创企业的融资便利性和发债的吸引力，推动"双创债"的健康发展。

五、长三角 G60 科创走廊精准对接科创板和注册制改革案例

（一）长三角 G60 科创走廊与科创板的精准对接

长三角 G60 科创走廊作为长三角一体化发展国家战略的重要平台，聚焦"科创＋产业＋金融"重点工作，推动产业链、创新链、价值链融合发展，精准对接科创板和注册制改革，成为科创企业的培育沃土。从 2019 年 7 月 22 日科创板首批公司上市，到 2022 年科创板开市三周年，长三角 G60 科创走廊企业登陆上交所科创板势头迅猛。3 年里，科创板在九城市共受理 152 家企业，其中已注册发行上市企业 100 家，占全国的 1/5。从行业分布来看，100 家科创板上市公司所属行业高度集中在高新技术产业和战略性新兴产业，专精特新、细分行业龙头集聚，其中新一代信息技术企业 36 家，高端装备企业 29 家，生物医药企业 12 家，新材料企业 11 家，节能环保企业 8 家，新能源企业 4 家。截至 2022 年 8 月 30 日，以九城市在上交所主板和创新行业上市公司为标的上证 G60 综指（950048）、上证 G60 成指（950049）分别上涨 24.37%、40.61%，体现了长三角 G60 科创走廊九城市企业的科创实力、整体竞争力和高质量发展水平。

长三角 G60 科创走廊精准对接科创板和注册制改革，持续深入落实九城市与上交所签订的战略合作协议，在上市培育、政策宣讲、专业培训、联合研究、干部交流等方面开展战略合作。做实做精上交所资本市场服务长三角 G60 科创走廊基地，聚焦七大战略新产业，动态更新 300 家拟上科创板企业储备库，邀请上交所专家对储备库企业开展分行业、分城市、分层次精准辅导，建立优质科创企业"蓄水池"。2022 年，证监会发布了新修订的科创属性评价指引，高度契合长三角 G60 科创走廊"科创＋产业"的定位，为硬科技企业登录科创板提供了重大机遇。

上交所资本市场服务长三角 G60 科创走廊基地自 2019 年 12 月 10 日启用以来，举办了政策宣讲、产融对接、科创板精准辅导培训等各类活动 130 多场，正逐步打造成为科创板上市企业权威政策解读的重要平台，也是企业加速登录科创板的一个重要平台。长三角 G60 科创走廊联席办将借助上交所发行上市服务中心的专业指导能力，依托与九城市金融办建立的密切合作关系，依托 G60 金融服务联盟 300 多家专业机构的服务能力，依托 G60 专家咨询委员会对企业科创属性的专业鉴别能力，持续打造科创板上市 G60 综合金融服务生态，助推九城市更多高科技企业登录科创板。

（二）注册制改革

长三角 G60 科创走廊注册制改革是指将原来证券市场上的审批制改为注册制的一种改革措施。在传统的证券市场中，发行公司需要通过证券监管机构的审核才能上市发行股票或债券，这种审批制度往往会导致审批周期长、程序复杂、成本高等问题，同时也会限制企业的发展和市场活力。

在长三角 G60 科创走廊注册制改革中，为了支持科技创新企业的发展，注册制改革的实施也采取了一些特殊的政策措施。例如，为了加速企业的发行进程，长三角 G60 科创走廊设立了科创板，对于在科创板上市的企业，审批周期大幅缩短，同时也会享受到更加优惠的政策。此外，长三角 G60 科创走廊还采取了一些创新性的举措，例如设立注册制改革专项基金，支持符合条件的企业开展股票发行和上市工作，同时也鼓励投资者参与科技创新企业的投资，促进科技创新产业的发展。

（三）精准对接科创板与注册制改革案例分析

长三角G60科创走廊精准对接科创板实施以后取得了一系列的显著成效，一是提高了科创企业的融资便利性，科创板是中国资本市场为科技创新企业设立的专门板块，具有更灵活的上市条件和交易机制。长三角G60科创走廊通过与科创板的精准对接，为符合条件的科技创新企业提供了更为便捷和快速的融资渠道，有助于加快企业发展和扩大产业规模。二是加强了科技创新资源的整合，长三角G60科创走廊作为集聚了长三角地区丰富的科技创新资源的平台，与科创板的对接促进了科技创新资源的跨界整合和优化配置。科创板的上市企业和投资者可以通过与长三角G60科创走廊的合作，获取更多科技创新项目和机会，推动技术交流、合作和创新成果的转化。三是引入了更多优质科创企业，科创板的设立吸引了众多科技创新企业的关注和投资，而长三角G60科创走廊作为长三角地区的重要科技创新集聚区，通过与科创板的精准对接，能够吸引更多优质科创企业入驻，并提供相应的扶持和服务，促进企业在该地区的发展。G60注册制改革实行以来为科创企业提供了更加便利的上市环境。具体来说，一是提高了企业的上市效率，二是增强了市场活力和竞争力，三是优化了资本市场的生态系统。

但当前不论是精准对接科创板还是注册制改革都存在着一些不足。就精准对接科创板而言，最重要的是面临着审核标准和程序的一致性的问题，科创板和地方科创走廊的审核标准和程序可能存在差异，这可能会导致一些企业在对接过程中面临不确定性和调整困难。为此，需要进一步加强各方之间的沟通和协调，提高审核标准和程序的一致性。就注册制改革而言也存在着一定的不足，即风险控制难度增加，注册制改革放宽了企业上市的门槛，使得一些创新型企业能够更快地进入市场，但这也增加了投资者的风险，由于科技创新企业的经营模式和盈利能力具有一定的不确定性，投资者可能面临较大的投资风险。

针对这些问题，精准对接科创板和注册制改革可以从以下几个方面进行改进。首先，对精准对接科创板而言，一是加强信息共享和协作机制，科创板和地方科创走廊的相关机构和部门应建立有效的信息共享和协作机制，及时分享审核标准、程序和要求的更新与变化，可以通过定期会议、工作组或专门的沟通平台来促进交流和合作；二是统一审核标准和程序，相关机构可以探讨制定一致的审核标准和程序，尤其是对于一些关键指标和要求，如财务指标、知识产权评估、科技创新能力等，这有助于减少企业在对接过程中的调整困难和不确定性；三是制定统一的指南和操作手册，详细说明审核标准和程序的具体要求和操作流程，这样可以提供明确的指导，减少误解和歧义，并帮助企业更好地理解和满足审核要求；四是加强培训和支持，为企业提供相关培训和支持，帮助企业了解审核标准和程序，并提供必要的指导和辅导，以确保企业能够顺利完成对接过程。同时，还可以提供专门的咨询服务，解答企业在对接过程中的疑问和困惑。其次，对于注册制改革而言，一是要提升信息披露和信息公开的透明度，注册制改革强调信息披露的透明度和准确性，科创企业需要及时、准确地披露重要信息，以提高投资者的信心和市场的稳定性。二是加强信息公开平台的建设，强化信息技术支持，注册制改革将涉及大量的信息披露和数据管理，因此需要加强信息技术的支持，提供高效、安全的信息系统和数据平台，以确保信息的准确性和流通的畅通性，进一步提供便捷的信息查询和公开途径，促进信息的公平获取。

六、长三角 G60 科创走廊知识产权质押融资案例

（一）知识产权质押融资模式的发展历程

为贯彻落实中共中央、国务院印发的《知识产权强国建设纲要

（2021—2035 年）》，扎实推进《长三角 G60 科创走廊建设方案》中"建立知识产权协同保护机制"的建设任务。2021 年 10 月，"长三角 G60 科创走廊知识产权行政保护协作中心"（以下简称协作中心）在上海市松江区设立。协作中心成立以来，联合九城市知识产权局共同合作，建立常态化协商机制、确定年度十项任务、促进跨区域行政执法联动。其中，"深化区级长三角跨区域知识产权保护合作机制"被上海市知识产权联席会议办公室评为 2021 年上海市知识产权改革创新工作十大典型案例，开启了长三角 G60 科创走廊知识产权一体化、高质量发展新篇章。

作为长三角 G60 科创走廊策源地，上海市松江区积极贯彻落实国家、上海市关于知识产权金融的决策部署和工作要求，着眼于缓解中小微企业融资难题，着力发挥金融资本带动知识产权价值实现的重要作用。2022 年制定完成《松江区加强知识产权金融工作的若干意见》（以下简称《若干意见》），2023 年 1 月 1 日起实施，成为上海首个区级知识产权金融工作的指导性文件。根据《若干意见》的规定，可给予企业最高 20 万元的知识产权质押贷款利息补贴，和最高 20 万元的知识产权保险保费补贴，对出现坏账、金融机构处置质押知识产权后造成实际损失的，给予一定风险补偿。《若干意见》建立了政府参与，银行、保险、担保联动互补的风险分担机制，形成"业务联动、风险分散、统筹实施"的协同模式，将知识产权质押融资与中小微企业政策性融资担保、科技金融等专项工作相结合，通过实施组合贷款等形式扩大专利、商标质押贷款的规模和受益面。同时，依托政务服务"一网通办"平台设立办事事项，设置科学高效的业务办理流程，畅通知识产权金融产品与企业需求的对接渠道，为企业办理知识产权质押融资提供快捷便利的服务。

（二）松江区知识产权保护与质押融资模式的主要内容

松江区推动的知识产权保护与质押融资模式是一种以知识产权质押为基础的融资模式。该模式旨在帮助企业更好地利用自身的知识产权价值，获得资金支持，促进企业的发展。这一模式主要包括了三个方面的内容：一是知识产权评估，松江区通过引入第三方机构对企业的知识产权进行评估，明确其价值和质量，为企业后续的融资提供基础数据和支撑。二是知识产权质押，企业可以将自身的知识产权作为质押物，获得相应的融资支持。这样，企业不仅可以利用自身的知识产权价值，同时也可以获得融资支持，为企业的发展提供资金保障。三是保护机制，为了保证知识产权质押的安全和有效性，松江区制定了完善的保护机制。例如，设立知识产权质押保险，为企业提供知识产权质押风险保障；建立知识产权质押交易平台，为企业提供交易撮合服务等。

（三）松江区知识产权保护与质押融资模式的重大成效

松江推动的知识产权保护与质押融资模式聚焦解决中小微企业的融资难题，鼓励金融机构探索知识产权质押信贷业务新模式，为科技含量高、缺乏传统抵质押品的中小微企业拓宽融资渠道、提高融资效率、降低融资成本提供政务服务和政策扶持，有力促进了科技优势与金融资源实现有效转化，引导金融资本向高新技术产业转移，助推区域经济高质量发展。同时，也为企业提供更多的发展机会和资金支持，在推动知识产权保护和质押融资方面，松江区已经积累了一定的经验和模式，对于其他地区和企业有一定的借鉴和参考意义。

（四）松江区知识产权质押融资模式案例分析

松江区知识产权质押融资模式的出现，从多方面带动了科技企业的发展。首先，能够促进企业的创新发展。通过知识产权保护和质押融资模式，松江区为企业提供了更多的融资渠道和机会，这使得企业能够更好地获得资金支持，推动研发和创新项目的实施，提升企业的竞争力和市场地位。其次，降低企业的融资难度和成本。知识产权质押融资模式可以为企业提供更多的融资选择，减轻了企业的融资难度，而且相比传统的贷款方式，知识产权质押融资能够更好地利用企业的创新成果作为质押物，减少了企业的贷款风险，降低了融资的成本。最后，知识产权质押融资可以促进科技成果转化和产业升级。知识产权质押融资模式有助于推动科技成果的转化和商业化应用，企业通过质押融资获得资金后，可以进一步推动技术的商业化和产业化进程，加速科技成果的转化和推广，促进相关产业的升级和发展。

目前这种知识产权质押融资模式仅在松江取得了一定成效，未来应加强该模式在长三角G60科创走廊其他城市的推广。结合知识产权质押融资模式的特点及松江的成功经验，推广该模式应从以下三个方面进行：首先，建立一个交流与合作机制，促进各城市之间的交流与合作，分享经验和最佳实践，如组织行业论坛、研讨会等活动，邀请松江区相关部门和企业代表分享他们的经验和成功案例，向其他城市介绍知识产权质押融资模式，并提供具体指导；其次，通过会议探讨制定出统一的标准和评估体系，确保各城市对知识产权的评估和质押价值具有一致性，可以借鉴松江区的评估标准和体系，结合各城市的特点和需求进行适度调整，建立可行的统一标准；最后，建立一个各城市可以共享的专业知识产权质押融资服务机构和平台，提供评估、担保、交易等全方位的服务，在平台中共享信息，逐步扩大其应用范围。

七、上海股权托管交易中心案例

（一）上海股权托管交易中心的成立背景

中小微企业是推动经济增长、促进就业、激发创新活力的重要源泉和引擎，支持好中小微企业发展是实现经济高质量发展的必然要求。区域性股权市场是多层次资本市场的重要组成部分，是服务中小微企业的重要渠道。场外市场在支持中小微企业发展中需要创新思维，聚集资源，打造新型市场化融资平台。上海股权托管交易中心（以下简称上海股交中心）运营逾10年，是最早成立的区域股权市场之一，也是成立以来长期实现盈利的一家股权交易场所，主要靠发挥资本市场功能推进业务。其资本市场的主要收益来源是挂牌企业缴费、中介机构缴费，以及交易佣金和有附加值的金融服务。

（二）上海股权托管交易中心的业务内容

上海股交中心形成了六大业务板块：一是国有资产股权转让板块，主要涉及国有企业的股权转让及相关服务；二是民营企业股权转让板块，主要涉及非上市民营企业的股权转让及相关服务；三是新三板挂牌转让板块，主要涉及新三板企业的股权转让及相关服务；四是股权质押融资板块，主要为企业提供股权质押融资服务；五是普通股权交易板块，主要为企业提供股权交易服务；六是基金股权交易板块，主要为私募基金提供股权交易服务。

上海股交中心还基于实际需求，主动跨前升级服务。一方面，增加中小微企业跟投资者之间对接的渠道，与上交所携手设立"科创沙龙"，与上海工业经济联合会联合创立"产融荟"，并开设"投界汇"等品牌活动，为中小微企业提供培训、诊断、对接等一揽子精准服务；另一方面，细化综合金融服务平台产品，与各大银行联合推出"EN贷"、科创贷、科技履约贷等，加大对中小微企业的扶持力度。另外，上海股交中心积极响应区域经济发展要求，进一步做精做细板块，新设立科创Q板、绿色Q板，联动可转债平台、债转股资产交易平台、股权托管系统（非上市股份有限公司股权托管系统、银行业机构股权托管系统）、私募股权投资和创业投资基金份额报价系统，形成"一市五板、五大平台"市场格局，让中小微企业能够获得更多机会实现融资。

（三）上海股权托管交易中心支持科创融资的成果

2022年上海股交所成立10年，累计服务企业达10947家，帮助企业实现融资总额2789.93亿元。上海股交中心共计服务企业逾万家，其中N板企业401家，E板挂牌企业465家，Q板展示企业7859家，托管企业237

家，帮助企业实现融资总额2730.43亿元，为不少中小微企业的成长与发展起到了"孵化器"和"助推器"的作用。上海股交中心还与上交所科创板建立对接机制，为上交所科创板培育上市资源。上海股交中心依托"科技创新板"运行经验，为科创板相关制度制定提供有益借鉴，推动"科技创新板"转型升级，强化其培育功能，对上市后备企业进行"一对一"把脉问诊，并落实"浦江之光"行动计划，深入挖掘推动具有发展潜力的高新技术企业以及承担国家科技重点计划和省级重点科技计划项目的企业入库。截至2021年年底，上海股交中心已推动116家企业进入"浦江之光"企业库。

在促进区域性股权市场融合发展方面，上海股交中心还与部分股交中心建立起协同服务企业的合作机制，通过一地挂牌两地展示的创新举措，推进市场间形成信息互通、市场共建、协同服务、创新研究、监管协作等新型合作模式。上海股交中心依靠团队的优势吸引投资者，让投资者赚钱吸引新的投资者，当投资者数量达到一定规模时，量变产生质变，便能有更多的资金可以支配。上海股交中心为挂牌中小微企业设置了多元化评价标准，例如拥有高额净利润的公司，有大量营收、没有利润和研发投入高的公司，此外还可以用经营性净现金流、市值加上阶段性成果评估公司价值。上海股交中心要求挂牌公司须真实、准确、完整地披露年报、半年报和重大事项临时报告，披露内容更接近主板上市公司要求。

大数据方面，上海股交中心与上海市大数据中心、第三方舆情监测等平台对接，整合用户全息数据并进行多维度评测，形成企业精准画像，确保企业业务运营和财务数据真实准确，有效降低金融风险；区块链方面，上海股交中心于2020年获证监会批准成为首批区块链建设试点单位，目前已成功实现区块链与证监会监管区块链2.0连通对接，提高了市场规范效率，有效降低资本市场信任成本，并为融合发展提供了条件。上海股交中心梳理风险防控事项清单，建设大数据应用智能风控体系，实现实时监测交易行为、定位异常账户、及时采取管控措施等机制，提高风控效率，充分保护投资者合法权益，营造透明高效资本市场生态环境。

上海股交中心也在积极探索长三角区域性股权市场一体化建设，与松江区人民政府联合共建了G60松江科创走廊服务中心，并与上交所同时在虹桥商务区设立了中小企业培训中心暨融资路演基地和长三角资本市场服务基地虹桥分中心，发挥资本市场立足上海、辐射长三角的功能。

（四）上海股权托管交易中心案例分析

G60上海股权交易中心旨在推动科技创新成果的转化和产权交易，促进创新型企业的成长和发展。它作为一个专业的股权交易平台，为投资者、科技企业和机构提供交易、融资和投资的服务。成立以来围绕股权交易、资产管理、股权众筹、股权激励等方面为创新型企业提供全方位的金融服务，积极促进科技创新企业和投资者之间的对接与合作，并且通过与各类创新型企业、金融机构、科研院所、投资者等的广泛合作与联动，为企业提供更广阔的融资渠道和投资机会，促进科技创新和产业升级。

如何更好地发挥上海股交中心在长三角地区的辐射作用，是未来的重点。首先应该加强上海股交中心与其他地区的合作，包括与各地政府、金融机构、企业等建立紧密的合作关系，可以签署合作协议，明确各方的责任和任务，共同推进项目的落地和运行。其次，拓宽服务路径，为企业和投资者提供全方位的服务。如设立专门的咨询热线或在线平台，提供投资咨询、项目对接、融资指导等服务；建立交易撮合平台，促进投资者与优质项目的对接；开展培训课程，提升企业和投资者的专业素养和市场意识。最后，通过提供优质的上市服务，吸引更多的企业选择在该交易所上市。可以提供更加便利和高效的上市流程，简化审核程序，并为企业提供专业的上市指导和培训服务，同时加强市场宣传和推广，提升上海股交中心的知名度和吸引力。通过以上措施，可以进一步推动长三角区域性股权市场一体化建设，发挥上海股交中心和长三角G60科创走廊服务中心的作用，吸引更多企业和投资者参与，推动资本市场的发展和经济的繁荣。

八、ZS 银行的"人才银行"案例

(一)"人才银行"的发展背景

作为唯一一家总部在浙江的全国性股份制商业银行,ZS 银行积极支持地方经济发展,满足企业金融需求。2021 年 11 月 2 日,ZS 银行召开支持浙江高质量发展建设共同富裕示范区暨大本营建设推进会,会议明确指出到 2025 年浙江省内各项贷款余额超 6000 亿元,省内融资服务余额超 1 万亿元,服务客户数较 2020 年末翻一番,强化山区 26 县金融精准支持,基本实现 26 县金融服务全覆盖(ZS 银行公司银行部,2022)。同年,ZS 银行研究并出台《支持浙江高质量发展建设共同富裕示范区实施方案(2021—2025 年)》《助力浙江省山区 26 县跨越式高质量发展服务方案》《浙江大本营建设实施方案(2021—2025 年)》,推进实施"三大基础工程"和"三大亮点工程",努力在信贷资源和总量分配、财富管理、金融科技应用和创新、数字化服务、供应链金融等方面扩大金融服务总量,提高金融服务质量。为响应国家支持绿色产业和企业绿色转型的号召,ZS 银行逐步加大对科技创新、绿色低碳标志性产业链、先进制造业集群等重点领域的金融支持力度,确保相关贷款增速超过各项贷款平均增速。

2021 年 6 月 1 日,长三角 G60 科创走廊产融结合高质量发展示范园区建设暨上证 G60 创新综合指数增强型基金产品推介会在上海市松江区召开。会上发布了《长三角 G60 科创走廊产融结合高质量发展示范园区建设方案》,全方位支持园区企业技术创新,赋能先进制造业高质量发展。作为 G60 区域经济发展的重要支撑,2019 年 2 月 15 日,长三角 G60 科创走廊九城市与上海证券交易所签订战略合作协议,联合开发上证 G60 综指(950048)和上证 G60 成指(950049),共同打造资本市场支持长三角 G60 科创走廊高质量发展的"晴雨表"。2021 年 3 月 5 日和 4 月 22 日,中国证监会先后批复同意设立上证 G60 成指 ETF 和上证 G60 综指增强型基金。截至 2021 年 5 月 31 日，上证 G60 综指比发布首日上涨 38.87%，归母净利润平均增速为 16.16%，净资产收益率均值为 11.09%。两只基金的托管、代销和认购安排都由 ZS 银行承担。

（二）"人才银行"的金融服务范围

2022 年 4 月 18 日，中国人民银行、国家外汇管理局印发《关于做好疫情防控和经济社会发展金融服务的通知》，指出"设立科技创新再贷款，对符合条件的科技创新贷款提供再贷款支持，引导金融机构加大对企业科技开发和技术改造的支持力度"。人才是科技创新的核心，为了建设金融支持杭州经济高质量发展人才高地，ZS 银行杭州分行紧跟浙江省委省政府关于人才强省、创新强省的战略方针，于 2016 年 5 月 8 日首次在浙江省"海高会"推出"浙江人才银行"，面向高层次人才提供金融服务，满足人才创业创新资金需求，是全国首个以高层次人才作为精准服务对象的金融服务业务，旨在支持和助力人才创新创业。"人才银行"通过信用贷款、项目贷款、股权融资、国际金融、金融服务顾问业务为个人和初创业提供综合金融服务。"人才银行"服务的初创企业涵盖科创板、创业板、新三板上市企业，（准）独角兽企业，（拟）上市企业。截至 2021 年 9 月，ZS 银行杭州分行累计授信 132 亿元，覆盖生物医疗、信息技术等国家重点扶持的战略性新兴产业，其中有 12 家已上市，还有 17 家被列入 2021 年（准）独角兽企业名单。

（三）"人才银行"的个人综合金融服务

在个人综合金融服务方面，ZS 银行杭州分行为人才创业提供"个人金融+企业金融"多方位金融支持，开发"人才支持贷""人才惠""人才卡"等创新型个人金融产品，并提供"企业流动性服务""国际金融服务""资本市场服务"等高端人才金融服务，积极吸引和留住人才，助力企业发展升级（李丹，2021）。截至 2022 年 6 月，ZS 银行杭州分行累计服务高层次人才 600 余户，累计投放资金近百亿元。ZS 银行杭州分行未来将不断推出和升级各项金融产品,在对企业经营文化和个人消费习惯进行差异化研究基础上,进一步细化金融产品功能,不断下沉"人才银行"金融服务,为杭州市人才引擎建设和全面高质量发展保驾护航。

ZS银行的"人才银行"还针对人才及人才企业的自身特性打造了全生命周期的产品体系。

针对初创期企业,"人才银行"的人才企业产品体系主要包括:人才支持贷、人才担保类贷款、实体企业员工激励业务、认股选择权等五项。其中"人才支持贷"主要是为人才客户实际参与经营的企业发放的,用于满足其创业创新项目生产经营所需的贷款。"人才担保类贷款"是银行与政府性或银行自身认可的融资担保机构合作,由银行为人才企业提供融资服务。"实体企业员工激励业务"是为人才企业董事、高级管理人员及核心员工提供融合服务,用于认购企业新增股权。"认股选择权"是为人才企业推荐创投机构、产业基金、优质券商等,为人才客户提供咨询服务。

针对成长期企业,"人才银行"新增了人才项目贷、知识产权贷、专精特新贷与科创银投贷。其中"人才项目贷"是银行为人才企业发放的用于固定资产投资的贷款,并且由项目的收入偿还贷款;"知识产权贷"是以人才企业的知识产权为抵押发放的贷款;"专精特新贷"是为各级"专精特新"企业提供一定的授信额度;"科创银投资"则是"人才银行"以信用担保的方式给予企业一定的授信额度。

针对成熟期企业,"人才银行"推出了财富管理、资本市场服务和流动性服务等新的金融产品。"财富管理"是指"人才银行"帮助人才企业管理其现金和存款,并提供一定额度的灵活定价政策;"资本市场服务"是指根据人才企业的实际经营情况及资金需求为其提供股票质押融资、债券承销、资产证券化、并购及银团贷款业务。"流动性服务"包括了池化融资平台和超短贷、至臻贷两项产品,主要是为企业提供集资产管理与融资服务等功能于一体的综合金融服务平台。

同时还有全周期金融产品,包括供应链金融服务、金融顾问服务、国际金融服务与极简报销服务。其中，供应链金融服务聚焦企业所在的供应链，为供应链上下游企业提供金融服务，管理整个供应链的资金流、物流、信息流等；金融顾问服务业务是指由人才银行委派人员为企业提供金融规划、投融资、金融风险防范等金融业务指导；国际金融服务所涉业务范围比较广泛，包含跨境收支服务、汇率避险保证服务、跨境流动性服务、跨境投融资服务和跨境资本项目服务等；极简智慧服务则是向企业提供人才银行自主研发的全流程费控产品，帮助企业实现智慧费控与轻松办公。

（四）"人才银行"案例分析

ZS银行"人才银行"通过提供个性化的金融解决方案和专业的团队支持，满足了高层次人才的个性化需求。这种定制化的服务提升了客户的满意度，并树立了ZS银行在人才市场的良好口碑。对于那些涉足国际业务的高层次人才，ZS银行的"人才银行"提供跨境支付、外汇管理、境外投资等方面的跨境金融服务和支持，不断提升客户业务范围和自身国际竞争力。此外，通过为高层次人才提供定制化的金融产品和专业服务，ZS银行的"人才银行"建立了与客户的紧密联系。这有助于提高客户的忠诚度，促使他们继续选择ZS银行的服务，并可能带来口碑传播和新客户的引荐。"人才银行"通过这种以客户为中心，聚焦客户需求，实现定制服务的业务模式，取得了显著成效，也在长三角G60科创走廊的发展中发挥了举足轻重的作用。

为了更好地提升客户黏性，未来"人才银行"仍需不断加强金融创新，结合人才的特点和需求，推出具有创新性和差异化的金融产品和服务。例如，探索基于人才潜力和创新成果的风险投资模式，提供更加灵活多样的融资渠道。同时，还要优化其服务流程，简化申请流程、提高审批效率，可以引入先进数字化技术，如在线申请、智能化风险评估等，使高端人才和创新创业人才能够更便捷地享受"人才银行"提供的金融服务，提升用户体验。此外，在当前成效的基础上，还要逐步扩大"人才银行"的覆盖范围，推广到其他地区和城市。可以与其他地方政府、金融机构等展开合作，共同推动"人才银行"的落地和发展。在推广过程中，根据不同地区的特点和需求，进行适度的调整，实现个性化定制。要重视与其他金融机构合作与联动，形成协同效应，可以与其他银行、风投机构、保险公司等建立合作关系，共享资源和信息，共同为高端人才和创新创业人才提供全方位的金融支持。通过合作，扩大金融服务的覆盖范围，提供更多元化的金融产品和服务选择，增强市场竞争力。

九、数字征信试点——数字征信助力金融生态优化案例

（一）政策背景

信息不对称问题是造成中小微企业融资约束的根本原因之一。传统的企业征信主要依赖银行的信息记录，但是大量的中小微企业缺乏有效的银行征信记录。随着大数据等人工智能技术的发展，数字征信手段开始在金融服务中使用，通过大数据技术将信息引入征信领域，扩大信息收集和信息共享，有望有效地建立中小微企业的征信报告，缓解中小微企业的信息不对称问题。

2021年12月，国务院印发《加强信用信息共享应用促进中小微企业融资实施方案》，指出要充分运用大数据等技术，完善信用评价体系，创新金融产品和服务，加大信贷资源向中小微企业倾斜力度。为坚决贯彻落实党中央、国务院关于推进小微企业金融服务的部署，探索区域信用体系以应用于小微企业融资发展的途径，苏州在建设区域信用信息共享平台方面做了大量工作，从而有效提供高质量的信用信息。苏州坚持政府"搭台"、市场"发挥作用"的双轮驱动模式。一方面，政府高标准建设了综合金融服务平台、股权融资服务平台和地方征信平台等三大金融基础设施，出台金融资本激励、风险分担等支持政策，撬动金融资源向小微企业配置；另一方面，金融机构坚持市场化原则，充分利用金融信用信息基础设施，依托

政府支持的风险分担政策，创新金融产品，提高小微金融赋能的准确性，帮助更多企业实现融资发展。

（二）案例介绍

经过政府指导和市场推广，苏州市政府积极推动小微企业征信服务发展。2019年5月，中国人民银行总行正式批准设立苏州小微企业数字征信试验区，成为中国人民银行批准的首个征信试验区。试验区组织相关政府机构、金融企业和征信机构建立政府机构和公共事业单位信息管理长效机制，确保小微企业数据的准确性和完整性；通过研究部署小微企业征信系统建设方案、数据目录、评估模型等方面的制度或规范，创新构建基于征信系统的小微企业融资服务模式，将试验区建设成为国内一流的征信基础设施、征信服务体系和金融生态环境。

为了进一步加强数字征信服务的作用，苏州正在全面推动基于征信体系的数字化综合金融服务平台的建设。该平台通过使用分析模型中的评分模型，可以评估财务状况和信用；通过将数据制作成肖像，可以直接看到企业的整体情况。此外，该平台还可以将收集到的数据分成不同的维度，形成基本模型，以提供更为准确的评估结果。目前，苏州地方征信平台已与全市数十个政府部门、公用事业单位实现征信数据标准化、常态化采集。同时，苏州市政府还出台了一系列相关配套政策，充分发挥数字征信在市场资源配置中的作用。

（三）案例成效

随着苏州经济的发展，以及银行、企业和人民征信需求的不断增长，同时伴随着政府和多部门协调工作的开展，大数据征信在苏州取得了良好的运营效果。只有政府和市场协调配合、合理分工，让专业机构做专业的事，征信系统建设才能事半功倍。

截至2021年年底，苏州征信平台累计已征集企业54.15万户授权，归集数据3.76亿条，征信报告累计查询量高达171.84万次。同时，"征信+"

产品延伸服务广度持续扩大,"征信贷"为2513家企业提供39.69亿元融资支持,"信e贴"为371家企业完成贴现总金额达到55.28亿元。数据显示,苏州小微企业有贷户数和贷款余额实现"双增",融资成本和不良率实现"双降",其中,小微企业有贷户数增长达到了36.85%,成效明显。

受到疫情冲击,位于苏州吴江区黎里镇的基迈克材料科技(苏州)有限公司现金流出现了一定压力。为缓解企业资金压力,该公司向苏州农村商业银行申请一笔500万元的贷款。银行方面在获得企业授权后,通过快速分析企业的用电量、电费缴纳等,有效评估了企业的信用风险和财务状况。几天内,银行就完成了所有审批并发放贷款,迅速解决了企业的燃眉之急。这得益于苏州地方政府和金融机构对于数字征信系统的推广和使用,通过数据共享和分析,提高了金融机构对于小微企业的信贷审批效率和精度,同时也有效降低了小微企业的融资成本,帮助企业渡过难关。在地方政府和金融机构的帮助下,短短几个月,基迈克材料科技(苏州)有限公司的销售快速恢复,订单持续增长。

(四)数字征信试点案例分析

苏州小微企业数字征信试验区是中国人民银行批准的首个征信试验区,苏州市政府和各类金融机构积极配合,大力推动企业信用体系建设,充分发挥数字征信在市场资源配置中的作用,为小微企业解决融资难题。此外,数字征信试验区力求数据的全面可靠与及时更新,运用数据处理模型,优化征信报告流程,完善贷款的审查与监督工作。

苏州小微企业数字征信试验区的征信模式有以下经验值得借鉴:一是"政府+市场"合作模式。苏州小微企业数字征信试验区是以政府为主导、市场为辅助的"政府+市场"合作模式,实现了各部门间的信息共享和整合,形成了高质量的数据资源,为小微企业提供了全面的数字征信服务。二是建立完善的担保机制。苏州政府出台相关政策支持,为小微企业信贷提供担保。担保体系包括信用担保、信用贷款和信用担保保险等内容。同时，政府还设立信宝贷项目，一旦被评估的小微企业面临风险，政府将承担65%的风险损失，担保基金资金规模为10亿元。通过努力提高银行的风险承受能力，加强政府层面的补贴，实施风险分担机制，促进对小微企业创新发展的扶持，从而实现分享创新风险、共享创新红利的目标。三是优化数据模型。苏州小微企业数字征信试验区运用分析模型中的评分模型来评估小微企业的财务状况与信用水平。该模型能够进行较为准确及时的风险预警，完成征信审查与监督工作。然而，由于市场和政策环境的不断变化，该模型需要不断优化和调整，形成更加严谨的评分系统和更加谨慎的风险预警系统。为了不断提高模型的精确度，需要建立一定的正向反馈机制，并加强模型评估与监督，及时发现和解决模型存在的问题，从而提高模型在实践中的可行性和可靠性。

此外，此类数字征信模式在未来的发展中还要注意以下方面：一是数据来源的可靠性。数字征信的核心是数据，而数据的来源和可靠性对征信的准确性和可信度至关重要。无论是苏州试验区的数字征信模式，还是未来其他地区的推广模式中都有可能存在数据来源不完整、数据更新不及时等问题，这可能会影响征信报告的准确性和全面性。二是风险管理和监督机制的建立。数字征信模式的推行需要建立健全的风险管理和监督机制，以确保征信系统的安全性和合规性。苏州试验区可能还需要进一步加强对数字征信的监督和管理，确保征信数据的保密性、完整性和合法性。因此，未来在此类模式的推广过程中需要加强对数据质量的监管，提升其准确性；建立定期更新机制，确保征信数据及时更新；积极探索和应用新技术，如人工智能、区块链等，提升数字征信的效率和精确度，并利用大数据分析和机器学习等技术手段，优化征信模型，提供更精准的风险评估和预警服务。

参考文献

[1] 蔡云楠，黄世鑫，倪红．创新驱动下城市创新产业单元空间特征及规划策略［J］．城市发展研究，2021，28（1）：78-85．

[2] 陈果静，郭子源，李华林．金融创新服务支持"专精特新"［N］．经济日报，2021-12-17（001）．

[3] 陈珊．科技金融对我国高技术产业区域创新效率影响分析［J］．经济问题探索，2019（3）：166-172．

[4] 陈世香，宋广强．山地省域文体旅产业融合发展测度与分析——以贵州为例［J］．贵州社会科学，2022（3）：134-142．

[5] 陈松奕．高技术产业绿色创新能力评价指标体系构建及测度［J］．统计与决策，2023，39（3）：174-178．

[6] 陈彦斌，谭涵予．宏观政策"三策合一"加强政策协调着力推动中国经济高质量发展［J］．政治经济学评论，2023，14（1）：12-27．

[7] 程强，宋颖，赵琴琴．供给侧改革下科技创新驱动我国传统产业转型升级发展研究［J］．科技与经济，2017（4）：5．

[8] 程文亮．创新驱动下小微企业产业集群智能化升级研究——以河南省特色产业集群为例［J］．价格理论与实践，2022（6）：165-168+195．

[9] 楚晓玉．金融服务创新对科技型中小企业融资问题的研究——以苏州市为例［J］．中国市场，2021（35）：54-55．

[10] 邓丹青，杜群阳，冯李丹，贾玉平．全球科技创新中心评价指标体系探索——基于熵权TOPSIS的实证分析［J］．科技管理研究，2019

（14）：48－56.

[11] 邓佳莉，王佳，张晔．基于长效利益共享机制的绿色技术金融服务平台架构设计［J］．中国经贸导刊（中），2020（6）：108－110.

[12] 丁松，李若瑾．数字经济、资源配置效率与城市高质量发展［J］．浙江社会科学，2022（8）：11－21＋156.

[13] 丁一兵，庄宇航．产业政策、产品关联与出口产品调整能力［J］．当代经济研究，2023（4）：85－99.

[14] 丁雨馨，林璧属，林玉虾．旅游产业及其细分行业效率的关联研究——基于 DEA－Tobit 模型［J］．数理统计与管理，2023（4）：1－15.

[15] 段鑫，陈亮．产业结构升级对黄河流域资源型城市经济高质量发展的影响研究［J］．生态经济，2023，39（2）：92－99.

[16] 方世敏，王海艳．基于系统论的农业与旅游产业融合：一种粘性的观点［J］．经济地理，2018，38（12）：211－218.

[17] 付宁宁，苏屹，郭秀芳．基于两阶段超效率 DEA 的智能制造企业创新效率评价［J/OL］．科技进步与对策：1－11［2023－05－25］.

[18] 高照军，张宏如．企业成长与创新视角下的产业链升级研究［J］．科研管理，2019（5）：24－34.

[19] 葛鹏飞，黄秀路，韩先锋．创新驱动与"一带一路"绿色全要素生产率提升——基于新经济增长模型的异质性创新分析［J］．经济科学，2018（1）：37－51.

[20] 龚六堂，林东杰．资源配置效率与经济高质量发展［J］．北京大学学报（哲学社会科学版），2020，57（6）：105－112.

[21] 郭家堂，刘亮．区域协调发展、产业结构优化与全要素生产率——以长三角为例［J］．统计与决策，2022，38（24）：97－102.

[22] 郭克莎．中国产业结构调整升级趋势与"十四五"时期政策思路［J］．中国工业经济，2019（7）：24－41.

[23] 郭沛瑶，尹志超．小微企业自主创新驱动力——基于数字普惠金

融视角的证据 [J]. 经济学动态, 2022 (2): 85-104.

[24] 韩爱青, 贺春禄. 聚焦杭州城西科创大走廊 看产业创新生态如何区域化打造 [J]. 高科技与产业化, 2021, 27 (2): 62-65.

[25] 韩军, 孔令丞. 产业结构调整是否促进了区域创新绩效的提升? [J]. 科研管理, 2022, 43 (7): 115-123.

[26] 杭州市人民政府, 浙江省财政厅, 浙江省科学技术厅. 关于印发杭州城西科创大走廊创新发展专项资金管理办法的通知 [J]. 杭州市人民政府公报, 2022 (7): 3-6.

[27] 何凌云, 陶东杰. 高铁开通对知识溢出与城市创新水平的影响测度 [J]. 数量经济技术经济研究, 2020 (2): 125-142.

[28] 何玥, 魏维, 王巍, 朱颖, 王静. 长三角G60科创走廊的科技创新与金融支持 [J]. 金融纵横, 2021 (8): 79-85.

[29] 贺茂斌, 任福君. 国外典型科技创新中心评价指标体系对比研究 [J]. 今日科苑, 2021 (3): 1-8+33.

[30] 黄建欢, 吕海龙, 王良健. 金融发展影响区域绿色发展的机理——基于生态效率和空间计量的研究 [J]. 地理研究, 2014, 33 (3): 532-545.

[31] 贾洪文, 张伍涛, 盘业哲. 科技创新、产业结构升级与经济高质量发展 [J]. 上海经济研究, 2021 (5): 50-60.

[32] 江博. 科技创新驱动产业发展的战略内涵——马克思主义科学技术发展理论中国化下的新视野 [J]. 马克思主义哲学研究, 2019 (2): 272-278.

[33] 江小苏. 园区"优等生"之二——苏州工业园区后发先至创新基因融入园区发展 [J]. 中国中小企业, 2022 (4): 17-20.

[34] 蒋薇薇, 周丹. 苏州市域科技金融工作机制构建研究 [J]. 现代商业, 2022 (26): 101-103.

[35] 金碚. 关于"高质量发展"的经济学研究 [J]. 中国工业经济,

2018（4）：5-18.

［36］景峻，冯林，宋晓丽．基于产业生态平台的供应链金融模式研究：理论分析与案例实证［J］．金融发展研究，2021（2）：80-87.

［37］康宁．"六连冠"的背后"亲商服务"的苏州模式——以苏州工业园区企服中心为样本［J］．中国经济周刊，2022（5）：102-105.

［38］寇宗来，刘学悦．中国企业的专利行为：特征事实以及来自创新政策的影响［J］．经济研究，2020（3）：83-99.

［39］雷新军，春燕．东京产业结构变化及产业转型对上海的启示［J］．上海经济研究，2010（11）：66-79.

［40］黎晓奇，罗晖．我国建设科技创新中心的战略研究——基于全球知名科技创新中心发展规律的启示［J］．全球科技经济瞭望，2021（7）：9-14.

［41］李丹．浙商银行"人才银行"助推科创企业融资［J］．中国金融家，2021（11）：56-57.

［42］李磊．人力资本溢出与制造业升级——基于消费外部性的视角［J］．经济问题探索，2023（3）：126-142.

［43］李琳璐，杨燕，秦晓娟．高质量发展视角下山西省农业发展评价研究［J/OL］．中国农业资源与区划：1-11［2023-05-25］.

［44］李率锋，马惠娴．产权性质、产业政策与企业杠杆风险［J］．东南大学学报（哲学社会科学版），2023，25（2）：58-69+147.

［45］李润龙，蒋言斌．金融创新产品的价值评估研究——基于知识产权属性［J］．财务与金融，2020（6）：6-11.

［46］李淑文．低碳发展视域下的绿色金融创新研究——以兴业银行的实践探索为例［J］．中国人口·资源与环境，2016，26（S1）：14-16.

［47］李斯林，余红心，武文博，戈盈凡．数字基础设施对产业升级的影响机制研究［J/OL］．科技进步与对策，2023（5）：1-9.

［48］李邃，印显文．科技创新与金融创新的耦合研究——基于实体经

济与虚拟经济视角［J］．黄山学院学报，2021，23（6）：44-50．

［49］李涛，薛领，李国平．产业集聚空间格局演变及其对经济高质量发展的影响——基于中国278个城市数据的实证分析［J］．地理研究，2022，41（4）：1092-1106．

［50］李伟．金融排斥视角下中国金融区域差异分析［J］．征信，2020，38（1）：89-92．

［51］李雪，金琦．京津冀地区金融发展对产业结构调整的影响分析：区市证据［J］．四川师范大学学报（社会科学版），2019，46（3）：53-62．

［52］李勋来，鲁汇智．山东省海洋化工产业竞争力比较研究——基于沿海十一省份的比较分析［J］．山东社会科学，2022（2）：148-155．

［53］李莹，程广斌．制造业与数字经济产业融合水平及创新效率测度［J］．统计与决策，2023，39（1）：17-22．

［54］李远天，胥英明，王文倩．金融结构—产业结构匹配、资源配置效率与经济增长［J］．中国注册会计师，2021（8）：57-61．

［55］李政，杨思莹．创新型城市试点提升城市创新水平了吗？［J］．经济学动态，2019（8）：70-85．

［56］力源科技2021年年度报告（修订版）［R］．力源科技．

［57］梁婧姝，张燕生．中国区域金融发展的影响因素研究［J］．宏观经济研究，2019（7）：14-24+70．

［58］梁军，从振楠．城市群扩容能否提高外商直接投资强度？——来自长三角的准自然实验［J］．世界经济与政治论坛，2020（4）：137-155．

［59］两大设备技术行业领先，借助资本翅膀力源科技将腾飞［N］．国际金融报，2021-5-10（15）．

［60］林晨，陈荣杰，徐向宇．渐进式市场化改革、产业政策与经济增长——基于产业链的视角［J］．中国工业经济，2023（4）：42-59．

［61］林淑君，郭凯明，龚六堂．产业结构调整、要素收入分配与共同富裕［J］．经济研究，2022，57（7）：84-100．

［62］刘江宜，舒江红. 我国绿色产业竞争力评价和聚类分析［J］. 生产力研究，2022（7）：5-9+34.

［63］刘梦雨，何玲. 园区建设"信"势力——我国开展园区信用建设扫描［J］. 中国信用，2020（5）：26-37.

［64］刘倩，王秀伟. 基于熵值法——突变级数法的大运河文化带文化产业优化升级能力评价［J］. 文化产业研究，2020（1）：195-209.

［65］刘思明，张世瑾，朱惠东. 国家创新驱动力测度及其经济高质量发展效应研究［J］. 数量经济技术经济研究，2019（4）：3-23.

［66］刘伟，戴冰清，刘卫镇. 数字金融能驱动经济高质量发展吗？——基于2011—2017年中国省级面板数据的实证分析［J］. 经济社会体制比较，2021（6）：63-75.

［67］陆宇航. 金融助力补链强链 科技发挥关键作用［N］. 金融时报，2021-08-16（007）.

［68］罗颖，罗传建，彭甲超. 基于三阶段DEA的长江经济带创新效率测算及其时空分异特征［J］. 管理学报，2019（9）：1385-1393.

［69］马骏. 论构建中国绿色金融体系［J］. 金融论坛，2015，20（5）：18-27.

［70］麦力开·色力木，常雅琳，吾买尔江·艾山. 制造业产业集聚、环境规制与经济高质量发展［J］. 统计与决策，2023，39（9）：125-130.

［71］裴育，徐炜锋，杨国桥. 绿色信贷投入、绿色产业发展与地区经济增长——以浙江省湖州市为例［J］. 浙江社会科学，2018（3）：45-53+157.

［72］彭山桂，李敏，郭正宁，王健，张苗. 地方政府"两手"供地策略对产业结构优化的非线性影响——基于合理化与高级化双重视角的考察［J］. 中国土地科学，2023，37（3）：48-58.

［73］钱立华，方琦，鲁政委. 刺激政策中的绿色经济与数字经济协同性研究［J］. 西南金融，2020（12）：3-13.

［74］钱水土，张宇．科技金融发展对企业研发投入的影响研究［J］．科学学研究，2017，35（9）：1320－1325．

［75］钱智，史晓琛．上海科技创新中心建设成效与对策［J］．科学发展，2020（1）：5－17．

［76］任保平，豆渊博．"十四五"时期新经济推进我国产业结构升级的路径与政策［J］．经济与管理评论，2021（1）：10－22．

［77］任保平．新时代中国经济从高速增长转向高质量发展：理论阐释与实践取向［J］．学术月刊，2018（3）：66－74＋86．

［78］任晓燕，杨水利．技术创新、产业结构升级与经济高质量发展——基于独立效应和协同效应的测度分析［J］．华东经济管理，2020，34（11）：72－80．

［79］任星欣，余嘉俊．持久博弈背景下美国对外科技打击的策略辨析——日本半导体产业与华为的案例比较［J］．当代亚太，2021（3）：110－136＋168．

［80］邵宇佳，周博文，王光．产业政策有助于中国企业对外直接投资吗？——基于微观数据的实证检验［J］．财政科学，2023（3）：137－152．

［81］沈哲韬．资本市场"嘉兴板块"双喜临门［N］．嘉兴日报，2021－5－14（7）．

［82］师应来，赵一帆．新时代产业升级评价指标体系的构建及测度［J］．统计与决策，2022，38（19）：36－39．

［83］史代敏，施晓燕．绿色金融与经济高质量发展：机理、特征与实证研究［J］．统计研究，2022，39（1）：31－48．

［84］史丹，叶云岭，于海潮．双循环视角下技术转移对产业升级的影响研究［J/OL］．数量经济技术经济研究：1－21［2023－05－24］．

［85］史恩义，王娜．金融发展、产业转移与中西部产业升级［J］．南开经济研究，2018（6）：3－19．

［86］舒波，靳晓双，程培娴．省域旅游产业高质量发展水平评价指标

体系构建与实证 [J]. 统计与决策, 2022, 38 (24): 22-27.

[87] 宋皓皓, 王英. 生态位视角下中国东部地区高技术产业竞争力综合评价 [J]. 地域研究与开发, 2022, 41 (3): 6-11.

[88] 宋华. 全球供应链金融模式创新: 发展与趋势 [J]. 物流研究, 2020 (1): 27-34.

[89] 宋培, 李琳, 白雪洁. 产业互动、结构转型与中国经济高质量发展 [J]. 经济问题探索, 2023 (4): 121-141.

[90] 孙浩, 兰甜甜. 环境规制、产业结构调整与能源效率 [J]. 统计与决策, 2023, 39 (8): 46-50.

[91] 孙祁祥, 周新发. 科技创新与经济高质量发展 [J]. 北京大学学报 (哲学社会科学版), 2020 (3): 140-149.

[92] 孙文浩, 张杰. 高铁网络能否推动制造业高质量创新 [J]. 世界经济, 2020 (12): 151-175.

[93] 孙晓, 刘力钢, 演克武, 李顺. 旅游产业高质量发展水平测度和区域差异分析 [J]. 统计与决策, 2022, 38 (19): 92-97.

[94] 唐骏垚, 梁洁. 为知识产权保护"把脉支招" [N]. 浙江日报, 2022-04-20 (006).

[95] 唐荣, 黄抒田, 林小玲. 制度分割视域下粤港澳大湾区金融集聚对制造业升级的影响 [J]. 经济体制改革, 2023 (2): 69-76.

[96] 唐未兵, 傅元海, 王展祥. 技术创新、技术引进与经济增长方式转变 [J]. 经济研究, 2014 (7): 31-43.

[97] 腾讯网. 重磅观点! 数字化思维已融入供应链金融的"血液"中 [EB/OL]. https://new.qq.com/rain/a/20220518A0AGMT00, 2022.

[98] 童瑞. 金融创新发展对科创型企业融资的影响 [J]. 商讯, 2020 (36): 75-76.

[99] 王慧艳, 李新运, 徐银良. 科技创新驱动我国经济高质量发展绩效评价及影响因素研究 [J]. 经济学家, 2019 (11): 64-74.

[100] 王佳致，陶士贵．苏州模式：数字征信体系的创新与完善［J］．征信，2022，40（4）：52-56．

[101] 王丽萍，徐佳慧，李创．绿色金融政策促进企业创新的作用机制与阶段演进［J］．软科学，2021，35（12）：81-87．

[102] 王玲玲．金融结构与产业结构匹配度实证研究——以广西为例［J］．区域金融研究，2021（12）：65-71．

[103] 王青，刘亚男．长三角六大都市圈经济高质量发展的区域差距及动态演进［J］．南通大学学报（社会科学版），2022，38（3）：39-49．

[104] 王巍，马慧．高速铁路网络、劳动力转移与产业空间集聚［J］．当代经济管理，2019，41（12）：38-48．

[105] 王希元．创新驱动产业结构升级的制度基础——基于门槛模型的实证研究［J］．科技进步与对策，2020，37（6）：102-110．

[106] 王晓川，孙秋雨．黄河流域产业匹配动态演变及其对经济高质量发展的影响——以高端服务业与先进制造业为例［J］．经济问题，2023（6）：120-129．

[107] 王遥，潘冬阳，彭俞超，梁希．基于DSGE模型的绿色信贷激励政策研究［J］．金融研究，2019（11）：1-18．

[108] 王一乔，赵鑫．金融集聚、技术创新与产业结构升级——基于中介效应模型的实证研究［J］．经济问题，2020（5）：55-62．

[109] 王永钦．产业政策如何发挥作用——来自中国自然实验的证据［J］．学术月刊，2023，55（2）：37-55．

[110] 王宇昊．资本配置效率对经济高质量发展影响的实证检验［J］．技术经济与管理研究，2022（4）：20-24．

[111] 王元地，朱兆琛，于晴．试论自主创新对产业结构升级的作用机理［J］．科技管理研究，2007（12）：13-15．

[112] 魏和清，李颖．中国省域文化产业集聚的空间特征及影响因素分析［J］．统计与决策，2021，37（16）：66-70．

[113] 魏和清,周庆岸,李颖. 文化产业高质量发展水平测度与障碍因素分析 [J]. 统计与决策, 2022, 38 (13): 11-15.

[114] 文红星. 数字普惠金融破解中小企业融资困境的理论逻辑与实践路径 [J]. 当代经济研究, 2021 (12): 103-111.

[115] 文书洋,林则夫,刘锡良. 绿色金融与经济增长质量:带有资源环境约束的一般均衡模型构建与实证检验 [J]. 中国管理科学, 2022, 30 (3): 55-65.

[116] 吴立元. 产业升级、企业甄别难度与中国产业政策转型 [J/OL]. 当代经济科学: 1-13 [2023-05-24].

[117] 吴先明,马子涵. 产业政策与跨境并购:政策导向还是创新驱动? [J]. 科学学研究, 2023 (5): 1-21.

[118] 吴雨萌,王婷. 中国工业绿色创新效率区域差异及其成因识别 [J]. 财经理论研究, 2023 (3): 31-45.

[119] 西南财经大学发展研究院,环保部环境与经济政策研究中心课题组,李晓西,夏光,蔡宁. 绿色金融与可持续发展 [J]. 金融论坛, 2015, 20 (10): 30-40.

[120] 向秋兰,蔡绍洪,张再杰. 产业结构演进与中国经济高质量转型发展 [J]. 贵州财经大学学报, 2023 (1): 91-98.

[121] 肖文,林高榜. 政府支持、研发管理与技术创新效率——基于中国工业行业的实证分析 [J]. 管理世界, 2014 (4): 71-80.

[122] 熊学萍,谭霖. 中国区域金融发展水平测度与比较分析——基于省际面板数据 (2004—2013) [J]. 经济与管理, 2016, 30 (5): 72-78.

[123] 徐德义,王迪,李军辉,毛羽,朱永光. 新发展格局下战略性矿产资源产业链供应链安全内涵及指标体系研究 [J]. 华中师范大学学报 (自然科学版), 2023, 57 (1): 1-12.

[124] 薛斌鑫,郑君霞,陶航鑫,石丹宁,朱志豪,顾骅珊. 嘉兴市科技金融创新体系耦合度实证分析 [J]. 合作经济与科技, 2017 (10):

41-45.

[125] 薛爽, 王禹. 科创板 IPO 审核问询回复函与首发抑价 [J]. 管理世界, 2022, 38 (4): 185-203.

[126] 阳结南, 陈垚彤. 城市级别对于老工业城市产业结构优化的影响研究 [J]. 科学决策, 2023 (3): 115-127.

[127] 杨方铭, 刘满成, 童安慧. 数字出版产业高质量发展评价体系构建与测度 [J]. 中国出版, 2023 (2): 42-47.

[128] 杨明海, 张红霞, 孙亚男. 七大城市群创新能力的区域差距及其分布动态演进 [J]. 数量经济技术经济研究, 2017 (3): 21-39.

[129] 杨骞, 刘鑫鹏, 孙淑惠. 中国科技创新效率的时空格局及收敛性检验 [J]. 数量经济技术经济研究. 2021 (12): 105-123.

[130] 杨阳, 徐琼芳, 刘雅婷. 科技政策法规实施效果评估指标体系研究 [J]. 科研管理, 2018 (1): 147-152.

[131] 叶前林, 刘海玉, 朱文兴. 区域文化创意产业集聚水平测度及影响因素分析 [J]. 统计与决策, 2022, 38 (4): 84-87.

[132] 叶琴, 曾刚. 不同知识基础产业创新网络与创新绩效比较——以中国生物医药产业与节能环保产业为例 [J]. 地理科学, 2020, 40 (8): 1235-1244.

[133] 叶祥松, 欧进锋. 新一代人工智能与中国产业结构优化的动态交互效应及耦合协调度——基于省际面板数据的实证分析 [J]. 广东社会科学, 2023 (2): 27-40.

[134] 易明, 张兴, 吴婷. 中国数字经济核心产业规模的统计测度和空间特征 [J]. 宏观经济研究, 2022 (12): 5-20+66.

[135] 易信, 刘凤良. 金融发展与产业结构转型——理论及基于跨国面板数据的实证研究 [J]. 数量经济技术经济研究, 2018, 35 (6): 21-39.

[136] 殷为华, 刘楠楠, 鲁飞宇. 长江经济带文旅产业融合发展水平测度及空间演化研究 [J]. 世界地理研究, 2022, 31 (5): 1009-1020.

[137] 尤济红, 陈喜强. 区域一体化合作是否导致污染转移——来自长三角城市群扩容的证据 [J]. 中国人口·资源与环境, 2019, 29 (6): 118-129.

[138] 余利民. 中国区域金融发展水平差异分析与研究 [J]. 财富生活, 2019 (20): 67+69.

[139] 余泳泽, 胡山. 中国经济高质量发展的现实困境与基本路径: 文献综述 [J]. 宏观质量研究, 2018 (4): 1-17.

[140] 喻登科, 周荣, 陈华. 江西省战略性新兴产业科技资源配置效率的DEA交叉评价 [J]. 情报杂志, 2012, 31 (9): 87-91.

[141] 张红霞, 李家琦, 李育哲. 产业协同集聚促进经济高质量发展的机制研究——非线性关系、创新效率路径与人力资本的调节作用 [J]. 西部论坛, 2022, 32 (4): 73-88.

[142] 张俊芳, 雷家骕. 国家创新体系研究: 理论与政策并行 [J]. 科研管理, 2009 (4): 10-17.

[143] 张士运, 王健, 庞立艳, 姚常乐. 科技创新中心的功能与评价研究 [J]. 世界科技研究与发展, 2018 (1): 61-70.

[144] 张巍炜. 产业升级对消费升级的异质性影响——基于本地和空间溢出的双重视角 [J]. 商业经济研究, 2022 (24): 52-56.

[145] 张晓慧. 优化金融创新生态系统及其影响因素研究——以京津冀地区为例 [J]. 价格理论与实践, 2021 (9): 189-192.

[146] 张玥, 郑云. 我国互联网金融发展的地区差异及收敛性研究 [J]. 当代经济, 2020 (9): 64-69.

[147] 赵海峰, 张颖. 区域一体化对产业结构升级的影响——来自长三角扩容的经验证据 [J]. 软科学, 2020, 34 (12): 81-86+103.

[148] 赵晶, 迟旭, 孙泽君. "协调统一"还是"各自为政": 政策协同对企业自主创新的影响 [J]. 中国工业经济, 2022 (8): 175-192.

[149] 赵君丽, 张文秋. 中国纺织产业高质量发展评价体系的构建及

测度［J］. 毛纺科技，2023，51（1）：130-136.

［150］赵玉林，高裕. 技术创新对高技术产业全球价值链升级的驱动作用——来自湖北省高技术产业的证据［J］. 科技进步与对策，2019，36（3）：52-60.

［151］浙商银行公司银行部. 浙商银行：36条举措彰显共同富裕路上的金融力量［J］. 新理财（政府理财），2022（1）：35-36.

［152］中国互联网金融协会金融科技发展与研究专委会，浙江大学互联网金融研究院."一带一路"金融科技发展指数研究报告［R］. 2021：20-25.

［153］中华人民共和国中央人民政府. 人民银行等部门发文规范发展供应链金融［EB/OL］. http://www.gov.cn/xinwen/2020-09/23/content_5546176.htm，2020.

［154］周聪. 商业银行科技金融创新方向的思考［J］. 中国商论，2020（24）：69-70.

［155］周杰琦，陈达，夏南新. 人工智能对绿色经济增长的作用机制与赋能效果——产业结构优化视角［J］. 科技进步与对策，2023，40（4）：45-55.

［156］周启良，范红忠. 人力资本—产业结构匹配度对城市化的影响——来自中国287个地级及以上城市的经验证据［J］. 重庆大学学报（社会科学版），2021，27（4）：199-215.

［157］庄毓敏，储青青，马勇. 金融发展、企业创新与经济增长［J］. 金融研究，2020（4）：11-30.

［158］Altenburg, T., Schmitz, H., Stamm, A. Breakthrough？China's and India's transition from production to innovation［J］. World development, 2008, 36（2）：325-344.

［159］Babina, T., Ouimet, P., Zarutskie, R. Going entrepreneurial？IPOs and new firm creation［R］. US Census Bureau Center for Economic Studies

Paper No. CES – WP – 17 – 18, Columbia Business School Research Paper, 2017: 17 – 32.

[160] Boeing, P., Mueller, E. Measuring patent quality in cross – country comparison [J]. Economics Letters, 2016, 149: 145 – 147.

[161] Brandt, L, Biesebroeck, J V, Zhang Y. Creative accounting or creative destruction? Firm – level productivity growth in Chinese manufacturing [J]. Journal of Development Economics, 2012, 97 (2): 339 – 351.

[162] Fan H C, Peng Y C, Wang H H, et al. Greening through finance? [J]. Journal of Development Economics, 2021, 152: 1 – 17.

[163] Fang, J., He, H, Li, N. China's rising IQ (Innovation Quotient) and growth: Firm – level evidence [J]. Journal of Development Economics, 2020, 147: 102561.

[164] Fang, L. H, J. Lerner, C. Wu. Intellectual property rights protection, ownership, and innovation: Evidence from China [J]. Review of Financial Studies, 2017: 30 (7): 2446 – 2477.

[165] Flammer, C. Green bonds: Effectiveness and implications for public policy [J]. Environmental and Energy Policy and the Economy. 2020, 1: 95 – 128.

[166] Giebel, M., Kraft, K. External financing constraints and firm innovation. J Ind Econ, 2019, 67: 91 – 126.

[167] Hall, B. H., Jaffe, A. B., Trajtenberg, M. The NBER patent citation data file: Lessons, insights and methodological tools [R]. NBER working paper, 2002.

[168] Hu, A. G., Zhang, P, Zhao, L. China as number one? Evidence from China's most recent patenting surge [J]. Journal of Development Economics, 2017, 124: 107 – 119.

[169] Jaffe, A. B, De Rassenfosse, G. Patent citation data in social sci-

ence research: Overview and best practices [R]. Research handbook on the economics of intellectual property law, 2019: 20-46.

[170] Judy Hsu & Ya-Ping Chuang. International technology spillovers and innovation: Evidence from Taiwanese high-tech firms [J]. The Journal of International Trade & Economic Development, 2014, 23: 3, 387-401.

[171] Kline, P., Petkova, N., Williams, H. and Zidar, O. Who profits from patents? rent-sharing at innovative firms [J]. The Quarterly Journal of Economics, 2019, 134 (3): 1343-1404.

[172] Kogan, L., Papanikolaou, D., Seru, A, Stoffman, N. Technological innovation, resource allocation, and growth [J]. The Quarterly Journal of Economics, 2017, 132 (2): 665-712.

[173] Liang P. C. J. The role of the financial sector in industrial upgrading in Taiwan [J]. Journal of Asian Economics, 1998 (1): 95-102.

[174] Lucchese, Matteo. Innovation, demand and structural change in Europe [R]. WP-EMS working paper, No. 1109, 2011.

[175] Matray, A. The local innovation spillovers of listed firms [J]. Journal of Financial Economics, 2021, 141 (2): 395-412.

[176] Romer, P. M. Increasing returns and long-run growth [J]. Journal of Political Economy, 1986 (5), 1002-1037.

[177] Schumpeter, J. A. The general theory of employment, interest and money [M]. 1934.

[178] Tang D Y, Zhang Y P. Do shareholders benefit from green bonds? [J]. Journal of Corporate Finance, 2020, 61: 101427.

[179] Wei, S. J., Xie, Z, Zhang, X. From "made in China" to "innovated in China": Necessity, prospect, and challenges [J]. Journal of Economic Perspectives, 2017, 31 (1): 49-70.

附录：指数编制框架与评估体系

一、数据来源

为了充分发挥长三角 G60 科创走廊金融支持科创和产业发展的风向标和助推器作用，要设计一套科学可行、便于操作的数据采集方案，来保证所采集的各项指标的统计数据具备准确性、经济性、保密性、相关性、时效性、详细性等质量要求。根据长三角 G60 科创走廊金融支持科创和产业发展的指数评估指标体系的数据来源类型，可以分为现有数据、生成新数据和调整数据。现有数据主要通过官方统计渠道获得，包括各城市统计年鉴、城市科技统计年鉴、各城市经济和社会发展统计公报，等等。除可获得的官方统计数据外，在长三角 G60 科创走廊联席办的沟通下，我们还获得了九城市提供的部分数据。

二、测度方法

长三角 G60 科创走廊金融支持"科技 + 产业"的评价指标涉及人口、经济、社会等多方面因素，无法仅仅采用定量指标来评价长三角 G60 科创走廊一体化发展程度，需要采用定性和定量指标进行综合评价。根据设计的指标体系特点，我们运用熵值法综合评价模型和专家评分法对指数进行了测算。熵值法是一种客观赋值法，根据每项指标观测值所提供的信息大小来确定指标权重。在信息论中，熵是对不确定性的一种度量。信息量越大，不确定性就越小，熵也就越小。在熵值法综合评价模型步骤中，第一步，需获得数据矩阵。第二步，分别对所有指标进行无量纲和标准化处理

（即异质指标同质化）。第三步，对归一化后的指标进行非负化处理，同时计算每个维度下各指标的权重。第四步，根据权重计算公式得到各指标权重后，进一步计算各指标的熵值及信息熵冗余度。第五步，根据信息熵冗余计算各项指标的权重和各城市综合得分。第六步，以维度指数为原始值和权重，结合专家评价体系计算出综合评分。需要说明的是，我们在计算九大城市特色领域发展指数时，是以2016年九城市的各领域评分均值为基期值，再用各城市各年度评分值除以基期值获得各分指数。指数主要指标见附表A。

附表A 指数主要指标

指数名称	构成指标	指标类别
科技创新指数	R&D 经费投入强度	正指标
	R&D 人员投入力度	正指标
	每万人有效发明专利数	正指标
	技术合同成交额占比	正指标
	高新技术企业数	正指标
	人均创新创业指数得分	正指标
产业发展指数	第三产业占GDP比重	正指标
	规模以上工业总产值占GDP比重	正指标
	高新技术产业集中度	正指标
	战略性新兴产业上市公司数量	正指标
	地区协同指数—克格曼指数	正指标
	集群创新产品构成	正指标
金融发展指数	银行资金规模	正指标
	股票市场占比	正指标
	债券融资规模	正指标
	外资持股上市企业数	正指标
	货币市场开放度	正指标
	金融集聚度	正指标